Codex Wallerstein

Codex Wallerstein

A Medieval Fighting Book from the Fifteenth Century on the Longsword, Falchion, Dagger, and Wrestling

Grzegorz Żabiński

with Bartłomiej Walczak

foreword by John Clements

PALADIN PRESS • BOULDER, COLORADO

Codex Wallerstein:
A Medieval Fighting Book from the Fifteenth Century
on the Longsword, Falchion, Dagger, and Wrestling
by Grzegorz Zabinski, with Bartlomiej Walczak

ISBN 13: 978-1-58160-585-3
Printed in the United States of America

Published by Paladin Press, a division of
Paladin Enterprises, Inc.
Gunbarrel Tech Center
7077 Winchester Circle
Boulder, Colorado 80301 USA
+1.303.443.7250

Direct inquiries and/or orders to the above address.

Visit our website at www.paladin-press.com

Contents

Acknowledgments

The author is indebted to several persons for their cooperation and valuable remarks: Bartlomiej Walczak, Steve Hick, Gregory Mele, and S. Matthew Galas. Moreover, he owes special thanks to Russell A. Mitchell for proofreading the text and for his overall help.

Grzegorz Zabinski
Katowice, Upper Silesia
July 2002

Foreword

THE ART OF MEDIEVAL FENCING RETURNS

No one living today has personal experience fighting with actual medieval swords or weapons. No one today has true knowledge of medieval methods of personal combat. That is because no extant school or living tradition of medieval fighting skills as practiced and taught in that era has survived intact to the present time. Later schools of fencing simply did not retain the earlier styles or continue the ways of using older arms and armor in their curriculum. When it comes to rediscovering just what medieval fighters studied and practiced, there is much we do not know.

Fortunately, a wealth of technical literature on medieval fencing in the form of study guides and instructional texts has survived. These source manuals provide us with unmistakable proof that European combat skills of the 14th and 15th centuries were highly developed, sophisticated, and extremely effective martial arts. Yet, the popular conception offered by many modern writers of both fencing history and medieval warfare is that these fighting arts were essentially collections of either "tricks" unconnected by any larger codified system or separate techniques that had over time been found to work. As well, general misconceptions about medieval fighting skills have led to a dismissing of European weaponry and combat arts of the period as crude, unsophisticated, and brutish. Like many of its sister texts from the age, the *Codex Wallerstein* easily demolishes these prejudices. The concepts and principles contained in medieval fencing manuals make clear a systematic approach to fighting as art and science was already well under way in Europe by at least the 13th century. Such books elucidate the pragmatic nature of personal combat skills with diverse swords and weapons, in and out of armor, on foot or mounted.

In recent years a research effort aimed at reconstructing these legitimate martial arts that relies solely on study and interpretation of the manuals has taken hold. Yet, it goes without saying that today medieval and Renaissance martial arts cannot be earnestly studied or taught under their original conditions. We cannot know what the arts entailed, and we no longer live in a medieval community or city-state, no longer engage in judicial combats or duels, and no longer prepare to go to war equipped in the manner of those times. Medieval martial arts today are not a matter of life and death, and we cannot truly approach or appreciate them. The resurrection and re-creation of European fighting skills can thus only proceed as an approximation, relying on such material as this much-needed translation. The modern student of fencing or arms and armor will surely find the images and text valuable on many levels.

Primarily, the *Codex Wallerstein* offers a series of separate example techniques—some fundamental, others significantly subtle, and all useful. Presenting a series of fundamental counters to common attacks, the codex offers a unique look into 15th-century longsword fighting, as well as that for the falchion and dagger, plus considerable insight into combat wrestling. As opposed to structured "lessons" for classroom practice, the moves and actions described are for the most part examples of ideal responses to attacks. The terms and concepts employed represent various deceptions and tactical moves of personal combat. They serve as sample actions of larger principles at work. There are also many examples of techniques described without specific names or without being shown to be part of a wider methodology. Overall the work reveals a consistency with other fencing texts from the period.

However, the techniques may seem thoroughly unfamiliar when compared with those in typical Hollywood films' sword fights and other popular (mis)conceptions of medieval fencing. In this work the reader will find frequent use of winding and binding against the opponent's blade; fighting by half-swording (holding the blade halfway along with the other hand); the repeated use of the back or "short" edge of the sword in cutting; numerous examples of thrusting, grappling, and striking with the hilt or pommel; and arm grabs and blade seizures. A great deal of the instruction involves thrusting at or closing in against the opponent. Such actions are the very essence of medieval swordplay. What the reader will not find is the familiar "edge-on-edge" parrying ubiquitous in modern depictions of medieval swordplay. Instead, like other fighting texts from the period, instructions on defense stress displacement of attacks—deflecting strikes and avoiding them, rather than the direct blocking found in later forms of fencing. Examples are even given for using the flat of the blade rather than the edge to receive blows.

During the time the original manuscript was compiled, "fencing" was defined as the art of using all manner of arms, but especially swords, and always included a large amount of grappling, or wrestling. Combat in the Middle Ages was a bloody, pragmatic affair. By the 14th century the longsword, a dynamic and versatile tool, was becoming the basic weapon for study. It was a weapon of war as well as the judicial duel, the tournament, and, when necessary, personal self-defense. The longsword was an agile, well-balanced, superbly made cutting tool and not at all the ponderous clumsy object too often portrayed in popular culture. The content of the codex reflects this reality throughout.

What is exciting about this work is that it is among the first produced through a new effort to combine legitimate scholarship with sound martial exploration of historical fencing literature. It presents a synthesis of academics' and practitioners' working together to uncover a unique cultural legacy. As a source for historical European fighting arts the material is extremely useful for any enthusiast. It takes a large step toward rediscovering the richness of our Western martial heritage. The codex is a blessing for anyone seeking accurate and credible information on the skills of combat of the time. I believe this translation should enable modern students of medieval fencing to better explore the historical techniques and concepts and begin applying them in their own interpretation and practice. For those interested in the reconstruction of the teachings of medieval Masters of Defence, it will be a welcome addition to the scarcity of published resources.

However, there are many questions that manuals such as this leave unanswered. They do not tell us, for example, the speed at which these attacks and counterattacks were practiced, the level of force or degree of range commonly used, or the necessary grip changes. They also cannot convey the understanding of timing or leverage required in executing moves. Modern students must therefore "fill in the blanks." The material within is certainly open to considerable analysis and interpretation. Some of the techniques are fundamental, while others are more advanced. Both knowledgeable martial artists and insightful novices can read between the lines to discern the author's awareness of the general principles of fighting.

This English translation is particularly significant because of Bartlomiej Walczak's involvement. I have had occasion to work personally with Bart, and in my opinion he is one of the most sincere and dedicated young martial artists of medieval fighting skills practicing today, and his interpretations of medieval combat techniques are sound.

The wealth of fighting manuals now becoming available to the historical fencing community is but the tip of a very large iceberg; we have only just begun to examine the profusion of material. Accurate interpretation and reconstruction of medieval and Renaissance combat systems are still only in their infancy. But the historical fencing movement is gaining momentum as more and more serious practitioners rediscover these works and realize their value as unparalleled sources of study. We are seeing the old, orthodox view of fencing history fading in the face of a new generation of historical European martial arts practitioners aided by advances in scholarship and communication. It is an exciting time to study these forgotten martial arts, and for the modern student this work will be a major reference for a long time to come.

—John Clements
July, 2002

John Clements is one of the country's leading instructors and practitioner-researchers of medieval and Renaissance fencing. He is director of ARMA, the Association for Renaissance Martial Arts (www.theARMA.org), and the author of Renaissance Swordsmanship *and* Medieval Swordsmanship, *both from Paladin Press.*

Introduction

I. REMARKS ON THE MANUSCRIPT

The subject of this edition, one of the best-known late-medieval *Fechtbücher* (fencing manuals) called the *Codex Wallerstein*, is preserved in the collection of the Augsburg University (Universitätsbibliothek Augsburg) (I.6.4°.2).[1] [See page 381 for Notes.] The codex is a paper quarto manuscript, written in Middle High German with some Bavarian dialect influence, containing 221 pages,[2] every odd one numbered in the upper right corner, starting from page 4, which is renumbered in this translation as page 1. Page 1 shows the date 1549, the supposed manual owner's name (vonn Baumans[3]), and the word *Fechtbuch*; pages 2 and 3 are blank.

This codex is by no means a homogeneous source: it seems to consist of two different manuals (for the sake of convenience designated in this translation as Parts A and B), which were put together and later given a common pagination.[4] Part A (number 1 recto through number 75 recto and number 108 verso, thus consisting of 151 pages) is probably from the second half of the 15th century, based on both the representations of arms and armor on number 1 verso (full plate armors and armets) and number 2 recto, and details of costumes on number 108 verso.[5] On the other hand, Part B (number 76 recto through 108 recto, 66 pages) is probably of much earlier origin; the details on the armor (bascinets without visors or bascinets with early types of visors; mail aventails; cloth worn on the breast and backplates of cuirasses) indicate late 14th or early 15th century.

It is worth noticing that this *Fechtbuch* once belonged to one of the most famous 16th-century authors of combat manuals, Paulus Hector Mair;[6] it was he who wrote the contents page of the manuscript (number 109 recto) and made several minor remarks on a number of pages for particular sections of the manual, which were inserted in some places in the codex.

Codex Wallerstein, like many other medieval and Renaissance *Fechtbücher*, contains a wide range of sections devoted to particular weapons and kinds of fighting:

Part A

1. Representation of a man-at-arms, number 1 recto
2. Judicial duel scenes, number 1 verso–number 2 recto
3. Unarmored longsword combat (*Bloßfechten*), number 3 recto–number 14 verso; number 21 recto–number 21 verso
4. Wrestling (*Ringen*), number 15 recto–number 20 verso; number 33 recto–number 74 recto
5. Unarmored dagger (*Degen*) combat, number 22 recto–number 28 verso
6. Unarmored combat falchion (*Messer*), number 29 recto–number 32 verso
7. Advice on how to rob a peasant with a knife, number 74 verso
8. Representation of persons in court costumes, number 108 verso

This part consists of pictures with relevant comments.

Part B

1. Longsword (*Bloßfechten*), number 76 recto,

number 80 verso; number 101 recto, number 102 verso
2. Armored combat (*Harnischfechten*) with longswords, shields, lances, and daggers, number 81 recto, number 95 verso; number 103 recto, number 108 recto
3. Judicial duel with judicial shields, maces, and swords, number 96 recto, number 98 verso
4. Wrestling (*Ringen*), number 98 verso, number 100 verso

This part consists of images only, without any comments or explanations. On number 109 recto there is a summary of the manuscript's contents, written in 16th-century neo-Gothic script. Apart from sections mentioned above, there are several blank pages in this codex: number 2 verso, number 34 verso, number 75 recto (with an unfinished sentence), number 75 verso, number 92 recto, and number 92 verso. Both parts, as already remarked in previous scholarly works, were put together in the 16th century. According to H.-P. Hils, both parts were written by several different scribes and illuminators, which can be seen in the style of script and images. Moreover, he maintains that part B belongs to the so-called Gladiatoria group, which cannot be linked to the teaching of Liechtenauer.[7]

This manual, like many other fighting manuals,[8] puts considerable stress on judicial duels, made apparent by the inclusion of several elements typical of such fighting. For example, number 1 verso and number 2 recto present a remarkable duel scene in a fenced yard, with coffins already prepared for both combatants. Moreover (apart from such obvious elements as judicial shields and maces), one's attention is drawn to the crosses on the garments of the combatants in Part B.[9]

Although such a presentation of the material is not particular to this manuscript (another example is Talhoffer's *Fechtbuch aus dem Jahre 1467*, where, for example, comments on unarmored longsword combat are divided into two sections),[10] the fact that sections on particular weapons are mixed together so much makes the researcher wonder how the original manuscript was actually written. It could be suggested that the writer proceeded gradually, writing or copying particular sections as he acquired relevant data without caring about putting the material in a coherent order. Moreover, the writer of Part A was in all probability not very familiar with the *Kunst des Fechtens*.

To support this view, one can refer to number 9 verso and number 10 recto, where the writer simply confused the comments of two illustrations. At least he realized his mistake and provided the images with relevant explanations. Moreover, he made another mistake (number 12 recto), having confused the pronouns *your* (*deines*) and *his* (*seines*). On the other hand, it seems that the manuscript was first illustrated and then provided with comments. However, the fact that the writer confused the descriptions of two entirely different techniques tells a lot about his knowledge of the subject.

Of interest is that in the first seven plates of the longsword section (number 3 recto, number 6 recto) there are headings with general fighting principles.[11] Written just above the first line of the comments and in a different script, they are in all probability later additions.

For technical reasons the edition of the manuscript is divided into two volumes: Volume 1 comprises longsword and falchion sections from Part A as well as longsword, *Harnischfechten*, and judicial shield dueling from Part B. The dagger and wrestling section from Part B are in Volume 2. Because the intended readers of this edition consist primarily of practitioners and scholars of medieval fighting arts, the editor hopes that this way of arranging the material will be more convenient for them. For the readers' convenience, a system of plate numbers has been used in this edition instead of the recto-verso pagination system found in the original codex. A table is included in the back of the book showing the original page number and the corresponding plate number (see Appendix A).

II. THE WEAPONS OF *CODEX WALLERSTEIN*

A. Longswords in Part A

The length of the longswords in Part A seems to vary considerably from about 110 to 120 centimeters (plates 5, 6, 7, 8, 20, 24, 25, 26, and 41), through about 130 to 140 centimeters (plates 11, 12, 13, 14, 15, 16, 17, 18, 19, 22, 23, 24, 27, 28, and 42), to about 150 centimeters (plates 9, 10, and 21) or even 160 to 180 centimeters (plates 1, 2, and 3). The length of the hilts also varies. However, this variety in length seems to have been caused more by the illuminator's style (it is well-known that medieval artists often did not pay much attention to issues of dimensions and proportion) than by a conscious differentiation for the purpose of particular techniques. What is important is that all the longswords can be seen as belonging to one type: a ridged blade without a fuller, but with diamond-shaped cross-section and a rigid, sharp point; fig-shaped pommel; and a simple straight crossguard with a chappe [editor's note: a leather flap or shield on the crossguard to keep rain out of the scabbard].

According to the commonly accepted typology of Robert E. Oakeshott, the blades could be classified as type XV (XVa, according to his recent observations) or XVIII/XVIIIa (the difference being that a type XV blade has a ridge flanked with deeply hollowed faces; in the case of type XVIII the ridge rises from almost flat faces). It does not seem possible to solve this issue by looking at the images in the manuscript. Actually, one would rather opt for type XVIII, as type XV (which dates back to the 13th century) is in the 15th century accompanied by a short, one-handed grip. However, it may not be that important: both types of blades were so similar to each other in the 15th century that it is sometimes hard to distinguish them from each other.[12] As for the crossguards, they clearly belong to type 1.[13] The pommels represent the T family and bear the strongest resemblance to the T3 type (plates 1, 2, 3, 15, 17–23, 25–28, 41, and 42).[14]

Of course, one could ask whether the codex illuminator had a particular type of sword in front of him when illustrating the manuscript (this refers in general to all the types of weapons depicted here), or whether he was presenting the general form of swords commonly used in his environment. The latter is more probable. Moreover, one should not assume that the illustrator was that interested in showing the details of weapons that were surely well known to his contemporaries. Therefore, the above attempt at classifying the swords should be seen more as a search for analogies among the known examples than as a decisive definition of the weapon's typology.

A functional analysis of the swords presented in the manuscript is more important. This shape of the blade was universal both for cutting and thrusting, and the form of pommels allowed for comfortable use with both hands. This is especially relevant for the purpose of winding (e.g., plates 6 and 8) and generally the techniques performed with crossed forearms (e.g., plates 7, 9, 10, and 13), as well as hitting with the pommel (e.g., plates 22 and 25).[15]

B. Falchions (*Messer*) in Part A

The falchions presented in Part A of the manuscript (plates 57–64) are about 120 centimeters long, and their hilts, though basically designed for a one-handed grip, seem to be long enough to be used comfortably with both hands. The length of hilts is important not only because of comfort, but also because long hilts were useful for hooking an adversary's hand, forearm, or throat (as in plates 57, 59, 63, and 64). The pommels have a hoof or wedge shape (similar to sword type T1 though definitely asymmetrical).[16] The handle is formed of two plates riveted to the tang; the crossguard is straight.[17] The form of the blade is very interesting: the sharp part of the short edge seems to extend from the point to the crossguard; however, the manuscript does not contain any advice about using this part of the weapon.

C. Daggers in Part A

The daggers depicted in the manual clearly belong to one type, very common in the late Middle Ages, the "rondel" dagger.[18] They were about 40 to 60 centimeters long, with round guards and round, slightly convex pommels. Their blades are tapering, with rigid points and diamond-shaped cross-sections. This weapon was used for thrusting only (as one can see, there are no cutting techniques in this manual) and was extremely efficient at penetrating the openings in armor or stabbing through chain mail. Also of interest is the length of the blade, which allowed the fighter to apply several armlocks and levers, which are depicted in the manual.

D. Longswords in Part B

The longswords in Part B (section on unarmored combat, plates 151-160 and 201-204) show certain similarities to those in Part A: they are about 130 to 140 centimeters long, with tapering blades (type XV or XVIII, with a preference for the latter).[19] With regard to the pommels, they all belong to the T family, although with certain differentiations: T2 in plate 203; T3 in plates 151-152, 156, 159-160, and 204; and, the most common, T4 (plates 152-153, 155, 157, 159, and 201-204).[20] All the hilts are provided with chappes; however, the hilts themselves show a variety of types: a sort of combination of T2 and T5 (or maybe a sort of T10?) in plates 151, 152, 153, 156, 158, 160, 201, 202, 203, and 204; a sort of combination of T6 and T9 in plates 151, 154-159, and 201-204.

E. Judicial Swords in Part B

Even though "normal" swords were also used, for judicial armored combat, several special types of judicial swords had been designed. Those depicted in the *Codex Wallerstein* are of the same types as those described above, except for their pommels, which are ball-shaped and equipped with projecting spikes designed for delivering devastating pommel strokes, which were very efficient against plate armor (plates 161-170; 176, 178-182; 185-187; 190; and 205-215). Similar examples of judicial swords may be found in other manuals (although of later origin), as in that by Talhoffer[21]—a splendid overview of various forms of judicial swords is presented in his *Alte Armatur und Ringkurt (1459)*.[22]

On the other hand, swords used for judicial combat with large shields (plates 191-192, and 196) do not differ from those used for "standard" purposes. They are either one-handed ones, with blade types XV/XVIII, crossguard types 6/9, and ball-shaped pommels (plate 191),[23] or two-handed, like those depicted in the section on unarmored combat.

F. Judicial Shields

A special weapon used for the purpose of judicial combat was a dueling shield, accompanied either with a sword (according to Swabian law) or a wooden mace (according to Frankish law).[24] This shield was about 2 or more meters long, with a pole inside for the handle and hooks and spikes at the shield's ends for stabbing or catching the adversary. This shield had a peculiar variation called a throated hooking shield, with two central poles at both ends and four hooks.[25] There seems to be some confusion about what sort of fighting it was for.[26] In relevant sections of the *Codex Wallerstein*, combatants using swords carry shields on whose ends are attached two spikes (a central one and a corner one) and a hook (plate 191), or even nine spikes (a central one and four on each corner; plate 192). One can also see a variation of the former type, with three spikes on the front of the shield (plate 196). For the duel with a mace, the combatants use shields with one long central spike at each end (or its variation with two hooks), as in plate 193, or other combinations (plates 194 and 195).

G. Armor in Part B

The examples of plate armor worn by combatants in Part B of the manuscript (plates 161-182, 185-190, and 205-215) show several traits typical of the second half of the 14th or of the early 15th century. The helmets (all accompanied by mail aventails) can be classified into several types:

1. Bascinets without visors: plates 161, 162, 166, 167, 169, 170, 173-175; 178-181, 186-188, 190, 205, 206, and 213
2. Bascinets with visors, either in form of early *Klappvisier* or the later *Hundsgugel* (a face guard attached at its top center to the helmet by a hinge): plates 161, 163, 174, 176-182, 185, 186, 188-190, 205-207, and 209-215
3. Kettle hat: plate 162

The combatants wore full leg and arm

armor. With regard to breastplates and backplates, they were all covered with cloth (sometimes marked with a cross for the judicial duel), which is a typical feature of this period. The shields (plates 164, 176, 181, 190, 205, 208-210, 213, and 214) are concave and rectangular with rounded corners and a notch to support a lance. As with the armor, the shields do not differ from those used in war, with the exception of those shown in plate 205, with their hooks and spikes, most probably for the special ends of judicial combat.[27]

III. GENERAL FIGHTING PRINCIPLES

A. The Longsword

With regard to the fighting principles, the codex focuses only on annotated plates, the reason for which is obvious: actions presented without any comments could be from so many possible situations that it would be necessary to have a much more comprehensive analysis with much more comparative material than is possible in this work.

Like many other manuals, the *Codex Wallerstein*'s longsword section does not cover all aspects of swordsmanship.[28] For example, it has been noticed that there is no mention of *Meisterhauen* (master cuts).[29] On the contrary, it seems to focus on such selected problems as the following:

1. *Binden an das Schwert* (binding on the sword) and possible actions from that (plates 5-7 and to a degree 8 (where binding is not the point of departure but one of the consequent elements of action); 9 and 10 (a situation similar to 8); 11-13 and to a degree 14-16 (which are offered as a sort of option resulting from the action presented in 13); and finally 19-28, 41, and 42. As one can see, almost the entire longsword section in Part A covers the problem of binding, which might suggest that it was copied from another manual. Obviously, one of most natural and recommended actions from *Binden* are *Winden* (winding techniques, of particular interest because they are mostly performed with the short edge), which are presented in following plates concerning *Binden*: 6 and 7 (here winding is used not to hit the opponent but to push his blade aside), 8, 10-13, 15 (referred to as *Ausserwinn*—or taking out), 19-22, 24, and 28.
2. *Schwertsnehmen* (taking the adversary's sword): in general, these techniques result here either from binding (plates 22, 23, 25-27, and 42) or from other actions, such as a missed thrust (plate 17).
3. *Gewappnete Hand* (half-sword) techniques: resulting from binding, these techniques occur either in form of *Legen* (placing the blade at the adversary's neck), followed either by a slicing cut or a throw (plates 19-20 and 26) or *Stossen* (thrusting) (plates 6, 21, and 28).
4. *Werffen* (throwing or armlock) techniques performed usually, though not always, with the help of the blade (plates 8, 11, 18-20, 27, and 41).
5. *Leng* and *Maß* (length and reach, referring to proper distance and stance), as in plates 5 and 6. This principle is also presented in the tradition of Johannes Liechtenauer.[30]

Moreover, one is also able to discern some fighting principles, and some particular techniques, that were typical for the school of swordsmanship based on Liechtenauer's teaching.[31]

1. *Schwach/sterck* (weak/strong), as in plates 7 and 8
2. Issue of timing—*vor/nach/inndes* (before, after, simultaneously)—as in plates 9-11, 19, and 22
3. Mention of *Bloßen* (openings), plate 7
4. *Überlauffen* (overrunning, here presented as *Dringe in ihn*, or run at him, plate 9 and probably plate 10
5. *Aussernym*, plate 15[32]
6. *Verzuckter Hau* (twisted stroke)—plate 13[33]

As for the issue of guard stances, one can see some that were used in the Liechtenauer school, such as the *Pflug*, or plow (one of the middle guards and definitely the most common one in this section of the manuscript), depicted in plates 5, 6, 22, 25, and 26; though not directly it was surely also a position of departure here, as in plates 7, 11, 13-16, 18-21, 23, 24, 28, and 41. Other examples are *Hengort* or *Langort* (hanging point or long point) on plates 8, 14, and 42; and *Ochs* (hanging guard) in plates 9-11, 13, and 27 (with a splendid example of *Hengort* binding). Of most interest is the stance of *Waage* (balance), known better from wrestling than swordfighting[34] in plates 5 and 12. On the other hand, one could assume that this refers to a concept of balanced legs and body position.[35] It is necessary to mention that this stance is mentioned by Liechtenauer, which reinforces the assumption about a relationship between the *Codex Wallerstein* and Liechtenauer's school,[36] which of course does not exclude further research on this subject.

A point of interest that has provoked a debate among students of late medieval fencing is the problem of parrying with the blade's edge.[37] Although the phrase *versecz mit der kurczen Sneid* (deflect with the short edge) appears, it should be understood as a deflection performed on the opponent's flat with one's own edge, although an accidental edge-to-edge contact cannot be excluded.

B. The Falchion

Although it is rather difficult to formulate any generalities based on just a handful of examples of falchion techniques, one is also able to see some general principles:

1. Parrying with the flat: swordsmen are advised to deflect the oncoming blows with the flat of the weapon (plates 57 and 61)
2. The issue of timing, here as the *inndes* principle: plate 58
3. Mention of *Bloßen*: plate 61
4. Mention of *Abschneiden* (chopping off the adversary's hands): plate 61
5. Half-sword (*gewapnete Hand*) techniques: plates 62-64
6. Throwing (*Werffen*): plates 59 and 64
7. Taking the opponent's weapon: plate 63
8. Overrunning (*Überlauffen*): plates 59-60 and 62
9. Winding (*Winden*): plates 59-60 (meant as deflecting the adversary's weapon); plate 63 (deflecting the opponent's weapon followed by a pommel attack against his arm)

As can be seen, some general principles and elements of fighting are similar for both the longsword and falchion. It should be stressed as one of the basic features of the medieval *Kunst des Fechtens* that similar general rules apply to different weapons.[38]

C. The Dagger

Unlike in the case of the longsword or wrestling, no general rules for the dagger are stated explicitly; however, some basic principles for dagger fighting can be seen:

1. • Grabbing the opponent's armed hand with the defender's left hand, followed by an arm-breaking technique (plate 43)
   • Stabbing the opponent with his own weapon and finishing him with one's own stroke (plate 52) or throwing the opponent with the help of the dagger (plate 55)
   • Grasping the opponent's blade and breaking the dagger out of his hand (a sort of variation in plate 56)
2. • Catching the opponent's stroke on the dagger, held in one hand, followed by an arm-breaking technique and taking his dagger away (plates 44 and 45)
   • Blocking the opponent's armed hand (plate 46)
   • Throwing the opponent with the help of the dagger (plate 50)
3. • Catching the opponent's stroke on the dagger, held in both hands, followed by applying an armlock and stabbing the opponent with his own dagger (plate 47)
   • Throwing the opponent (plate 48)
   • Applying an armlock (plate 49) or an arm-breaking technique (plate 53), or applying an armlock and taking the opponent's dagger away (plate 54)
4. • Striking first with a feint thrust (plate 51)

D. Wrestling

The section on wrestling, the largest part of

the manuscript, starts with an introduction of three rudimentary principles: strength (*Sterck*), reach (*Maß*), and agility (*Phentikait*), and their proper application in the fight. Strength ensures firm and balanced stance of the scales (*Waage*); reach puts the legs and hands into proper positions, and agility allows one to use all the techniques and elements of fighting in the right manner. Then, the defender is shown how to apply these principles when fighting various kinds of opponents. In the case of a weak adversary, one should attack first, using one's strength. When fighting an equal opponent, one should start simultaneously with him and apply one's reach. Finally, the strong opponent should be allowed to attack first in order to use one's agility against the adversary. Moreover, these rules are followed by more detailed advice about the application of specific techniques against various kinds of adversaries. When fighting an equal opponent who overcomes with agility, the recommendation is to counter his agility with reach. With a stronger adversary, it is better to apply agility against his strength. The last remark in the introduction is of particular interest, the gist of which is as follows: in serious combat a weaker fighter's agility and skills may enable him to match a stronger fighter, but in friendly combat strength has the advantage.

The techniques presented in the manual are divided into several groups, according to their points of departure.[39] Moreover, counteractions for the majority of the techniques are presented either in the same plate or the next one. The points of departure from which the fight begins are as follows:

1. *Lange Arme* or *Arme* (long arms or arms). Here the adversaries hold each other with their arms stretched forward, and a variety of techniques can be applied, as follows:
   - Raising the opponent's foot and countering it in various ways (plates 31, 32, and 33)
   - Stepping against the opponent in the *Twirch* to throw him (plates 34, 40, and 70)
   - Getting under the opponent to throw him over one's back (plate 72, with a counteraction in plate 73 and a counteraction against the counteraction in plates 74, 75, and 76)
   - Throwing the opponent over one's shoulder (plates 77 and 78, with a counteraction in plate 79). A sort of variation of the "long arms" is applying an arm-breaking technique (plate 80).
2. *Twirch* or *Zwerchstellung* (horizontal stance). The fighter stands with one leg stretched forward (plates 34, 38, 40, 66, 70) in order to throw his opponent. The manual presents various ways of countering the opponent's action (plates 37, 39, 65, 67, 69, and 71).
3. *Huf* or *Hüfte* (hip). Hip throws and counteractions (plates 35 and 36).
4. *Gleich Fassen in den Armen* (parallel grasping in the arms). This variation of the "long arms" shows how to embrace the opponent so that one can raise and throw him in various ways. It can be countered by the following:
   - Hooking the opponent's leg (plate 82, with a possible response to the opponent's counterreaction in plate 85; plate 95, with counters to this counter in plates 96 and 97; plate 98, where a shoulder throw is recommended if the opponent counters the leg hook; and a counter to this throw by means of raising the opponent's leg in plate 99. This, on the other hand, can be countered by another throw, as in plate 100)
   - Applying an arm-breaking technique on the opponent's shoulder (plate 86) or on his arm (plate 87)
   - Pushing the adversary away by raising his leg and pressing his jaw (plate 88, with a counteraction in plate 89)
   - Grasping the opponent's arm and thrusting one's shoulder under his shoulder to make him tired (plate 90)
   - Grasping the opponent's leg from outside and throwing him (plate 91)
   - Stepping between the opponent's feet to apply a hip or heel throw (plate 92, with possible counters in plates 93 and 94)
   - Stepping between the opponent's legs to apply a hip throw or a heel throw (plate 101, similar to plate 92)

- Pressing the vital point under the adversary's eyes and on his nose (plate 102, with a counter in plate 103 and a counter to the counter in plate 104)
- Grasping the opponent's head and pressing it into his torso (plate 105)
- Embracing the opponent's arms and seeking an opportunity to throw him (plate 106)
- Twisting the opponent's head and throwing him with the use of one's leg (plate 107)
- Applying pressure on the vital points on the adversary's throat (plate 121)
- Striking the opponent's testicles with one's knee (plate 122)

5. *Zu Laufs Ringen* (wrestling by running to the opponent). The fighter rushes toward his adversary to provoke a counterreaction and then throws him overhead (plate 81), onto his back by grasping and raising his feet (plate 83), or through the fighter's feet (plate 84).
6. Grasping of one's doublet or collar. These techniques are used to throw the adversary when he grasps one's clothes. Response techniques include the following:
   - Applying an armlock to break the opponent's joint (plates 108, 109, and 112)
   - Driving the adversary to the ground (plate 109)
   - Applying an armlock and then a counterthrow (plate 111)
7. Grasping of one from behind. When grasped from behind, one is advised to apply the following techniques:
   - Grabbing the opponent's hair and throwing him over one's head (plate 113, with a counter in plates 114 and 115, and a counter to the counter in plate 116)
   - Stepping behind the opponent and throwing him over one's foot, as in a "horizontal stance" (plate 117)
   - Applying an armlock on the opponent's finger (plate 118, with a counter in plate 119 and a counter to the counter in place 120)
   - Hitting the opponent's face with one's head and then grasping his testicles (plate 123). In case one's collar is grasped from behind, it is recommended that one turn around and apply an armlock on the opponent's elbow (plate 124), butt his stomach with one's head (plate 125), or hit his elbow (plate 126).
8. Fist strokes. These techniques comprise various ways of defense against fist strokes:
   - Parrying the oncoming adversary's fist with an open hand (plate 127), followed by stepping in and throwing the opponent by means of one's foot (plates 128 and 129)
   - Applying an arm-breaking technique to the opponent's elbow (plates 130 and 135, which can also be followed by a throw, as in plate 136) or to his shoulder (plate 137)
   - Winding one's arm around the adversary's arm and inflicting a death stroke with one's fist (plate 131)
   - Grasping the opponent's foot and trying to throw him (plate 132)
   - Outpacing the opponent and hitting him with one's knee in his testicles (plate 133) or with one's foot in his stomach (plate 134)
   - Throwing the opponent by hitting under his shoulder (plate 138)
9. Various applications and purposes:
   - If attacked by someone, one is advised to do a feint stroke at the opponent's face and simultaneously hit his foot to make him fall (plate 139)
   - If fighting a considerably stronger opponent, it is best to catch the adversary's hair and hit his teeth with one's fist (plate 140); if this action is not possible, one can apply an arm-breaking technique on the opponent's elbow (as in plate 141) or apply an armlock and hit the adversary's neck (plate 142)
10. Holding multiple opponents. This group, comprising various types of armlocks, shows how to hold securely one, two, or even three adversaries (plates 143, 144, 145, 146, and 147).
11. The last technique advises how to rob a peasant by inflicting a knife stab that appears lethal but in fact does no harm (plate 148).

In summary, the section on wrestling comprises a variety of techniques—throws, armlocks, fist and foot strokes, hits and pressures to vital points—providing the fighter with diversified means of resisting various kinds of attack.

IV. PARALLELS AND SIMILARITIES

A. The Longsword

On one hand, it is extremely tempting to search for parallels among other fencing manuals to establish possible sources and a tentative provenance for this manuscript. On the other hand, the written word was by no means the chief way of disseminating knowledge and techniques about swordsmanship. This was done more by personal contacts with available masters and their skills. Moreover, it should be borne in mind that even though similar or even identical actions are presented in more than one manual does not necessarily mean that they are related. A well-known feature of the martial arts is that different schools and systems independently find similar solutions to similar problems. However, to see these similarities, an attempt at finding relevant fencing actions from some other well-known manuals has been made. For the purpose of comparison, the following available manuals were consulted: *Das solothurner Fechtbuch*; the famous manual by Fiore dei Liberi, *Flos duellatorum,*[37] as well as the *Fechtbuch* by Hans Talhoffer from 1467. With regard to these manuals, the parallels concerning longsword combat are the following:

- Plate 1: A similar figure appears in dei Liberi[40] (chart 17a, page 151), demonstrating the angles of attack.[41]
- Plate 8: One may search for parallels in *Das solothurner Fechtbuch*, plate 77, where the swordsman on the left seems to cut into his opponent's neck with his short edge. However, in this manual the matter is made difficult by the fact that the illustration was not provided with relevant comments and one has to rely on the editor's interpretation.[42]
- Plate 9: A similar action is presented in *Das solothurner Fechtbuch*, plate 84.[43]
- Plate 16: A certain similarity may be seen in dei Liberi (chart 20b, page 158, bottom right), although in this case the point of departure of this action is unknown. The same may be said about chart 22a, page 161, top right.
- Plate 17: An obviously analogous action is depicted in dei Liberi (chart 23b, page 164, bottom right).
- Plate 19: A similar action is presented in dei Liberi (chart 21a, page 159, bottom right), though with a different point of departure (binding the swords in a low guard) and a different intention (to cut the opponent's face). Moreover, the way of holding the opponent's sword is slightly different (hooking the adversary's right arm). There is also something analogous to an item in Talhoffer (plate 24), although the commentary there is not very informative.[44]
- Plate 21: A similar thrust is depicted in Talhoffer, 1467 (plate 36), though with a different starting position (hanging guard in its version of squinting guard), and a different intention (thrusting into the adversary's throat).
- Plate 22: The principle of grasping the opponent's sword and hitting his face with the pommel appears in dei Liberi, although with a different way of grasping (catching the opponent's right arm, chart 22a, page 161, bottom left; grasping the opponent's left arm from above, hitting between the adversary's hands, or grasping his pommel from under, chart 24a, page 165, top right, bottom left and right).
- Plate 26: A similar action is shown in dei Liberi (chart 21a, page 159, bottom right), although with the differences mentioned above for the codex's plate 19.
- Plate 27: A similar way of grasping the adversary's hilt above his right arm is depicted in *Das solothurner Fechtbuch*, plate 90, except that this action is performed from the middle guard.[45]
- Plate 41: Throwing the adversary by grabbing his legs is shown in Talhoffer (plate 34), although with a different point of departure (as a defense against a stroke).

As can be seen from the above, the

Bloßfechen section in Part A of the *Codex Wallerstein* has several things in common with other swordsmanship manuals, with special regard to Fiore dei Liberi.[46] However, it cannot be determined here whether there was any direct influence by dei Liberi's work, from mutual contacts or parallels between German and Italian swordsmanship, or through the mere solution of similar problems in a similar manner.

B. The Falchion

With regard to this weapon, a technique parallel to the action presented in plate 61 (cutting from below at the opponent's right wrist to stop the oncoming stroke) can be found in Talhoffer, 1467 (plate 228).

C. The Dagger

Parallels with other manuals dealing with dagger fighting are the following:

- Plate 44: Similar techniques are presented in Talhoffer, 1467 (plate 179, far left, with a slightly different way of catching the opponent's armed hand) and in Talhoffer, 1443 (plates 96–98; the whole action is presented in three sequences, although the lack of explanatory text makes is difficult to say whether it had a similar point of departure.
- Plate 45: An analogous way of winding the dagger out of the opponent's hand may be seen in Talhoffer, 1467 (plate 170, far left).
- Plate 46: This very common technique, called *die Schär* (the scissors), can be seen in several manuals—Talhoffer, 1467 (plate 174, near right), Talhoffer, 1443 (plates 99–102, presenting a counteraction as well), Talhoffer, 1459 (plate 49, the same technique applied without the dagger; plates 60 and 61, presenting an action with a counter), and in *Das solothurner Fechtbuch* (plates 105–107, presenting an action finished by taking the dagger from the opponent's hand).
- Plate 47: Similar action is visible in Talhoffer, 1467 (plate 182), although the latter does not state explicitly that the technique should end up by stabbing the adversary's face with his own dagger.
- Plate 48: A parallel may be inferred in Talhoffer, 1443 (plate 103), although with the defender's hands crossed, not held parallel, as in *Codex Wallerstein*.
- Plate 49: A similar way of dealing with the opponent's thrust from above may be seen in Talhoffer, 1467 (plate 173), although in the latter the action is supposed to end up with a throw.
- Plate 53: This technique, called an *unter Schilt* (lower shield), may be also seen in Talhoffer, 1467 (plate 171, near right; an analogy may be also seen in plates 181 [near right] and 182 [far left], which present an arm-breaking technique following a parry of the opponent's stab from below), in Talhoffer, 1443 (plate 108, with an arm-breaking technique described above) and in Talhoffer, 1459 (plate 47, presenting an arm-breaking technique, and plate 58, depicting *unter Schilt*).
- Plate 55: An analogous action may be seen in Talhoffer, 1467 (plate 173, far left, although with a different way of grabbing a leg) and in Talhoffer, 1443 (plate 106, with a different way of leg grabbing as well).

As one can see, the dagger techniques in *Codex Wallerstein* seem to be strongly linked to those depicted in the works of Hans Talhoffer. However, as in case of the longsword techniques, it would be difficult to state fully whether this relation can be attributed to any direct influence.

D. Wrestling

With regard to the introduction to this section of the manual, one may see certain similarities in the *Ringkunst* of Ott the Jew (quoted after Talhoffer, 1443).[47] Master Ott also gives three basic rules of wrestling: *Kunst* (skill), *Snellikayt* (quickness), and *rechte Abgevng der Sterck* (proper avoiding of the strength). Moreover, he advises the same rules for fighting particular kinds of adversaries: attacking weaker opponents first, starting the fight with equal opponents simultaneously, and letting stronger adversaries attack first. When one attacks first

Ott recommends using quickness; in the case of a simultaneous beginning, he recommends using the scale stance; and if one lets the opponent attack first, he advocates the *Knyepug* (bending one's knees).

Generally speaking, Ott's principles are a bit different from those found in *Codex Wallerstein*. However, because of the widespread popularity of Ott's teachings, one may assume that the author (authors?) of the wrestling rules presented in *Codex Wallerstein* at least knew them and modified them to fit.

Moreover, it is worth noting that the scale stance has its parallel in the art of wrestling of dei Liberi (chart 4a, page 125, bottom left), although it cannot be said for sure whether it is anything more than a mere similarity.

As far as parallels to particular techniques are concerned, they are as follows:[48]

- Plate 31: A similar action is presented in Talhoffer, 1443 (plate 131), although with a different way of raising the opponent's leg.
- Plate 34: This technique may be related to Ott's teaching (page 30, item 3 from the top *ain ander Stuck*), which advises stepping behind the opponent's foot to throw him through one's leg.
- Plate 36: There is a similar hip throw in Ott's teaching (page 31, item 1 from the top) applied as a defense against an armlock on the left elbow. Moreover, such a throw can be seen in Talhoffer, 1467 (plate 194, far left), although this grip is shown around the opponent's neck.
- Plate 39: A similar arm-breaking technique may be found in Talhoffer, 1467 (plate 193, far left) except that the defender grasps the opponent's elbow in his hand; in Talhoffer's *Alte Armatur* (54 recto; with the reservation as above); in Talhoffer, 1443 (plate 137, here the technique is performed with the forearm, as in *Codex Wallerstein*).
- Plate 40: An analogous throw can be seen in Talhoffer, 1467 (plate 204, far left; however, here the defender grasps the opponent's shoulder with his hand); in *Alte Armatur* (49 verso; with the reservation as above); in Talhoffer, 1443 (plate 157; here the technique is performed with the forearm, as in *Codex Wallerstein*).
- Plate 66: A parallel throw may be found in Ott's teaching (page 30, item 3 from the top, *ain ander Stuck*).
- Plate 72: This technique has many analogies in various manuals: in Ott's teaching (page 29, item 2 from the top, *ain ander Stuck*, although in this case the throw over one's back is performed on the left side, unlike in *Codex Wallerstein*); in Talhoffer, 1443 (plate 135; done also on the left side); in Talhoffer, 1459 (plate 69; done on the left side and with a different way of grabbing the opponent's leg); in *Alte Armatur* (53 recto; with a different way of grabbing the opponent, not between his arms but rather outside his right arm); in Talhoffer, 1467 (plate 192, near left; as in *Alte Armatur*); in dei Liberi (chart 5a, upper left); in *Das solothurner Fechtbuch* (plate 122; with a different way of grabbing the opponent's leg and the throw from the left side).[49]
- Plate 73: A similar technique may be found in Ott's teaching (page 33, item 2 from the bottom); in Talhoffer, 1459 (plate 70); as well as in Talhoffer, 1467 (plate 209, near left).
- Plate 76: This technique, relying on breaking the opponent's elbow on one's shoulder, can also be seen in Ott's teaching (page 30, item 4 from the top, although Ott recommends throwing the adversary this way); in Talhoffer, 1443 (plate 148); in *Alte Armatur* (55 recto; with a different stance—facing the opponent rather than having one's back toward him); in Talhoffer, 1467 (plate 193; far right, as in *Alte Armatur*).[50]
- Plate 78: A similar throw over one's shoulder is present in Ott's teaching (page 31, item 1 from above).
- Plate 80: A parallel is visible in *Alte Armatur* (139 recto, far left; with a slightly different grip), and in Talhoffer, 1467 (plate 208, far left; the difference is that the lever's fulcrum is on one's chest rather than the elbow).
- Plate 81: This foot throw can be also found in Talhoffer, 1443 (plate 133); in Talhoffer, 1459 (plate 78); in *Alte Armatur* (57 verso), and in Talhoffer, 1467 (plate 207, far right). In the

two latter manuals this technique is called *bübienwurff*, a "knavish throw."

- Plate 82: This technique may be found in Ott's teaching (page 43, items 4 and 5 from the top), and in Talhoffer, 1467 (plate 211, near left; done on the other side). This technique is recommended when an opponent has one gripped with both arms, here called the "peasants' grip" (*als dy Pawren thund,* "as peasants do"). This term also used in *Alte Armatur* (50 recto; *das Burnvassen*).
- Plate 83: A parallel is visible in Talhoffer, 1443 (plate 146).[51]
- Plate 86: A similar armlock on the opponent's shoulder may be found in dei Liberi (chart 4b, upper left); in *Alte Armatur* (56 recto; with the opponent's right arm also being grabbed); in Talhoffer, 1467 (plate 209, far right). A certain parallel may be also seen in Ott's teaching (page 32, item 3 from above *ain ander Gefert*), although Ott recommends finishing the technique with a throw, not an armlock.[52]
- Plate 88: An analogy is visible in dei Liberi (chart 4b, middle left), although he presents this technique as being done on the other side. A similar technique may be found in Ott's teaching (page 32, item 3 from above *ain ander Gefert*).
- Plate 91: A similar throw may be found in Ott's teaching (page 31, item 2 from below *aber ein Ringen*), and in Talhoffer, 1467 (plate 205, near left).
- Plate 92: A parallel can be seen in Ott's teaching (page 30, *ain ander Stuck*) and in Talhoffer, 1467 (plate 211, far right).
- Plate 97: This technique can be also found in dei Liberi (chart 4b, upper right); in *Alte Armatur* (56 recto; see the notation to plate 86), and in Talhoffer, 1467 (plate 209, far right; plate 216, near right).
- Plate 99: A similar throw is depicted in Talhoffer, 1467 (plate 203, far right).
- Plate 100: A counter to the previous technique may be found in *Alte Armatur* (51 verso), as well as in Talhoffer, 1467 (plate 196, although with a different point of departure).
- Plate 102: This way of pressing the vital points on the opponent's face may be found in Ott's teaching (page 32, *ain ander Gefert* 1); in Talhoffer, 1443 (plate 154), and in *Alte Armatur* (59 verso).[53]
- Plate 104: A parallel may be found in Talhoffer, 1467 (plate 199, far left), although with a different point of departure.
- Plate 106: An analogy may be seen in Talhoffer, 1467 (plate 219, near right), but with a single clasp only.[54]
- Plate 107: There is a certain parallel to this technique in Talhoffer, 1467 (plate 201, near left), although he advises grasping the opponent under his chin with both hands, and he shows no foot action, which is essential for *Codex Wallerstein*.
- Plate 112: A similar technique may be found in Ott's teaching (page 31, item 1 from below, *also prich das*).
- Plate 113: A similar throw can be seen in *Alte Armatur* (60 verso), as well as in Talhoffer, 1467 (plate 200, far left).
- Plate 115: As in case of plate 104, a parallel may be found in Talhoffer, 1467 (plate 199, far left), although with a different point of departure.
- Plate 117: An obvious analogy of a defense against being grabbed from behind is visible in dei Liberi (chart 5a, middle left).
- Plate 118: Smilar advice to countering the grab from behind by grasping the opponent's finger is given by Ott (page 34, item 5 from the bottom).
- Plate 119: A parallel may be found in Talhoffer, 1443 (plate 148).
- Plate 121: A similar way of pressing the vital points on the opponent's neck is advised by an anonymous manual from the 15th century.[55]
- Plate 122: An analogous technique is recommended by dei Liberi (chart 5a, bottom right).
- Plate 144: A similar way of holding two adversaries is visible in Talhoffer, 1443 (plate 155).

As in the case of dagger techniques, the wrestling section seems to bear strong parallels to the works of Talhoffer; of interest also are the obvious similarities to the teachings of Master Ott.

Generally speaking, the techniques in Part A

of *Codex Wallerstein* seem to be strongly related to the works of Talhoffer; thus, it may be possible to relate Part A to the South German school of martial arts, mentioned by H.-P. Hils.

V. TRANSLATOR'S REMARKS

Here, some explanation of the translation should be made. Comments to the plates have been transcribed by F. Dörnhöffer and K. Wassmannsdorff.[56] These comments have been used to help in the present translation. As far as the translation itself, an attempt to be as faithful to the original text as possible has been made. For the sake of clarity and comprehensibility for the modern audience, however, several minor changes have been introduced.

Part A

PLATES 1–148

PLATE 1

Uber ii
Khumben Im
1556 am
26 Januari
paulus hector
,air zugehorig

Bought in 1556 on 26 January, belonging to Paulus Hector Mair

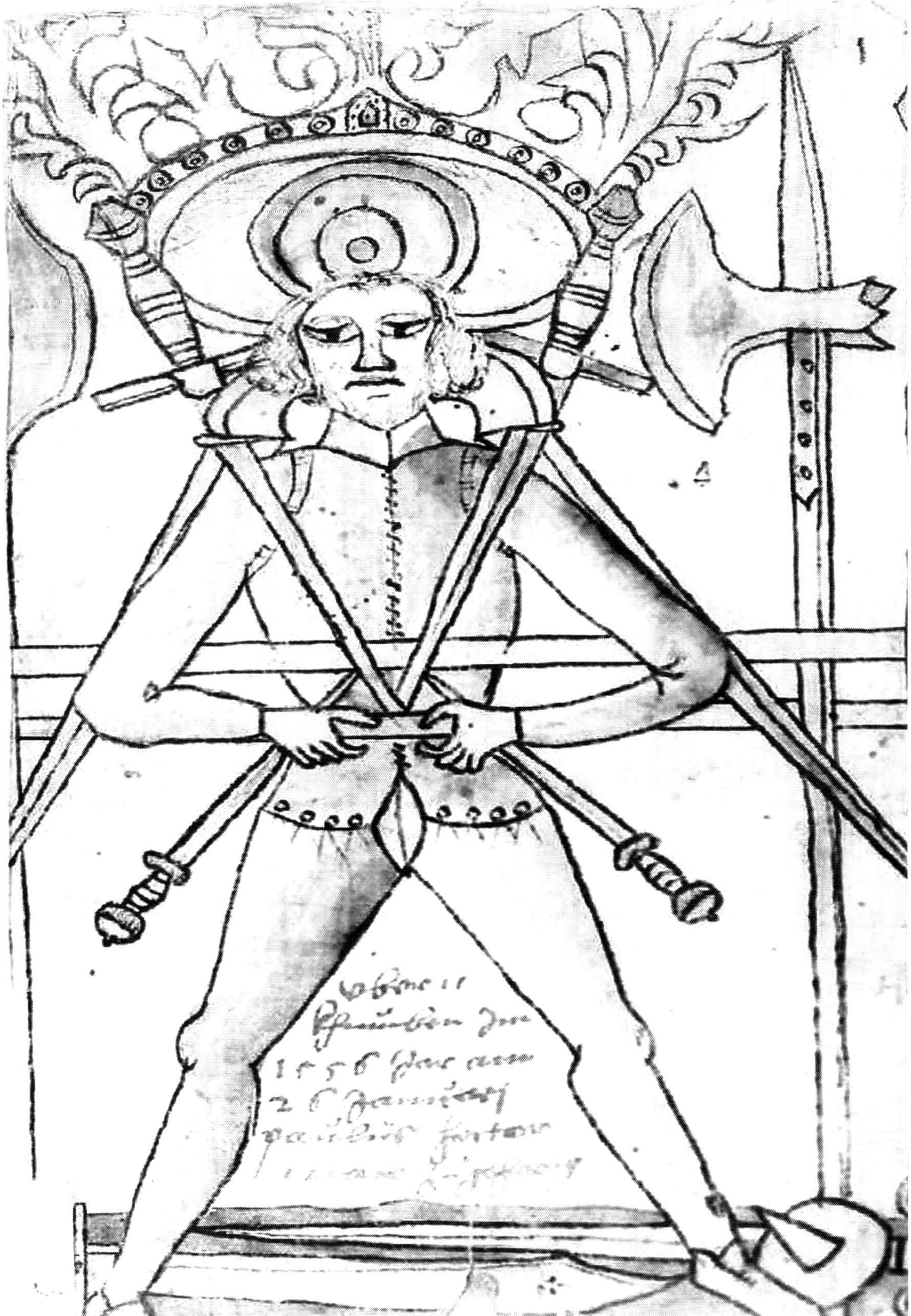

PLATE 5

Leng [different hand]

Item so du mit ainem wichst und zu ihm kumst an das
swert das ir paid an hapt gebund so reck dein arm und
dein swert lanck von ir und secz dich mit dem leib nider
in dy wag und sich dastu leng und masse in dem swert
habst so magstu arbaiten und weren alles das das notturft
ist dy leng das ist dastu hinter deinem swert stest und
reckst dich dy masse ist dastu nider stest als hie gemalt
stet und mach dich klain mit dem leib so pistu gross in swert
[Neo-Gothic 16th-century script]
Der stannt im langen schwert
Stendt 24 bar*

Die Länge

Also, du kämpfst gegen jemanden, und kommst du zu ihm auf die Distanz des Schwerts, so ihr beide seid gebunden Haupt in Haupt. So, strecke deinen Arm und dein Schwert weit von dir und setze dich mit deinem Körper in die Stellung der Waage, daß du ein gutes Ma und die Weite hast, und daß du angreifen und dich wehren kannst gegen alles, was notwendig ist. Die Weite ist, daß du hinter dein Schwert stehst und beugst dich; das Maß ist, daß du in einer niedrigen Stellung stehst, wie es hier gemalt ist, und mach dich klein in deinem Körper, daß du groß in deinem Schwert bist.

Der Stand im langen Schwert
24 Stände ohne Rüstung

Length

So you fight against someone, and you come at him at the length of the sword, so both of you are going head to head. Then you should stretch your arms and your sword far from you and put yourself into a low body position [*die Waage*, balance, scales] so that you have good reach and expulsion with your sword and so that you may attack and defend yourself against all that is necessary. The reach is in your standing behind your sword and bending yourself; the distance is in your staying low, as is shown here, and making yourself small in your body so that you are great in your sword.

The image of the longsword
24 images without armor

*This refers to the number of images—24 plates of unarmored combat with the longsword.

PLATE 6

masse [different hand]

Item alstu ainem an pinczt an das swert so slach im lanck
ein mit dem ort zu dem gesicht und wint im mit der
kurczen sneid ein in das angesicht als hie gemalt stet
so magstu im ein reissen mit dem knopf oder mit
gewappneter hant in das gesicht stossen

Das Maß

Also, wenn du jemanden anbindest an das Schwert, so schlage ihn lang mit dem Ort zum Gesicht, und winde ihm mit der kurzen Schneide in das Gesicht, wie es hier gemalt ist, daß du ihm mit dem Schwertknopf oder am Halbschwert in das Gesicht stoßen kannst.

Reach

Next, if you bind someone by the sword, strike at his face with the point and wind with the short edge in his face, as it is depicted here, so that you may hit him with the pommel or thrust at his face halfway along his sword.

PLATE 7

schwech [different hand]

Item so du ainem an pinczt an das swert so wart ob er
waich oder hert sey; ist er hert so wint im in das angesicht
als vor geschrift stet; ist er aber waich so such
dy swech seins swercz und wint im uber auf dein tencke
saiten als hie gemalt stet so magstu im nach dem
kopf snappen und dy plesse suchen.

Die Schwäche

Also, wenn du jemanden an das Schwert bindest, so warte ob er weich oder hart ist. Wenn er hart ist, winde ihn in das Gesicht, wie es vorher beschrieben ist; wenn er aber weich ist, suche die Schwäche seines Schwerts, und winde es in Richtung deiner linken Seiten, wie es hier gemalt ist, daß du ihn in den Kopf schlagen und die Blößen suchen kannst.

Weakness

Next, if you bind someone by the sword, wait to see whether he is [a] soft or hard [fighter]: if he is hard, hit him in his face, as described before; if he is soft, find the weak part of his sword and wind it toward your left side, as depicted here, so that you can hit him in the head and seek an opening.

PLATE 8

sterck [different hand]

Item haustu ainem ober ein in das swert und er helt
starck wider so war auf in dy horch mit deinem swert hinder
sich an seinem swert gegen seine swech und das dein
gehilcz an seinem swert stee und wint im dy kurcz
sneid an den hals als hie gemalt stet so magstu
in mit gewalt auf dy erd ziechen

Die Starke

Also, wenn du jemanden in das Schwert von oben einhaust, und steht er stark wieder, so gehe hoch mit deinem Schwert hinter ihn gegen die Schwäche seines Schwerts, daß dein Heft auf seinem Schwert steht, und winde ihm die kurze Schneide an den Hals, wie es hier gemalt ist, daß du ihn mit der Kraft auf die Erde werfen kannst.

Strength

Next, if you strike someone with a downward cut at his sword but he withstands it: go high behind him with your sword against the weak part of his sword so that your hilt is on his sword, and wind him with your short edge at his neck, as depicted here, so that you can throw him to the ground with force.

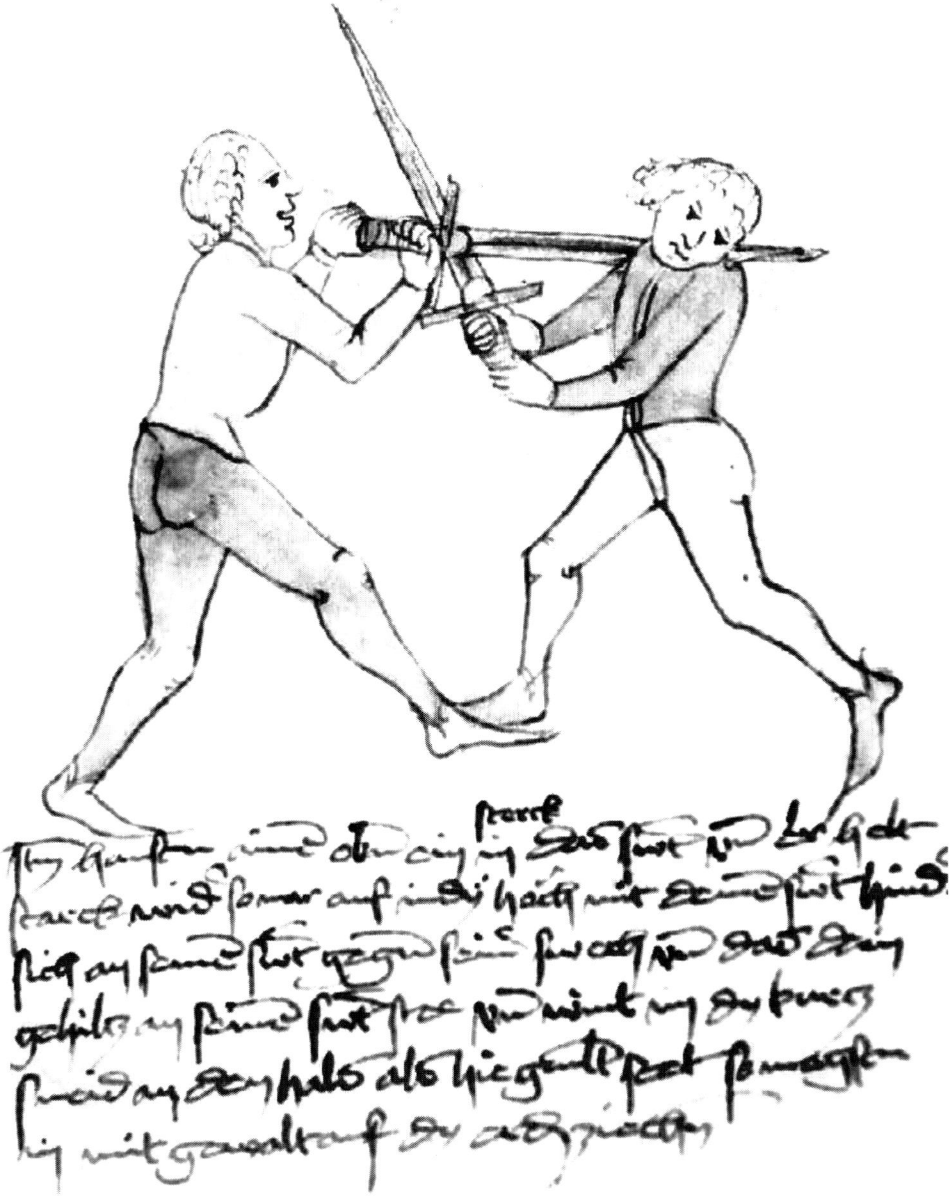

PLATE 9

vor [different hand]

Item so du ainem in das swert pinczt und er slecht
dir starck ein zu dem kopf so versecz im mit der
zurczen sneid und dring in in so musse er slachen;
slecht er den zu der anderer seiten so lege im
dein swert in auf sein tencke agssel, als hie gemalt stet
so schlechstu im an ein or das haist ein gelegt und
und haist vor

Vor

Also, wenn du jemandem an das Schwert bindest, und er schlägt dich stark zu dem Kopf, so versetze mit deiner kurzen Schneide und dringe in ihn, daß er schlagen muß; wenn er dann in die andere Seite schlägt, lege ihm dein Schwert auf seine linke Achsel, wie es hier gemalt ist, daß du ihn in seinem Ohr schlägst: das heißt "ein gelegt" und heißt "vor."

Before

Next, if you bind someone's sword and he strikes forcefully at your head: parry with your short edge and run at him so that he has to strike; if he strikes you from the other side, get your sword onto his left shoulder so that you hit his ear. This is called "the placed," and this is called "before."

PLATE 10

nach [different hand]

Item so dir ainer oben starck ein haut so wart und
versecz im dy heu mit der kurczen sneid ist er
dan als pehent und haut ee wen du im ein
magst legen so lasse in frey hawen und wall im mit der
kurczen sneid auf sein swert als hie gemalt stet so
pincztu in und slechst in an das or und gesweslich

Nach

Also, wenn jemand dich stark von oben haut, warte und versetze den Schlag mit der kurzen Schneide; wenn er denn schnell ist und haut wann du dein Schwert auf ihn legen könntest, so lasse ihm frei hauen und schlage mit der kurzen Schneide in sein Schwert, wie es hier gemalt ist, daß du ihn bindest und schlägst ihn in das Ohr und Hinterkopf.

After

Next, if someone strikes hard at you from above: wait and parry his blow with your short edge; but if he is quick and strikes while you put your sword on him, let him swing freely and hit his sword with the short edge as shown here. This way, you bind him by the sword and hit him in his ear and at the back of his head.

PLATE 11

Fulen ynndes [different hand]

Item so dir ainer in das swert pint und will dir in das an=
gesicht winden oder ander kunst treiben so wint auch
auf und gee reschlich fursich in in und als pald er
etwas arbaitten will so wall im starck in sein armen
und stoss in zuruck als hie gemalt stet so wurffstu
in an den rucken

Gleichzeitig

Also, wenn dich jemand auf das Schwert bindet und will dich in das Gesicht winden, oder andere Kunst treiben, so winde auch auf und gehe schnell in ihn, und wenn er etwas machen will, schlage ihn stark in seine Armen, und stoße ihn zurück, wie es hier gemalt steht, daß du ihn an den Rücken wirfst.

Simultaneously

Next, if anyone binds you by the sword and wants to hit you in the face or use other tricks: wind him also; go quickly in at him; and as soon as he wants to do something hit him hard on his arms and push him back, as depicted here, to throw him on his back.

PLATE 12

Item so du ainen an pinczt und er wint dir ein zu
dem gesicht so wint im auch ein und stee vest in der
winden und empfind an seinem swert als so dastu
in nit von deinem swert last komen das er zu
kainer arbait mag komen das ist die grosst masse
des swercz und stee starck in der wag als gemalt stet

Also, wenn du jemanden anbindest, und windet er dir zu dem Gesicht, winde ihm auch und stehe fest in dem Winden, und empfinde sein Schwert, daß du ihn nicht vor deinem Schwerts kommen läßt, daß er zu keiner Arbeit kommen kann: das ist das größte Maß des Schwerts, und stehe stark in der Stellung der Waage, wie es hier gemalt ist.

Next, if you bind someone by the sword and he winds you in your face: then wind him, too, and stand firm in the winding and receive his sword so that you do not let him get in front of your sword so that he cannot do anything; that is the greatest reach of the sword; and stand firmly in the balance position, as shown here.

PLATE 13

Item pincztu ainem in das swert und er wint dir ein zu dem gesicht mit seiner kurczen sneid so wint auch hoch auf in dy horch und wen er auf wert und will das verseczen so haw im einen verzuckten haw nach seiner elpogen als hie gemalt stet.

Also, wenn du jemanden auf das Schwert bindest, und windet er dir zu dem Gesicht mit seiner kurzen Schneide, so winde auch hoch auf und wenn er sich verteidigt und will das versetzten, haue ihm einen verzuckten Schlag in den Ellbogen, wie es hier gemalt ist.

Next, if you bind someone by the sword and he winds you in your face with his short edge: wind high and when he defends and wants to parry, strike him with a shortened stroke on his elbow, as depicted here.

PLATE 14

Item so du ainem nach dem elpogen hast gehawen
als da hinden gemalt stet verseczt er denn den
haw so stoss im sein swert nider mit deinem gehilcz
und wall im mit dem knopf und mit paiden armen
uber und leg im dy kurcz sneid an den
hals und zeuch in als hie gemalt stet

Also, wenn du jemanden in den Ellbogen gehauen hast, wie es vorher gemalt ist; wenn er versetzt den Schlag, stoße ihm sein Schwert nieder mit deinem Heft und schlage ihn mit dem Knauf und mit beiden Armen, und lege ihm die kurze Schneide an den Hals und ziehe, wie es hier gemalt ist.

Next, if you hit someone in his elbow, as depicted before, but he defends himself, push his sword downward with your hilt and hit him with the pommel; and using both arms put the short edge onto his neck and pull, as depicted here.

PLATE 15

Item mer ein stuck; wen du im nach dem
elpogen slechst und er verseczt denn haw so pleib sten
mit deinem swert an denn seinem und trit furw mit
dem rechten fuss als welstu im zu der anderen seiten
slachen und sneid im auss nach seinem tencken oren
als hie gemalt stet das haist die aussernym

Also, ein Stuck mehr; wenn du ihn in den Ellbogen schlägst, und versetzt er den Schlag, so bleibe stehen mit deinem Schwert auf dem seinen, und trete vorwärts mit deinem rechten Fuß, als möchtest du ihn in die andere Seite schlagen, und schneide ihm außen nach seinem linken Ohr, wie es hier gemalt ist; das heißt "die Außernehmen."

Next, one more trick: if you strike at his elbow and he defends against the blow, remain standing with your sword on his and step forward with the right foot, as if you want to hit him on his other side, and cut from outside at his left ear, as shown here. This is called "outertaking."

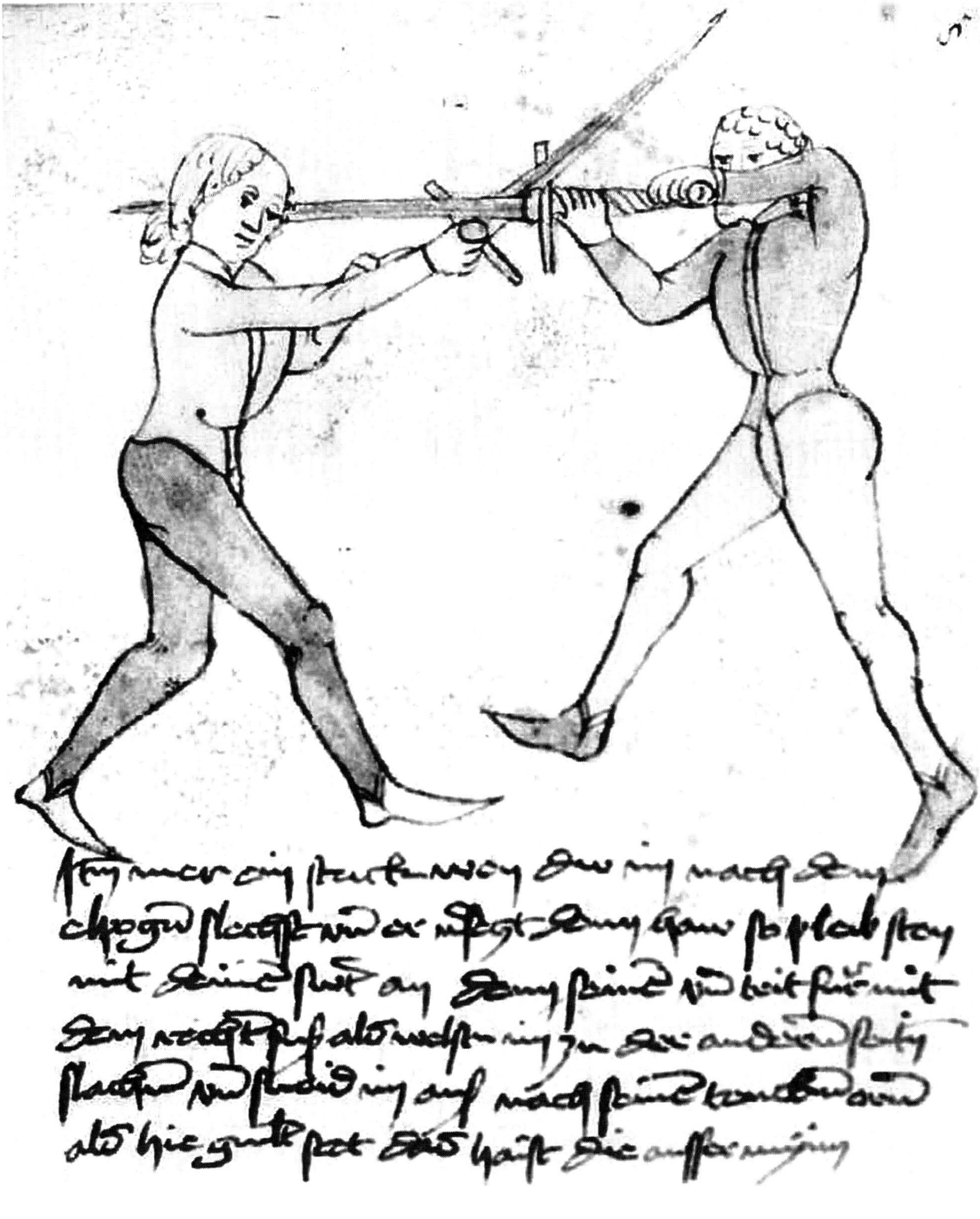

PLATE 16

Item mer ein solichs stuck; wen du im nach dem
elpogen slechst verseczt er denn den slag so war hoch
auf mit deinen paiden henden und lasse dein tencke
hant varen und vall im uber sein paid arme und slachs
hinter dein tencke seiten und stich mit deinem swert
zwischen dir und dein und sein durch und leg im
das swert an den hals als hie gemalt stet so prich=
stu im dem arm ab und sneist im den hals ab

Also, ein solches Stuck mehr; wenn du ihn in den Ellbogen schlägst, und versetzt er den Schlag, so gehe hoch mit deinen beiden Händen, und lasse deine linke Hand vor, und schlage ihn in seine beide Armen, und schlage hinter deine linke Seite, und steche mit deinem Schwert zwischen dich und sein Schwert, und lege ihm das Schwert auf den Hals, wie es hier gemalt ist, daß du ihm den Arm brichst und den Hals abschneidest.

Next, one more similar trick: if you strike at his elbow and he defends against the hit, go high with both of your hands; let your left hand go forward and hit him in both arms and hit behind his left side; thrust with your sword between you and his sword; and put the sword on his neck, as depicted here, so that you can break his arm and cut his neck.

PLATE 17

Item dir ainer dein swert also hinter sein tencken
urgssen gevangen hat und wil dich slachen oder stechen
stechen so fleuch hinter in auf seinen slag und vall
mit deinem tencken voren in dein swert und wint in
herfurr als hie gemalt stet so prichstu im den arm ab

Also, wenn jemand dein Schwert hinter seinen linken Arm gefangen hat, und will dich schlagen oder stechen, so steche hinter ihn auf sein Schlagen, und schlag mit deiner linken [Hand] vor in dein Schwert, und winde ihn vorwärts, wie es hier gemalt ist, daß du ihm den Arm abbrichst.

Next, if someone has caught your sword behind his left side and wants to cut or to thrust at you: thrust behind him as he attacks; hit with your left [hand] in front of you on your sword; and wind him forward, as depicted here, so that you can break his arm.

PLATE 18

Item so dir ainer aben an dein swert pint so wint
im dy kurcz sneid nach dem angesicht ein und
gee inndes und trit furw mit dem tencken fuss
und wall im mit deinem knopf uber sein hent und
wach dein klingen in dein tencke hant und leg
inns an dem hals als hie gemalt stet so wurrffstu
in auf den rucken

(Dy geschrift gehort zu dem andern stuck davorn [No. 19])

Also, wenn jemand dich an dein Schwert bindet, so winde ihm die kurze Schneide in das Gesicht, und gehe Inndes "gleichzeitig" und trete vorwärts mit dem linken Fuß, und schlage ihn mit deinem Knopf in seine Hände, und greife deine Klinge in deine linke Hand und lege sie auf den Hals, wie es hier gemalt ist, daß du ihn auf den Rücken werfen kannst.

(Das Obengeschiebene gehört zu dem anderen Stuck davor [No. 19])

Next, if someone binds you by the sword: wind your short edge into his face and go simultaneously at him; step forward with your left foot; hit him with your pommel on his hand; grasp your blade in your left hand; and put it on his neck, as depicted here, so that you can throw him on his back.

(This description belongs to Plate 19.)

Item so dir ainer stet an dein swert spricht so [illegible] wint im dein kurtz schneid nach dem angesicht [illegible] [illegible] und trit fur mit dem tencken fuss und vall im mit deinem knopff [illegible] sein hant und nach dein klingen in dein tencken hant und leg im's an den hals als hie [illegible] stet so wurffstu in auf den rucken

Dem geschicht [illegible] zu dem andern stuck davor

PLATE 19

Item so dir ainer nach dem elpogen hat geslagen
und vacht dir dein swert mit seinem tencken hantt
als vor und wil zwischen dir und im durch stechen
nach deinem hals als vor so vach sein swerczklingen
in dein tencke hant und leg ims selb an seinem
hals als da hie gemalt stet und hinter trit in so
wurffstu in auf den rucken

(Dy geschrift gehort an das hinter stuck und iene gehort her uber [No. 18])

Also, jemand dich in den Ellbogen geschlagen hat, und greift dein Schwert mit seiner linken Hand wie vorher, und will zwischen dich und ihn stechen in deinen Hals wie vorher, so greife seine Schwertsklinge in deine linke Hand, und lege ihm selbst an seinem Hals, daß du ihn auf den Rücken werfen kannst.

(Das hier geschriebene gehört zu dem vorigen Stuck [No 18], und das vorher geschiebene gehört hier [No. 19])

Next, someone has struck at your elbow, grasps your sword in his left hand as before, and wants to thrust between him and you in your neck as before: catch his blade with your left hand and put it against his neck, as shown here, so you can throw him on his back.

(The description belongs to the previous picture [No. 18] and the previous one belongs to this picture [No. 19]).

PLATE 20

Item dir ainer an das swert pintt und wint dir
in das angesicht so wint auch und lasse den knopf
varen als vor und wal in uber und hinter trit in und
lege im das swert an das haupt als hie gemalt stet
so wurffstu in auf den rucken

Also, wenn jemand dich an das Schwert bindet und windet dich in das Gesicht, winde auch und laße den Schwertknopf vor dir vie vorher, und schlage ihn von oben, und trete nach hinten, und lege ihm das Schwert auf dem Kopf, wie es hier gemalt ist, daß du ihn auf den Rücken wirfst.

Next, if someone binds you by the sword and winds you in your face: wind too and leave your pommel in front of you as before; hit him from above; and step behind and put the sword on his head, as depicted here, so that you can throw him on his back.

PLATE 21

Item wint dir ainer ein in das gesicht so greif
pald mit deiner tencken hant in dein swerczklingen
und stich uber sein swert in zu seiner hoden als
hie gemalt stet das ist gar ein gucz namhofcz stuck

Also, wenn jemand dich in das Gesicht windet, greife schnell deine Schwertsklinge mit deiner linken Hand, und steche über sein Schwert in seine Hoden, wie es hier gemalt ist; das ist gar ein gutes namhaftes Stuck.

Next, if someone winds you in your face: quickly grasp your blade with your left hand and thrust over his sword into his testicles, as depicted here. That is really a good trick.

PLATE 22

Item ein gucz swert nemen wen dir ainer oben an
pint an das swert so wint auf mit der kurczen
sneid und gee vast inndes in im und greif mit deiner
tencken hant in sein pint zwischen sein hent und gee
mit dem knopf uber sein klingen und stoss in gegen
dem maul als hie gemalt stet so nymstu im das swert

Also, ein gutes Schwertsnehmen: wenn dich jemand oben an das Schwert anbindet, winde auf mit der kurzen Schneide und gehe schnell Inndes "gleichzeitig" in ihm, und greife sein Heft mit deiner linken Hand zwischen seine Hände, und gehe mit dem Schwertknauf über seine Schwertsklinge, und stoße ihm in das Maul, wie es hier gemalt ist, daß du sein Schwert von ihm nimmst.

Next, there is a good way to seize a sword: if someone binds you at the sword from above, wind with the short edge and go quickly, simultaneously in him; catch his hilt with your left hand between his hands; go with the pommel over his blade; and thrust at his face, as shown here, so that you can take his sword.

PLATE 23

Item ein anders swert nemen wen dir ainer an
pint und will dir ein winten zu dem gesicht so greiff
pald mit deiner tencken hant in paid swercz
klingen und zeuchs auf dein tencke seiten und gee
mit deiner gehilcz unden an sein hant und dauch
umb slach als hie gemalt stet so nymstu am deines swert

Also, ein anders Schwertsnehmen: wenn jemand dich anbindet, und will dich zu dem Gesicht winden, greif schnell die beide Schwertsklingen mit deiner linken Hand, und ziehe an deine linke Seite, und gehe mit deinem Heft unten gegen seine Hand, und schlage durch, wie es hier gemalt ist, daß du dein [korrekt-sein] Schwert nimmst.

Next, another way to take a sword: if someone binds you by the sword and wants to wind you in your face, quickly catch both swords with your left hand; pull to your left side; go below with your hilt at his hands; and strike through, as depicted here, so that you can take your [should be "his"] sword.

Item ain ander stuck wenn ainer dir ainen an
lauft und will dir ain winden zu bringen setzt so
greiff palt mit dainer tencken hant in sein swert
klingen und zuck dz auff dain tencke seiten und gee
mit dainem gehilcz nach an sein hand und zuck
dz stuck als hie gemalt stat so nymst im dain swert

PLATE 24

Item gar ein gucz verporgens stuck fur einen iedlichen
starcken mann; wen dir ainer in das swert pint und
wil dir ein winten oder stechen so wint auch vast
auf und gee mit der kurczen sneid starck an sein
swert und gib im einen grossen stoss mit paid hand
furw sich an so kert er sich vor dir und so slach
in auf den kopf als hie gemalt stet

Also, gar ein verborgenes Stuck für einen redlichen starken Mann: wenn jemand dich auf das Schwert bindet, und will dich winden oder stechen, so winde auch stark auf, und gehe mit deiner kurzen Schneide an sein Schwert, und gebe ihm einen großen Stoss mit beider Händen vor ihm, daß er sich von dir dreht, und so schlag ihn in dem Kopf, wie es hier gemalt ist.

Next, a good hidden trick for a really strong man: if anyone binds you by the sword and wants to wind or thrust at you, wind quickly too and go with your short edge hard on his sword and give him a strong blow with both hands so that he turns in front of you; then strike his head, as shown here.

PLATE 25

Item mer ein gucz swert nemen; wen dir ainer
an pint an das swert so war im pald mit deiner
rechten hant in sein swert zwischen seiner paider hentt
in das pint und zeuch an dich und scheub mit deiner
lencken mit dem creucz sein swert an weg und stoss in
mit dem knopf in das maul als hie gemalt stet

Also, ein gutes Schwertsnehmen mehr: wenn jemand dich an das Schwert bindet, schlag ihm schnell mit deiner rechten Hand in das Schwert zwischen seine beide Hände in das Heft und ziehe an dich und schiebe sein Schwert weg mit deiner linken Hand mit dem Kreuz, und stoße ihn mit dem Schwertsknauf in das Maul, wie es hier gemalt ist.

Next, one more good way to take a sword: if someone binds you by the sword, hit him quickly with your right hand on his sword between his hands on the hilt and pull toward yourself; push his sword aside with your left hand with the crossguard; and hit him in the face with the pommel, as shown here.

PLATE 26

Item mer ein swert nemen; wenn dir ainer an pintt
und will dir in das gesicht winden so pleib stenn in
der langen sneid und var hoch auf und war im mit
dem knopf zwischen seine hant ein und mit der tencken
hant vasse dein klingen und wint im an den kopff
als hie gemalt stet

Also, ein Schwertsnehmen mehr: wenn jemand dich anbindet, und will dich in das Gesicht winden, bleibe stehen mit der langen Schneide, und gehe hoch, und schlage ihn mit dem Schwertknauf zwischen seine Hände, und greife deine Schwertsklinge mit der linken Hand, und winde ihn an den Kopf, wie es hier gemalt ist.

Next, one more way to seize a sword: if someone binds you by the sword and wants to wind you in your face, remain standing with the long edge; go high; hit with the pommel between his hands; and catch your blade with your left hand and wind him on his head, as depicted here.

PLATE 27

Item mer ein swert nemen; wenn dir ainer an das
swert pint so pint in auch starck ein und dauch in hinder
sich zuruck und lass dein tencke hant varen und greif
im uber seiner rechten arm in das swert so zwischen seiner hent
und zeuch hinder sich als hie gemalt stet

Also, ein Schwertsnehmen mehr: wenn jemand dich an das Schwert bindet, binde ihn auch stark ein, und biege dich nach hinten, und laße deine linke Hand vor dich, und greife ihn über seinen rechten Arm in das Schwert zwischen seine Hände, und ziehe nach hinten, wie es hier gemalt ist.

Next, one more way to take a sword: if someone binds you by the sword, bind him strongly too; bend backward; leave your left hand in front of you; and above his right arm catch his sword between his hands and pull back, as depicted here.

PLATE 28

Item ein gut stuck wenn dir ainer an das swert
pint so wint im reschlich ein und val mit dem knopf
uber und greif mit der tencken hant in dein klingen und
trit mit dem tencken fuss hinder in und leg ims swert
an hals und zeuch in ann rucken und stichs swert
in in als hic gemalt stet

Also, ein gut Stuck; wenn jemand dich an das Schwert bindet, winde ihm schnell, und schlage mit dem Schwertsknauf von oben, und greife deine Schwertsklinge mit der linken Hand, und trete mit dem linken Fuß hinter ihn und lege ihm das Schwert auf dem Hals, und ziehe ihn an den Rucken, und steche das Schwert in ihm, wie es hier gemalt ist.

Next, a good trick if someone binds you by the sword: wind him quickly and strike with your pommel from above; grasp your blade with your left hand and go behind him with your left foot; put the sword to his neck; pull him by the back; and thrust your sword into him, as shown here.

PLATES 29-30

Von ringen die erst ler

Item zu mercken das das ringen will haben
dreyerlay sterck / mass/ und phentikait [Behendigkeit]/ dy sterck
also zu prauchen Das ain yeder nider sol gen in der
wag und sich starck soll seczen auf die erden Dy
mass also das du dein hent und fuss wist recht
zu schicken in allen stantten alstu hernach woll
innen wirst Dy phentigkeit also dastu woll fur
sechst all hintertrit zucken und stossen armpruch
dastu darinn gut gedachtnuss habst allew
ding pald zu wenten und alzeit swarn [schwer machen]
und in die wag vallen

Die erste Lehre vom Ringen

Also, das ist zu merken daß das Ringen dreierlei haben soll: Stärke, Maß, und Behendigkeit. Die Stärke wird gebraucht, daß man nieder in die Waage gehen und sich stark auf die Erde setzen soll. Das Maß also, daß du deine Hände und Füße richtig in allen Ständen schicken kannst, wie du es hernach lernen wirst. Die Behendigkeit, daß du alle Hintertreten, Ziehen, Stöße, Armbrüche gut verwendest, daß du darin gutes Gedächtnis hast, alle Dinge schnell zu verwenden und sie immer schwer machen [für deinen Gegner], und sich selbst in die Waage schicken.

The first lesson on fighting at close quarters

It is to be noticed that close-quarters fighting should have three elements: strength, reach, and agility. Strength is needed to go low in the balance position and stand firmly on the ground. Reach is so that you can place your hands and feet correctly in all stances that you will assume afterward. Ability is your being good in all retrograde movements (pulling, punching, and arm breaking) and remembering them well so that you can use all these things quickly, make them hard [for your opponent], and assume the balance position.

Dy ander ler vom ringen

Auch so soltu wissen dastu einen yeden krancken
[schwachen] vor solt ringen [angreifen] alz mit sterck und einen gleichen
mit solt ringen [gleichzeitig beginnen] als mit mass und einen starcken
nach solt ringen (voraus kommen lassen) als mit phentikait Also wen
du mit einem krenckern ringst so darfstu dich
nit vor im psorgen [besorgen] hastu mass und phentikait und
seczt dich in ein state wag wastu dan suchst
twirch oder ploss armpruch kampfstuck mordstuck
oder ander stuck dy mag er dir dann nit woll
weren anderst dan auss fliechen [durchfliehen] und ausweichen

Die andere Lehre vom Ringen

Du sollst auch wissen, daß du einen schwachen voraus angreiffen sollt, wie mit der Stärke, und mit einen Gleichen das Ringen gleichzeitig beginnen, mit Maß, und einem Starken zuerst angreiffen lassen, und ihn mit Behendigkeit bekämpfen sollst. Also, wenn du mit einem Swachen ringst, sollst du ihn nicht schonen, wenn du das Maß und die Behendigkeit hast, und setze dich in die Waage. Was du dann versuchst ist die Zwerchstellung oder Blößen, Armbrüche, Kampfstücke, Mordstücke, oder andere Stücke, derer er sich dann nicht anders als durch Fliehen und Ausweichen erwehren kann.

The other lesson in fighting at close quarters

You should also know that you should fight a weak opponent first with strengh and an equal opponent simultaneously with reach, and should let a strong opponent attack first and fight him with agility. So if you fight a weaker opponent, you should not be too wary of him if you have reach and agility and assume the balance position. What you try to do is use the horizontal stance or opening seeking, arm breaking, fighting tricks, death tricks, or other tricks that he cannot resist other than by deflecting and avoiding them.

Ringstu dan mit einem gleichen so sich auch
dastu dich woll pewarst vor zucken hintertreten
und armpruchen und vor andern verfuren das thu
also dastu dich stat in der wag und sterck mit
mass vinden last und alzeit swarlich in in seczt
und in ab arbaiczt darnach magstu in auch phen
tikait uber eylen mit mass

Also, du ringst mit einem Gleichen, paß auf, daß du vor dem Ziehen, Nach-hinten-Treten dem Armbrüchen, und anderen Stücken sicher bist. Du erreichst dies, indem du dich in die Waage setzt, und mit dem Maß arbeitest, und dich immer schwer gegen ihn stemmst und ihn abwehrst. Darnach kannst du auch seine Behendigkeit mit dem Maß überwinden.

Then, if you fight an equal opponent: make sure you are secure from pulling, stepping back, arm breaking, and other tricks. You achieve this by standing in the balance position, working with your reach, and always standing firmly against him and resisting him; then, you can also overcome his agility with reach.

Dy drit ler vom ringen

Ringstu mit einem starcken so pewar dich also
wo er dich angreift oder velt so sich dastu vast
nider seiczt (seiest) und ym sein armen mit dem peren stoß (Bärenstoß)
auss stost und mit anderen stucken auch auss prechst
und gar vil vor im weichst und siech ob du in
mit phentikait verfuren und ubereylen mugst
dastu im ein fuss erwischst oder sunst unter
treczt (tretest) dastu in werfst alstu dann mit mer
stucken und pruchen hernach inn gemell und
in geschrift vinden wirst

Die dritte Lehre vom Ringen

Wenn du mit einem Starken ringst, vergewissere dich also, wo er dich angreift oder schlägt, so daß du dich fest niedrig setzt und ihm seine Arme mit dem Bärenstoß wegstoßt und mit anderen Stücken auch ausbrichst, und weiche ihm viel aus, und du sollst aufpassen, ob du ihn mit Behendigkeit verführen oder überwinden kannst, so daß du seinen Fuß erwischst oder sonst untertretest, so daß du ihn wirfst, wie du es in vielen hernach gemalten und geschriebenen Stücken und Bruchen finden wirst.

The third lesson in fighting at close quarters

If you fight a strong opponent: be careful of where he attacks or strikes at you so that you stay low firmly, push his arms aside with a bear stroke, break loose with other tricks, and back away a lot from him; you should see whether you can deceive and overcome him with agility so that you catch his foot or slip under him to throw him. You will find the way in many tricks and breakings described and depicted here.

Mit mer dan ein vorred

Doch so ist ein yeder krancker ringer im ernsten
einem starcken zu gleichen hat er pehentikait
und maß kampfstuck und mordstuck enpfor
genomen aber mit gesellen ringen so hacz [hat es] der
starck alzeit enpfor [voraus] doch so wirt dy kunst gelopt vor
ritter und knechten fur [über] allew ding

Weiter, eine Vorrede

Obwohl ein schwacher Ringer im ernsten Kampf einem starken ebenbürtig sein kann, falls er die Behendigkeit und das Maß, Kampfstücke und Mordstücke zuvor gelernt hat, ist die Stärke immer im Vorteil im Gesellschaftsringen. Trotzdem wird die Kunst von Rittern und Knechten über alles gelobt.

Further, a foreword

Although a weak fighter in a serious combat can be equal to a strong opponent, if he has previously learned agility, reach, fighting tricks, and killing tricks, in a friendly combat strength has always the advantage; in spite of this, the art of fighting is praised by knights and squires above all other things.

Daz erst stuck

Das erste Stück

The first trick

15

Von ringen die erst ler

Item zu mercken das das ringen well haben
dreierlay / sterck / waff / vnd phentikait / Dy sterck
also zu prauchen das ain yeder nider sol gen in der
wag vnd sich starck soll segen auf dy erden Dy
waff also das du dein hent vnd fuess wist recht
zu schicken in allen stantten als hernach woll
vnd wirst Dy phentikait also das du woll fur
sechst all hent mit zucken vnd stossen vnd prüch
das du ain gut gedichtnuss habst allew
ding pald zu wenden vnd alzeit swären vnd
in der wag walten Dy ander ler vo ringen
Auch so solt wissen das du ainem yeden krancken
vor solt ringen als mit sterck vnd ainem gleichen
mitt solt ringen als mit waff vnd ainem starcken
nach solt ringen als mit phentikait Also wen
du mit ainem krencker ringst so darfst dich
nit vor im pesorgen hast waff vnd phentikait vnd
segt dich in ein stäte wag wast dan suchst
twirch oder plöss vnd prüch kampff stuck mordstuck
oder ander stuck dy mag er dir dann nit woll
weren anders dan auss sliechen vnd ausweichen

Ringstu dann mit einem gleichen so sich auch
das du dich woll pewarst vor zucken hincz treten
vnd armpruchen vnd vor andern rüren das thu
also das du dich stat in der wag vnd sterck mit
mass nicht last vnd alzeit swärlich in in sigt
vnd in ab arbaitst dar nach magstu in auf phe
tikait uber eylen mit mass [illegible]
Ringstu mit einem starcken so pewar dich also
wo er dich an greifft oder wecht so sich das du vast
nider sitzt vnd ym sein arm mit dem perm stoss
auf stost vnd mit anderen stucken auch auf gedruckst
vnd gar vil vor im weichst vnd sich ob du in
mit phenticait rüren vnd uber eylen magst
das du im ein fuss erwischst oder sunst mit
wegt das du in werffst also dann mit mer
stucken vnd pruchen her nach im gemell vnd
im geschrifft funden wirst nit mer dann ein werck
Doch so ist ein ieder krancker ringer in ernst
einem starcken zu gleichen hat er phenticait
vnd mass kampff stuck vnd mord stuck ausser
genomen aber mit gesellen ringen so hat der
starck alzeit ausser doch so wirt die kunst gelopt
nit vnd kuntschafft fur allew dingk [illegible]

PLATE 31

Item so du mit einem ringst zu laufs aus langen armen do denck daz dein rechter armen auswendig sei und der tenck inwendig seczt er dann einen fuss fur so prich aus mit dem armen der gegen dem fus stee und zuck im den fus auf und kum mit der anderen hand zu hilff und heb in hoch auf und trit mit einem fus im inwendigs hinter seinen fus und tauch in zuruck als hy gemalt stett das magstu zu paiden seitten treiben

Also, du ringst mit einem im Zulauf aus langen Armen, so paß auf, daß dein rechter Arm auswendig und der lincke Arm inwendig ist. Wenn er dann einen Fuß vorsetzt, brich aus mit dem Arm der gegen den Fuß steht, ziehe seinen Fuß hoch, komm mit der anderen Hand zu Hilfe, heb ihn hoch, trete mit dem Fuß inwendig hinter seinen Fuß, und dränge ihn zurück, wie es hier gemalt ist. Das kannst du zu beiden Seiten treiben.

So you fight a person by running at him with extended arms: make sure that your right arm is outside and your left arm is inside. If he puts his foot forward, thrust with the arm next to to his foot and pull his foot up, and with the help of the other hand, yank upward. Then put one foot inside behind his foot and push him back, as depicted here. This can be done on both sides.

[Neo-Gothic 16th-century script]
10 stanndt Im Ringen

10 Stände im Ringen

10 stances in close-quarters fighting

16

Item So du mit einem ringst zw lauff auf langen
arm so denck das dein recht arm auswendig
sey und der tenck inwendig hat er dein eine
fuss für so prich auf mit dem arm der gegen dem
fuss stet und zuck im den fuss auf und kum mit
der andern hant zw hilff und heb in hoch auf
und trit mit einem fuss im inwendig hinter seinen
fuss und tauch in zw ruck als hye gemalt stet das
ringen zw paiden seitten treiben

PLATE 32

Item wen er dir den fuss auf wil heben so
zuck den fuss pald hinder sich und reck in starck
von dir und stoss in mit der hand ann
daz haupt und stoss in von dir als hye
gemalt stet Das get zu paiden seitten auch
magst das sunst mit den henden weren
mit abstossen und aus tretten und wen
du woll in der wag gest nider auf die erd

Also, wenn er deinen Fuß hochziehen will, ziehe den Fuß schnell hinter dich, und stoße ihn heftig von dir, und stoße ihn mit der Hand gegen den Kopf, und stoße ihn von dir, wie es hier gemalt ist. Das geht zu beiden Seiten, und du kannst dich auch mit den Händen, mit Abstoßen und mit Austreten wehren, und wenn du dich gut in der Waage nieder auf die Erde setzt.

So, if he wants to pull your foot up: pull your foot behind quickly, push him strongly away from you, strike his head with your hand, and punch him from you, as depicted here. This can be done on both sides. You can also defend against this with your hands by punching back and stepping out when you assume the balance stance low to the ground.

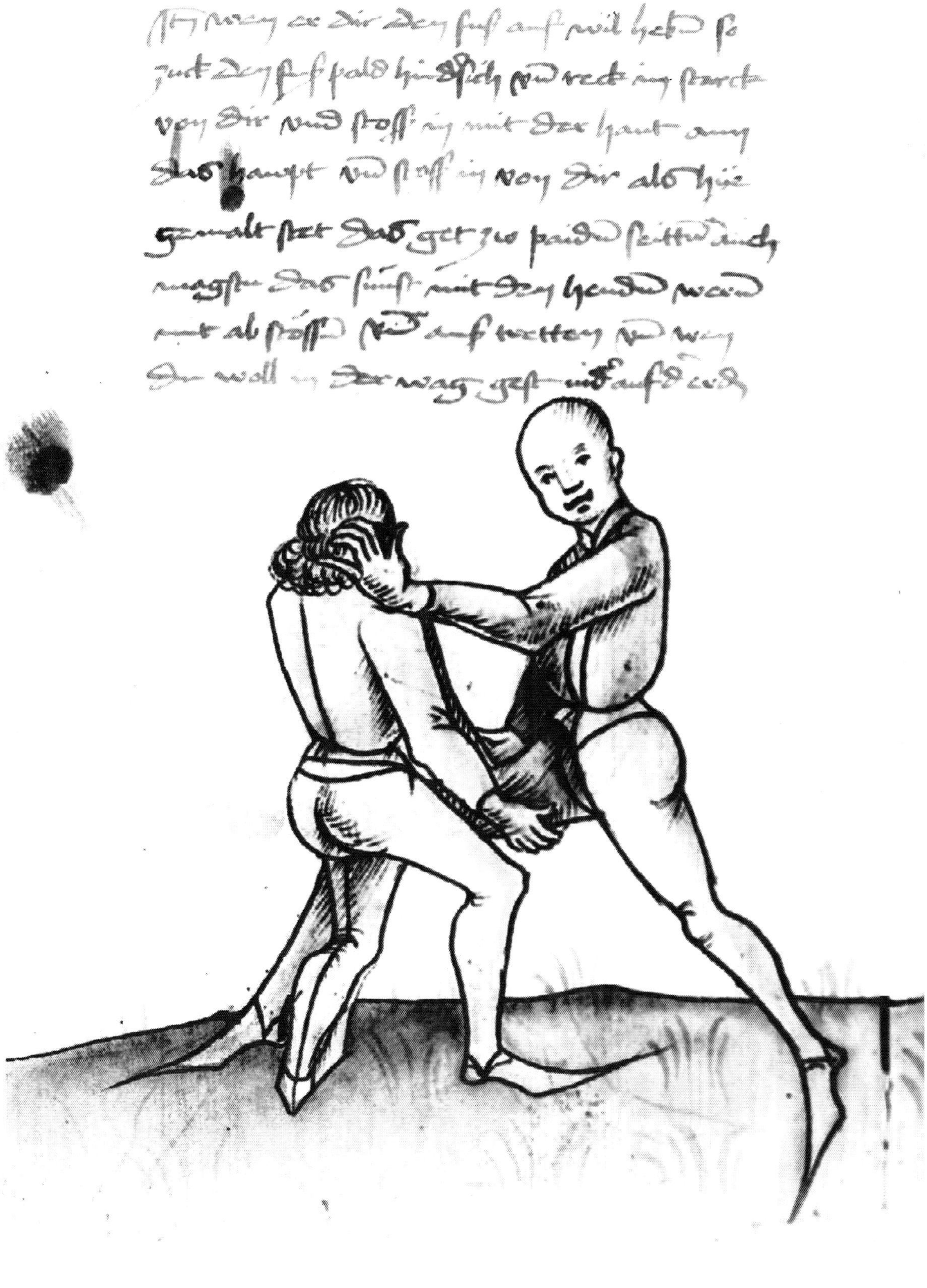
Item wenn er dir den fuß auff will heben so
zuck den fuß pald hindersich vnd reck im starck
von dir vnd stoß in mit der hant an
das haupt vnd stoß in von dir als hie
gemalt stet das get zu paiden seitten auch
magstu das sunst mit den henden wern

PLATE 33

Item ist sach das dich ainer ubereilt und dir den
fus aufzucht so wart dastu den fuss pald
reckst und sleuss yme zwischen sein fuss und
halt dich vast an in als hie gemalt stett also
magstu woll in die huff kumen und in den
hacken und magst in dar aus werffen
das get auch zu paiden seitten und magst
auch woll ein verporgenes stuck treiben ob es not tut

Also, ist die Sache die, daß einer schneller ist als du und dir den Fuß hochzieht; dann paß auf, daß du den Fuß schnell streckst, und schleuse ihn zwischen seine Füße, und halte dich fest an ihm, wie es hier gemalt ist. Auf diese Weise kannst du gut in die Hüften und in die Hacken kommen, und kannst du ihn daraus werfen. Das geht zu beiden Seiten, und kannst du auch ein verborgenes Stuck treiben, wenn es notwendig ist.

So the situation is that someone is quicker than you and pulls up your foot: make sure that you stretch your foot quickly and draw it between his feet, and hold yourself firmly on him, as shown here. This way, you can come to his hips and heels and you can throw him [i.e., throw "from the hips" or "from the heels"]. This can be done on both sides, and you can also use a sneaky trick if necessary.

17

Item ist sach das dich ainer vber eilt vnd dir den
fuess auf zucht so wart das du den fuess pald
rechst vnd slewff vnnd zwischen seine fuess vnd
halt dich vast an jn als hie gemalt steet also
magstu woll jn die huff kummen vnd jn den
hacken vnd magst jn dar auf werffen
das get auch zu paiden seitten vnd magst
auch woll ein vorgemelts stuck treiben ob es not tut

PLATE 34

Item ist sach dastu in den armen mit ainem ringst
so prich auss mit ainer hant und var im nach dem
fuss alz du in auf welst zucken so zeucht er denn
fuss hinter sich und fleucht damit so gee dem
fuss nach mit dem armen und trit mit deinez
fuss hinder in in die twirch [Zwerchstellung] als hie gemalt stett
Das get zu paiden seitten und ye nidrer du
in der twirch stest ye sterker du stenn magst
wan du tarfst anderst nit dann das knie fast piegen

Also, es passiert, daß du in den Armen mit einem ringst, so brich aus mit einer Hand, und fahre nach seinem Fuß, als ob du ihn hochziehen wöllest. Wenn er dann den Fuß hinter sich zieht und damit flieht, folge dem Fuß mit den Armen, und trete mit deinem Fuß hinter ihn in die Zwerchstellung, wie es hier gemalt ist. Das geht zu beiden Seiten, und je niedriger du in der Zwerchstellung stehst, desto fester kannst du stehen, falls du es nicht anders machst als dadurch, daß du die Knie stark beugst.

So, it happens that you fight someone from inside his arms: break out with one hand and go at his foot, as if you wanted to pull it up; if he pulls his foot behind himself and escapes with it, follow the foot with your arms and step behind him with your foot in the horizontal stance, as depicted here. This can be done on both sides, and the lower you go in the horizontal stance you may stand more firmly, but you should not do it other than by bending your knees strongly.

Item ist sach das er in dem arm mit aine krafft
so prich auss mit ainer hant und var im nach dem
fuss als du in auf wolst zucken so zeucht er dem
fuss hinder sich und fleucht da mit so ge dem
fuss nach mit dem arm und trit mit deinem
fuss hinder in in die twirch als hie gemalt stett
Das get zu paiden seitten und ye nider er dan in
die twirch stest ye stercker du stem magst
wan du darffst anderst nit dann das knie vast piegen

PLATE 35

Item so dir ainer also in dy huff kumpt und
wil dich dar aus werffen so denck dastu und
reck denn fuss vast hinter in und greif mit dem
armen der gegen im stet oben uber sein agssel vier
fur sich auf dy erden als hie gemalt stet so prichstu
im denn armen ab auch mag ein yeder ringer
sich wol hutten das mann im nit in dy twirch
kumpt also das er ainen von im stost oder
hinder sich trete und sich nit vinden latt

Also, einer kommt dir in die Hüften und will dich daraus werfen, so strecke den Fuß schnell hinter ihn und greife mit dem Arm, der gegen ihn steht, oben über seine Achsel, und drücke ihn vor dich auf die Erde, wie es hier gemalt ist, so daß du ihm den Arm brichst. Jeder Ringer kann sich auch gut davor schützen, daß man ihm nicht in die Zwerchstellung kommt, dadurch daß er einen von ihm stößt oder hinter ihm trete und sich nicht erreichen läßt.

So someone comes at you at the hip and wants to throw you from the hip: stretch your foot quickly behind him and catch him with your arm that is opposite him over his shoulder and press him to the ground, as shown here, so that you break his arm. Every fighter can also protect himself so that someone does not come at him in the horizontal stance; he punches someone away from him or steps behind him and does not let that person reach him.

10

Jtm so dir ainer ein als in do [illegible] kumpt vnd
wil dich darauff werffen so druck daster vnd
vert dem fusz nach hinden in vnd greiff mit dem
arm der gegen im stet oben uber sein axsel vnd
fur sich auf die erden als hie gemalt stet so prechst in
im den arm ab auch mag ein yeder ringer
sich wol hütten das man im nit in die wurch
kumpt also das er ainer von im stost oder
hinder sich tritt vnd sich nit vnnden lätt

PLATE 36

Item dy ander huf treib also wen du mit ainem
ringst in denn armen so prich im auss mit dem
rechten armen und var im durch sein tenks
[Editor's note: recht is correct] urgssen [Achsel] und trit mit deinem rechten fuss im hinter
seinen rechten fuss alz hie gemalt stet und halt
in dy weill fest pey dem te rechten elpogen
und denck dastu dich vast fur sich senckst am
hin ein springen das er dich nit zuruck stoss
Das treib zu paiden seiten dar nach und er stett

Also, treibe die andere Hüfte: wenn du mit einem in den Armen ringst, brich aus mit dem rechten Arm, und fahre ihm durch seine linke [rechte] Achsel, und trete mit deinem rechten Fuß hinter seinen rechten Fuß, wie es hier gemalt ist, und halte ihn eine Weile am rechten Ellbogen fest, und paß auf, daß du dich stark während des Hineinspringens nach vor beugst, so daß er dich nicht zurückstößt. Das betreibe danach zu beiden Seiten.

Then, practice the other "hip": if you fight someone from inside his arms, break out with your right arm; go under his left [should be right] shoulder; put your right foot behind his right foot, as depicted here; hold him strongly for a while with your right elbow; and make sure you bend forward hard as you step inside so that he does not push you back. You should practice this on both sides afterward.

[Margin note: late 15th-century script]

dy drit tbirch

Die dritte Zwerchstellung

The third horizontal stance

Item der ander heb auf weib alsz wenn dw mit armen
vingst in den armen so prich im auf mit dem
rechten arm und nym in durch sein tencke
üchssen und tritt mit deinem rechten fuss in hint
seinen rechten fuss als hie gemalt stet und halt
in die weill vest pey dem ee rechten elpogen
und denck das du dich vast fürsich senckst an
hin ein sprengest das er dich nit zu ruck stoss
das weib zu paiden seiten dar nach wider stett

PLATE 37

Item so dir ainer in dy twirch also trete als er dar
ein kumpt mit dem fuss so ker dein knie gegen
im und tauch in hinder sich zuruck so ist es ge=
prochen so dir also geprochen ist und sichst dastu zu
ruck fallen must als paldu dan enpfinst dastu
wider hinder sich must so lass den vordern armen
resch gen und slach in hinder yen umb das pain
oder auf dy erd als hy gemalt stet so wurffstu
in uber dy huff auf das get zu paiden seitten

Also, einer kommt dir in die Zwerchstellung: so wie er mit dem Fuß dareinkommt, kehre dein Knie gegen ihn, und dränge ihn hinter dich zurück, so ist [seine Arbeit] verdorben. Wenn deine Arbeit verdorben ist, und du siehst, daß du zurückfallen mußt, sobal du fühlst, daß du wieder niedergehen mußt, laß den Unterarm schnell gehen und schlage hinter ihm nach seinem Bein oder auf die Erde, wie es hier gemalt ist, so daß du ihn über die Hüfte wirfst. Das geht zu beiden Seiten.

So, someone comes at you in the horizontal stance: as he steps with his foot, spoil his work by turning your knee against him and pushing him back behind yourself. When your action is spoiled and you see that you have to fall on your back as soon as you see that you have to go down again, loose your forearm quickly and strike behind him at his leg or at the ground, as depicted here, so that you can throw him at the hip. This can be done on both sides.

17

Item so dir ainer jn die twirch also tritt als er dar
ein kumpt mit dem fuss so ker dein knie gegen
im vnd tauch im hind sich zw ruck so ist er ge=
prochen so dir also geprochen wirt vnd sichst das du zw
ruck fallen must als pald du dan empfinst das du
wider hind sich must so lass den rechten arm
vest hengen vnd slach im hinder sich vmb das pain
oder auf die erd als hie gemalt stet so wirffst du
im vber die huff auf das get zw paiden seitten

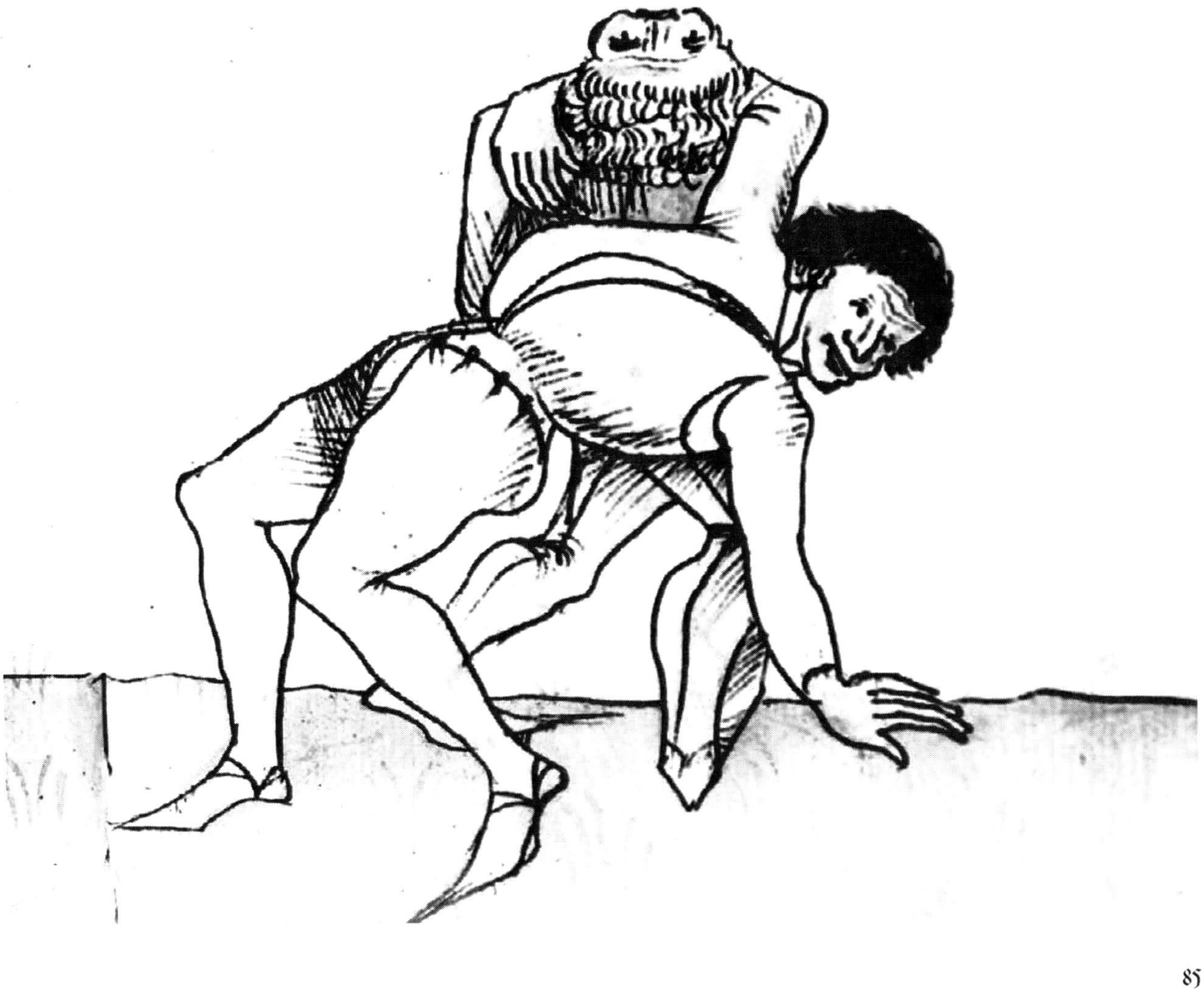

PLATE 38

Item die drit twirch treib also wen du mit ainem
in den armen ringst so prich mit ainem armen auss
und gee mit dem selben armen und fuss durch seinen
armen und halt dich vast fursich und halt seinen
armen starck mit paiden henden und ker dich von
im als hye gemalt stett so wurffstu in auff
den rucken das get zu paiden seitten doch so
denck dastu mit einem grossen stoss hinain
treczt das er dich nit zuruck werffen mog

Also, treibe die dritte Zwerchstellung: wenn du mit einem in den Armen ringst, brich mit einem Arm aus und gehe mit demselben Arm und Fuß durch seinen Arm, und halte dich fest vorwärts, und halte seinen Arm fest mit beiden Händen, und drehe dich vor ihn, wie es hier gemalt ist, so daß du ihn auf den Rücken wirfst. Das geht zu beiden Seiten, doch paß auf, daß du mit einem großem Schritt hineintrittst, daß er dich nicht zurückwerfen kann.

So, practice the third horizontal stance: if you fight from inside someone's arms, break out with one arm; go with the same arm and foot inside his arm; position yourself strongly forward; hold his arm strongly with both hands; and turn in front of him, as depicted here, so that you throw him on his back. This can be done on both sides, but make sure that you step in with a big step so that he cannot throw you back.

[Margin note: late 15th-century script]

dy ander tbirch

Die andere Zwerchstellung

The other horizontal stance

Item die drit wirch treib alsz wen dw mit ainem
in den arm vingst so prich mit ainem arm ausz
vnd gee mit dem selben arm vnd fusz durch seinen
arm vnd halt dich vast für sich vnd halt seinen
arm starck mit paiden henden vnd ker dich von
im als hie gemalt stett so wurffstu in auff
den rucken das get zw paiden saitten doch so
denck das du mit ainem grossen stoss hin ein
tragt das er dich nit zw ruck werffen mug

PLATE 39

Item so dich ainer also in die twirch kumpt und wil dich
uber den fuss werffen so secz das knie fur oder weich
hinter sich mit dem fuss so werst yms [wehrstu im es] so dir denn
ainer das wertt und dir die twirch nit lassen wil
so trit pald wider zu ruck und nym den armenpruch
als hie gemalt stett und lauf hinder sich umb und
umb so magstu in werffen oder du magst wider
in dy twirch treten das get auch zu paiden seitten

Also, einer kommt dir in die Zwerchstellung und will dich über den Fuß werfen: setze das Knie vor, oder ziehe deinen Fuß zurück, so daß du ihn abwehrst. Also, wenn einer dich abwehrt, und dich nicht die Zwerchstellung lassen will, trete schnell wieder zurück, und verwende den Armbruch, wie es hier gemalt ist, und laufe hinter ihm herum, so daß du ihn werfen oder wieder in die Zwerchstellung gehen kannst. Das geht auch zu beiden Seiten.

So someone comes at you in the horizontal stance and wants to throw you by the foot: put your knee forward or withdraw your foot so that you defend it. If someone prevents that and does not want to let you get into the horizontal stance, step back again quickly and apply an arm breaker, as shown here, and step back over and again so that you can throw him or you can go back into the horizontal stance. This can also be done on both sides.

20

Item so dir ainer also in die twerch begrifft vnd wil dich
vber den fuss werffen so setz das knie für oder wech
hindersich mit dem fuss so werfst ainer so dir den
ainer das wertt vnd dir die twirch nit lassen wil
so trit pald wider zu ruck vnd in den armpruch
als hie gemalt stett vnd lauf hindersich vmb vnd
vmb so magstu in vassen oder du magst wider
in den twirch treten das get auch zu paiden sitten

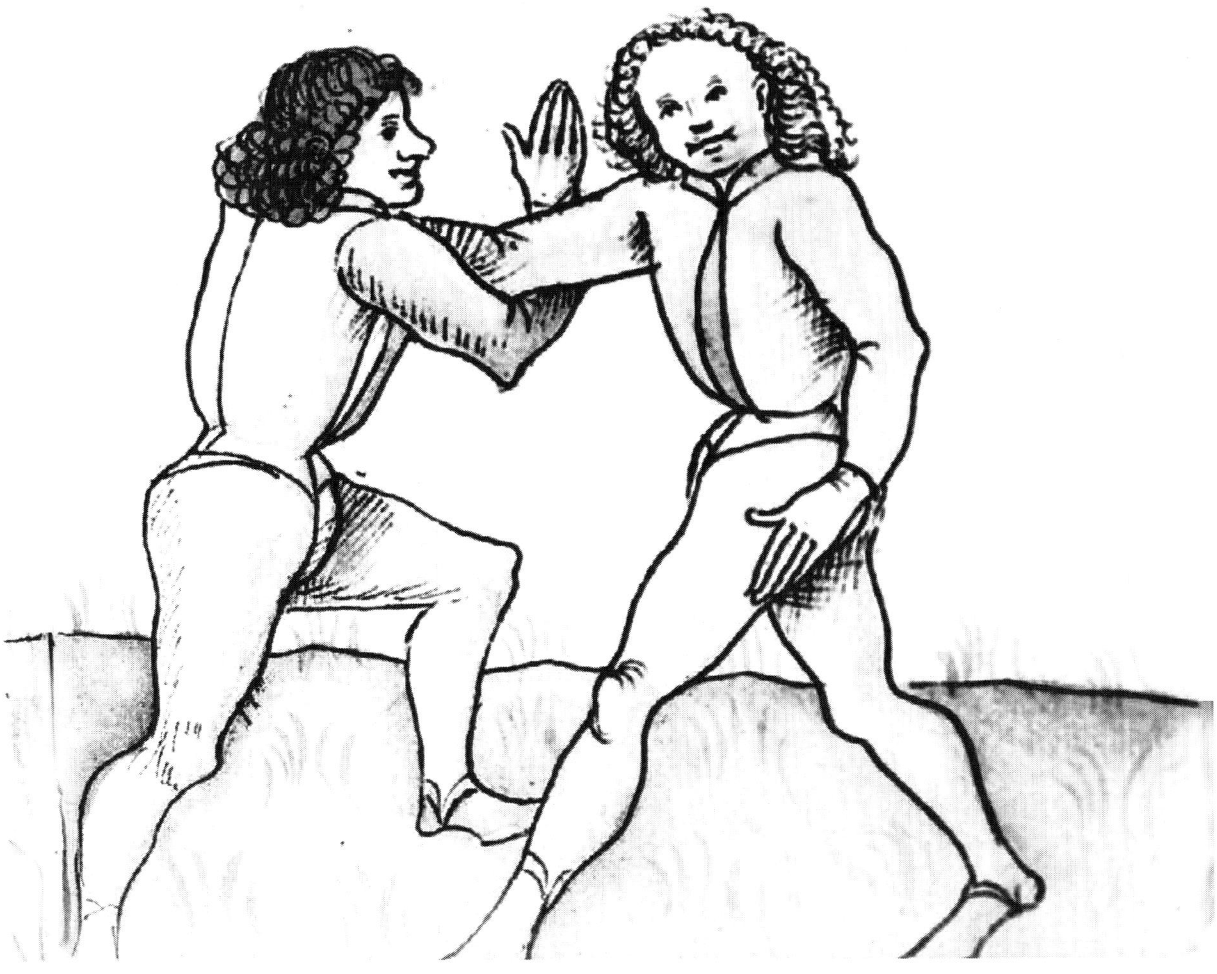

PLATE 40

Item dy vierd twirch treib also wen du mit ainem
ringst in den armen so prich im auss mit dem
rechten armen und gee ein weil umb mit im und urbering [plötzlich]
so spring mit dem rechten fuss hinder seinen rechten
fuss und mit dem rechten elpogen hinder sein rechts
urgsen als hie gemalt stet so wurfftu in auf
den rucken das get zu paiden seitten und must
dich auch woll fursich sencken das er dich nit
zuruck stoss und dastu in in die wag pringst

Also, treibe die vierte Zwerchstellung: wenn du mit einem in den Armen ringst, brich aus mit dem rechten Arm, und gehe eine Weile mit ihm herum, und springe plötzlich mit dem rechten Fuß hinter seinen rechten Fuß, und mit dem rechten Ellbogen hinter seine rechte Achsel, wie es hier gemalt ist, so daß du ihn auf den Rücken wirfst. Das geht zu beiden Seiten, und du mußt dich auch gut nach vorn beugen, damit er dich nicht zurückstößt, und du ihn in die Waage bringst.

So, practice the fourth horizontal stance: if you fight from inside someone's arms, break out with the right arm and go around with him for a while; then suddenly jump with the right foot behind his right foot and with the right elbow behind his right shoulder, as depicted here, so that you throw him on his back. This can be done on both sides, and you have to bend yourself well forward so that he cannot push you back and so that you bring him into the balance stance.

Item die vierd twirch treib also wen dw mit aine
ringst in den arm so prich im auf mit dem
rechten arm vnd ge im wol vnder mit im vnd vmbfang
so sprang mit dem rechten fuss hinder seine rechten
fuss vnd mit dem rechten elpogen hinder sein rechts
vchsen als hie gemalt stet so wurffstu in auf
den rucken das get zu payden seitten vnd mugst
dich auch woll fur sich stossen das er dich nit
zu ruck stoss vnd das tu in in die wag pringst

PLATE 41

Item ein gucz stuck fur einen starcken man
wann du mit ainem an pinczt an das swert so thue
als welstu im in das angesicht winden und stoss mit
deinem creucz vast an sein swert und war hoch auf und
lass dann dein swert vallen uber dein haupt und val im
under um paid fuss als hie gemalt stet so werffstu im

Also, ein gutes Stuck für einen starken Mann: wenn du mit jemandem auf das Schwert anbindest, so tue als möchtest du ihm in das Gesicht winden und stoße mit deinem Kreuz an sein Schwert und gehe hoch und lasse dann dein Schwert fallen über deinen Kopf, und schlage ihn von unter in beide Füße, wie es hier gemalt ist, daß du ihn wirfst.

Next is a good trick for a strong man. If you bind by the sword with someone, do as if you wanted to wind him in his face and thrust with your crossguard into his sword and go high; let your sword fall over your head; and hit him from under in both legs, as depicted here, so that you throw him.

21

PLATE 42

Item ein gucz swert nemen wenn dir ainer an das
swert pint so wall im mit deiner tenckten hant in paid
swercz klingen und gee mit dem knopff und mit der
rechten hant unten durch sein swert und zeuch hinder sich
als hie gemalt stet so nymstu im das swert weg

Also, ein gutes Schwertsnehmen: wenn jemand dich an das Schwert bindet, schlage mit deiner linken Hand in beide Schwertsklingen, und gehe mit dem Schwertsknauf und mit der rechten Hand unten durch sein Schwert, und ziehe hinter ihn, wie es hier gemalt ist, daß du ihm das Schwert wegnimmst.

Next, a good way to seize a sword: if someone engages you at close quarters on the sword, hit with your left hand on both blades; go with the pommel and with your right hand under and past his sword; and pull from behind him, as depicted here, so that you take his sword away.

PLATE 43

Item sticht dir ainer mit einem degen oben ein zu dem
gesicht so var auf mit deiner abichen [verkehrter] tencken
hant und an seinen armen und reib [dreh] im denn armen und
und tu alss welstu in mit deinem degen in den hals
stechen und stich in uber seinen armen als hie gemalt
stet und zeuch so pricht im der arm ab

Also, einer sticht dir mit dem Dolch oben ein zu dem Gesicht, so fahre auf mit deiner verkehrten linken Hand an seinen Arm, und drehe ihm den Arm, und tue, als ob du ihm mit deinem Dolch in den Hals stechen wölltest, und stich ihn über seinen Arm, wie es hier gemalt ist, und ziehe, so daß sein Arm bricht.

So someone thrusts at your face from above with a dagger: go with your turned left hand to his arm; twist his arm and do it as if you wanted to stab him in his throat with your dagger; stab him above his arm, as depicted here; and pull so that his arm breaks.

[Neo-Gothic 16th-century script]
Im dolchen stanndt der stannt
Im also 14 bar

14 Stände im Dolch ohne Rüstung

14 items of dagger combat without armor

PLATE 44

Item sticht dir ainer oben zu dem gesicht so vass deinen
degen auf dein rechte hant und var auf damit und
vach den stich darauf und greiff mit deiner tencken
hant an seinen elpogen und heb auf als hie gemalt stet
so prichstu im den armen und nymst im den degen

Also, einer sticht dir von oben auf dein Gesicht ein, so fasse deinen Dolch in deine rechte Hand, und fahre hoch damit, und fange den Stich darauf, und greife an seinen Ellbogen mit deiner linken Hand. Dann, ziehe deine Hand hoch, wie es hier gemalt ist, so daß du ihm den Arm brichst und ihm den Dolch wegnimmst.

So someone thrusts from above at your face: grasp your dagger in your right hand and raise it, catch the thrust on it, and grasp his elbow with your left hand. Then raise your hand, as depicted here, so that you break his arm and take his dagger away.

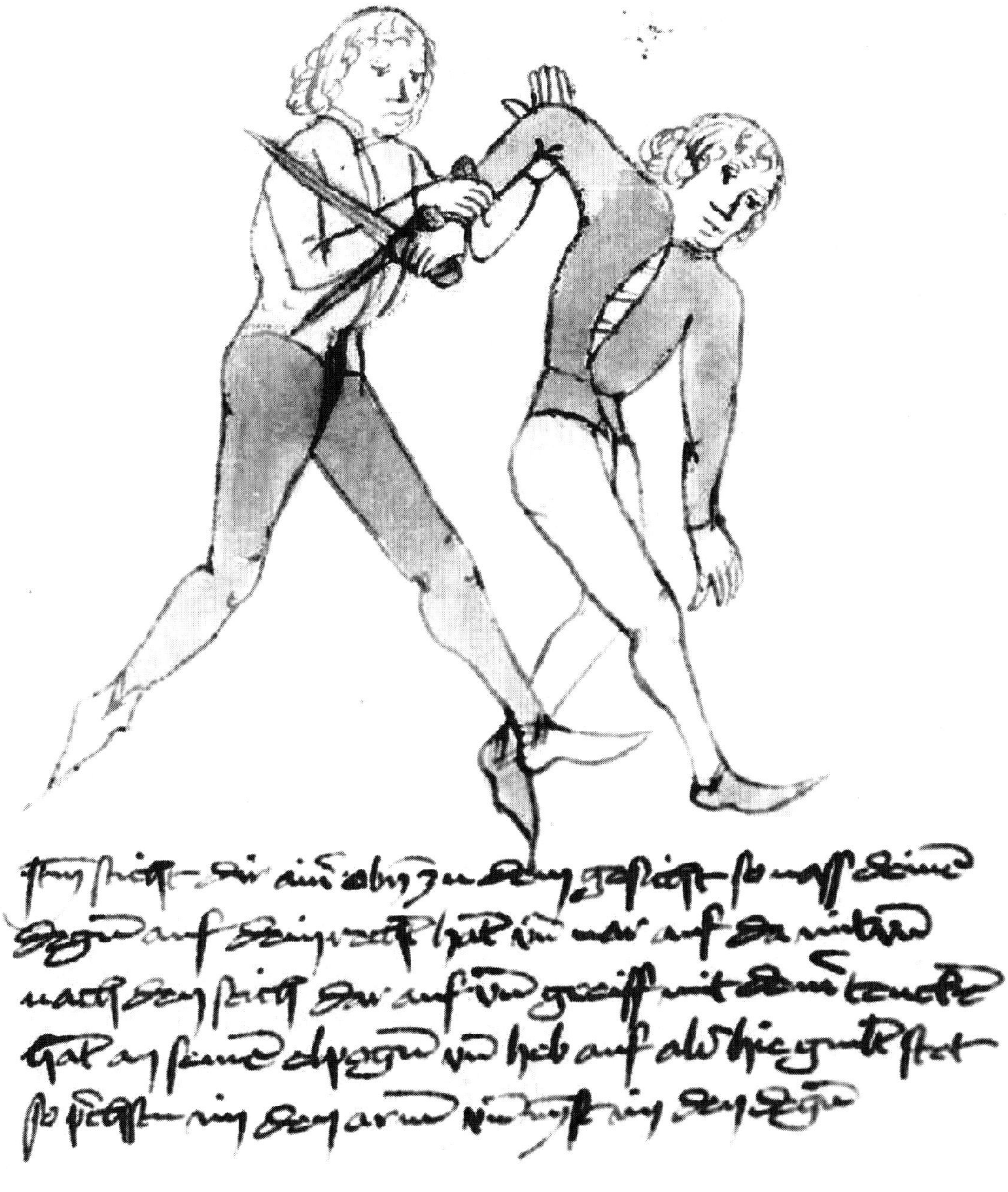

PLATE 45

Item sticht dir ainer zu dem gesicht so nym den degen auf deinen rechten armen und vach den stich dar auf und wint im mit deinen spicz uber seinen armen und zeuch an dich als hie gemalt stet so nymstu im den degen oder du prichst im den armen ab

Also, einer sticht dir auf dein Gesicht ein: so nimm den Dolch in deinen rechten Arm und fange den Stich darauf, und winde ihm mit deiner Spitze über seinen Arm und ziehe an dich, wie es hier gemalt ist, so daß du ihm den Dolch wegnimmst oder ihm den Arm brichst.

So, someone thrusts at your face: take the dagger on your right arm; catch the thrust on it; wind with your point above his arm; and pull toward yourself, as depicted here, so that you take his dagger away or break his arm.

PLATE 46

Item sticht dir ainer oben zu dem gesicht so stich mit deinem
degen van unden auf mit abicher [verkehrter] hant umb seinen rechten
armen und var mit deiner tencken hant vorn an spicz und
zeuch nider zu der erd als hie gemalt stet so helcztu
in mit gewalt wildu ledig werden so nym deinen degen
in dy tencke hant und stich in

Also, einer sticht dir von oben auf dein Gesicht ein: stich mit deinem Dolch von unten mit verkehrter Hand um seinen rechten Arm, und fahre mit deiner linken Hand nach vorne an die Spitze, und ziehe ihn nieder auf die Erde, wie es hier gemalt ist, so daß du ihn mit Gewalt hältst. Wenn du dich befreien willst, nimm deinen Dolch in die linke Hand und stich ihn.

So if someone thrusts from above at your face: thrust with your dagger from below with the hand curved around his right arm; go with your left hand forward to the point; and pull down toward the ground, as depicted here, so that you hold him forcefully. If you want to free yourself, take your dagger in the left hand and stab him.

PLATE 47

Item sticht dir ainer oben ein zu dem gesicht so
vass deinen degen in paid hent und vach denn
stich dar auf und wint im den knopf uber seinen
rechten armen als hie gemalt stet so slechstu im seinen
degen in das angesicht

Also, einer sticht dir von oben auf dein Gesicht ein, so fasse deinen Dolch in beide Hände und fange den Stich ab, und winde den Knauf über seinen rechten Arm, wie es hier gemalt ist, so daß du seinen Dolch in sein Gesicht schlägst.

So someone thrusts from above at your face: grasp your dagger in both hands; catch the thrust on it; and wind the pommel above his right arm, as depicted here, so that you push his dagger into his face.

2

Item sticht dir ainer oben ein zu dem gesicht so
wirff deinen degen in paid hent vnd wendt dem
stich das auf vnd wint in den kragen uber seinen
rechten arm als hie gemalt stet so stichstu im seinen
degen in das angesicht

PLATE 48

Item sticht dir ainer oben ein zu dem gesicht so vass
deinen degen in paid hent als vor und vach den
stich darauf und lauf vast hinder sich zuruck
mit im und dauch ymen [ihm] uber seinen kopf an dem
hals als hie gemalt stet so zeuchstu in auf dy erd

Also, einer sticht dir von oben auf dein Gesicht ein: fasse deinen Dolch in beide Hände wie zuvor, und fange den Stich ab, und laufe schnell mit ihm hinter ihn zurück, und ziehe über seinen Kopf an seinem Hals, wie es hier gemalt ist, so daß du ihn auf die Erde ziehst.

So someone thrusts from above at your face: grasp your dagger in both hands as before; catch the thrust on it; run quickly back with him; and pull on his neck, as depicted here, so that you pull him to the ground.

PLATE 49

Item sticht dir ainer zu dem gesicht so vach denn
stich als vor und lass dein tencke hant und fass im
seinen rechten armen und reib in vor dir nider gegen
deiner rechten seiten und verburff [??] den degen und stich
im uber sein agssel und zeuch in an dich und reib
im den armen auf den rucken als hie gemalt stet
so pinczt u in mit dem degen

Also, einer sticht dir auf dein Gesicht ein, so fange den Stich ab wie zuvor, und laß deine linke Hand [vorwärts gehen], und fasse seinen rechten Arm, und drücke ihn vor dir runter gegen deine rechte Seite. Dann verkehre den Dolch, und stich ihn über seiner rechten Achsel, ziehe ihn an dich, und presse ihm den Arm auf den Rücken, wie es hier gemalt ist, so daß du ihn mit dem Dolch bindest.

So someone thrusts at your face: catch the thrust as before, let your left hand [go forward] and catch his right arm, and push it in front of you downward to your right side. Then turn the dagger; stab him above his right shoulder; pull him to you; and twist his arm behind his back, as depicted here, so that you bind him with the dagger.

PLATE 50

Item sticht dir ainer oben zu dem gesicht so vass deinen degen auf den rechten armen und vach den stich dar ein und stoss in mit der tencken hant an seinen elpogen von dir das er sich von dir umbker und fass in pey einem fuss mit deinem degen alz hie gemalt stet so wurfstu in

Also, einer sticht dir von oben auf dein Gesicht ein: fasse deinen Dolch in den rechten Arm, und fange den Stich damit ab, und stoße seinen Ellbogen mit deiner linken Hand von dir weg, so daß er sich von dir abkehrt. Dann fasse seinem Fuß mit deinem Dolch, wie es hier gemalt ist, so daß du ihm wirfst.

So someone thursts from above at your face: hold your dagger in the right hand and catch the thrust on it, and punch his elbow away from you with your left hand so that he turns from you. Then catch his foot with your dagger, as depicted here, so that you throw him.

PLATE 51

Item stet ainer gegen dir mit ainem degen und thu
hast sarg (sorg) auf in so lauf gar festlich auf in und
thu sam (wie wenn) welstu oben in das gesicht stechen und
ker dich vor im umb auf dein rechte seiten
und stich in unden zu den hoden als hie gemalt stet

Also, einer steht dir mit einem Dolch gegenüber, und du hast Angst vor ihm: laufe entschloßen auf ihn zu und tue so, als ob du ihn von oben auf sein Gesicht einstechen wölltest, und drehe dich vor ihm um auf deine rechte Seite, und stich ihn von unten nach seinen Hoden, wie es hier gemalt ist.

So someone stands in front of you with his dagger and you are worried about him: run firmly at him and act as if you wanted to thrust from above at his face; turn in front of him to show your right side; and thrust from below at his testicles, as shown here.

PLATE 52

Item sticht dir ainer oben zu dem gesicht so slach im
mit deiner tencken hant aussen auf sein rechtew
hant so sticht er sich selb in dy hoden und stich in
dann mit deinem degen oben ein zu dem
hals als hie gemalt stet

Also, einer sticht dir von oben auf dein Gesicht ein: schlage mit deiner linken Hand von außen auf seine rechte Hand, so daß er sich selbst in die Hoden sticht, und stich dann mit deinem Dolch von oben auf seinen Hals ein, wie es hier gemalt ist.

So someone thrusts from above at your face: hit his right hand with your left from outside so that he stabs himself in the testicles and then thrust with your dagger from above at his throat, as depicted here.

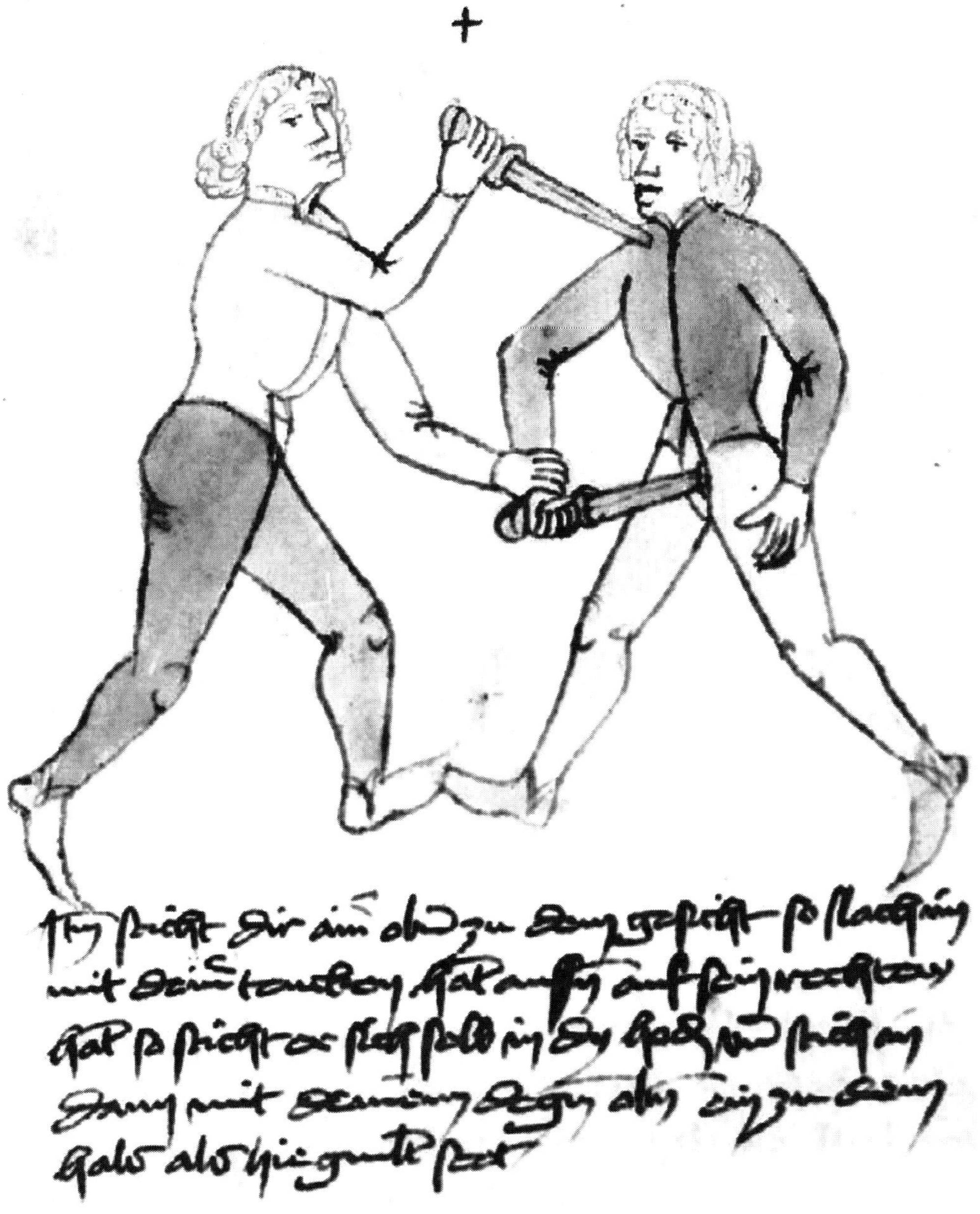

PLATE 53

Item sticht dir ainer unden zu dem pauch denn
walschen stich so vass deinen degen in paid hent
und vall im oben auf seinen degen und vass mit deiner
tencken hant sein rechte und ker dich reschlich umb
vor im und zeuch in uber die agsell so pruchstu
im den armen ab

Also, einer sticht dir mit dem italienischen Stich von unten auf deinen Bauch ein: fasse deinen Dolch in beide Hände, und schlage ihm von oben auf seinen Dolch. Dann fasse seine rechte Hand mit deiner linken Hand, und drehe dich schnell vor ihm um, und ziehe ihn über die Achsel, so daß du ihm den Arm brichst.

So someone thrusts from below at your stomach with an Italian thrust: grasp your dagger in both hands and hit his dagger from above. Then catch his right hand with your left, turn quickly in front of him, and pull him over the shoulder so that you break his arm.

27

PLATE 54

Item sticht dir ainer unden zu dem pauch so vass deinen degen in paid hent und vall im auf den stich und treib in mit deinem degen gegen deiner rechten seiten und heb uber sich auf in dy hoch als hie gemalt stet so wincztu im den degen aus der hant

Also, einer sticht dir von unten auf deinen Bauch ein: fasse deinen Dolch in beide Hände, und schlage ihm auf den Stich, und drücke ihn mit deinem Dolch gegen deine rechte Seite, und hebe ihn hoch, wie es hier gemalt ist, so daß du ihm den Dolch aus der Hand windest.

So someone thrusts from below at your stomach, grasp your dagger in both hands and hit his thrust with it; push him with your dagger toward your right side; and pull him up, as depicted here, so that you wind his dagger away from his hand.

PLATE 55

Item sticht dir ainer oben ein zu dem gesicht so
var auf mit deiner abichen tencken hant und prich
im den stich auf und stich im mit deinem degen
zwischen der pain und heb in auf als hie gemalt stet
so wurffstu in auf den rucken

Also, einer sticht dir von oben auf dein Gesicht ein: reiße deine verkehrte linke Hand hoch, und brich seinen Stich, und stich mit deinem Dolch zwischen seine Beine, und hebe ihn hoch, wie es hier gemalt ist, so daß du ihn auf den Rücken wirfst.

So someone thrusts from above at your face: go up with your turned left hand and break his thrust; and thrust your dagger between his legs and raise him up, as depicted here, so that you throw him on his back.

PLATE 56

Item sticht dir ainer mit langem degen nach der prust als franczoschisch so var auf mit deiner tencken abichen hant unten an seinen degen und leg im deinen degen auf seinen rechten armen und prich im den degen dar uber auss als hie gemalt stet

Also, einer sticht dir mit einem langem Dolch auf deine Brust auf französische Weise ein: fahre mit deiner linken verkehrten Hand von unten an seinen Dolch und lege ihm deinen Dolch auf seinen rechten Arm, und nimm ihm seinen Dolch weg, wie es hier gemalt ist.

So someone thrusts with a long dagger at your breast in the French way: go with your left hand turned from below at his dagger; put your dagger on his right arm; and take away his dagger, as depicted here.

PLATE 57

Item vichstu mit ainem mit dem messer haut
er dir oben ein so versechcz mit deinem messer
aussen mit der flach auf den nagel und gee
pald furfarth mit dem tenckten fuss und vall im mit
dem knopf uber seinen armen als hie gemalt stet so
hausten in in den kopf

[Neo-Gothic 16th-century script]

Im dussacken stannt der stant
Im alls 8 bar (refers to the number of images—eight plates of unarmored combat with the falchion)

Also, du kämpfst mit jemandem mit dem Messer. Wenn jemand dich von oben einhaut, versetzte mit deinem Messer nach außen mit der Flache auf dem Nagel, und gehe schnell vorwärts mit dem linken Fuß und schlag ihm mit dem Messerknauf über seinen Arm, wie es hier gemalt ist, daß du ihn in den Kopf schlägst.

Der Stand im Düsack
8 Stände ohne Rüstung

So you are fighting someone with the falchion: if he strikes at you, deflect it to the side with your falchion with your flat and on your crossguard; go quickly forward with your left foot and hit him with the pommel in his arm, as shown here, so that you strike him on his head.

The image of falchions
8 images without the armor

29

PLATE 58

Item mer ein gucz stuck haut dir ainer zu von
oben nider so vach den slagen auf den nagel als ver
und gee mit dem tenckten fus inndes und stoss in
mit deiner tenckten hant sein rechte ander
der erde und haue in uber den kopf als hie gemalt stet

Also, ein gutes Stuck mehr: wenn jemand dich von oben nach unten zuhaut, greife den Schlag auf dem Nagel als die Wehr, und gehe mit dem linken Fuß Inndes 'gleichzeitig', und stoße ihm mit deiner linken Hand seine rechte Hand in Richtung der Erde, und haue ihn in den Kopf, wie es hier gemalt ist.

There is more good trick: if anyone cuts downward at you, receive the blow on the crossguard as a defense; go simultaneously with your left foot toward him; hit his right hand toward the ground with your left; and then hit him on his head, as depicted here.

PLATE 59

Item ein gucz stuck haut dir ainer aben zu den kopf
so wint im mit deinen messer unten durch und vach
den straich dar auf und vall im mit dem knopf uber
seinen arm und reiss an dich und trit zu mit dem
lenckten fus und var im mit der lenckten hant
umb den hals als hie gemalt stet so wurfftu
in auf den rucken

Also, ein gutes Stuck: wenn jemand dich von oben zu den Kopf haut, winde ihm mit deinem Messer unten durch, und fange den Schlag darauf, und schlage ihn mit dem Messerknauf über seinen Arm, und reiße an dich, und trete zu mit dem linken Fuß, und greife seinen Hals mit der linken Hand, wie es hier gemalt ist, daß du ihm auf den Rucken wirfst.

There is one good trick: if anyone strikes downward at your head, wind under past him with your falchion and receive the stroke on it; hit him with the pommel in his arm and pull toward yourself; and step in with your left foot and hold him with your left hand to his neck, as depicted here, to throw him on his back.

H

PLATE 60

Item mer ein gucz stuck wen ainer oben nider haut so
wint unten durch mit deinem messer und lauf im ein
und var mit deiner tenckten hant hoch uber sein rechter
arm und vasse hinter das urgssen und stich mit deinem
messer zwischen dir und im durch an seinen hals
als hie gemalt stet

Also, ein gutes Stuck mehr: wenn jemand aber nieder haut, winde durch mit deinem Messer, und laufe in ihn, und greife mit deiner linken Hand hoch über seinen rechten Arm, und faße hinter den Arm, und steche mit deinem Messer zwischen dich und ihn durch in seinem Hals, wie es hier gemalt ist.

There is one more good trick: if anyone strikes upward, wind with your falchion and run into him; hold your left hand high over his right arm; catch under his arm; and thrust with your falchion between you and him to his neck, as shown here.

PLATE 61

Item haut dir ainer aben ein zu dein kopf so versecz
aber mit der flach und auf den nagel und dauch
im sein messer an wege das er slachen musse und
wen er den slachen will so such die nachent und
zeuch im den arm ab als hie gemalt stet

Also, wenn jemand dich von oben zu deinem Kopf haut, versetze mit der Flache und auf dem Nagel, und schiebe ihm sein Messer weg, daß er schlagen muß, und wenn er schlagen will, suche die Bloßen, und schneide ihm den Arm ab, wie es hier gemalt ist.

Next, when anyone strikes down at your head: deflect with your flat and on your crossguard; push his falchion to the side so that he has to strike; and when he wants to strike, find the openings and chop his arm off, as depicted here.

Item hawt dir ainr oben ein zu dem kopff so versecz
aber mit der flach und auf dem nagel und druck
im sein messer an weng daz die flachen uberlig und
wen er dem flachen mit so sprich dir nachhut und
zuck im dem arm ab als hie gemalt stet

PLATE 62

Item ein anderss stuck fur einen starcken haut dir
ainer starck aber ein so vasse dein messer zu gewapnoter
hant und vach den straich dar ein und trit
zu im mit deiner tenckten fus und leg in das
messer an den hals als hie gemalt stet

Also, ein anders Stuck für einen starken: wenn jemand dich stark einhaut, fasse dein Messer an der Halbklingen, und fange den Schlag darein und trete zu ihm mit deinem linken Fuß, und lege ihm das Messer an dem Hals, wie es hier gemalt ist.

There is another trick for a strong man: if anyone strikes at you strongly, hold your falchion halfway along the blade and receive the stroke on it; then go at him, stepping in with your left foot; and put your falchion to his neck, as depicted here.

PLATE 63

Item haut dir ainer oben ein zu dein gesicht
so var auf mit gewapnoter hant und vach den
slag in das messer und wint im dem knopf
uber seinen arm und reiss hinder sich als hie gemalt stet
so prichstu im den arm oder nymstu im das messer

Also, wenn jemand dich zu deinem Gesicht von oben einhaut, versetze mit deiner Hand an der Halbklingen, und fange den Schlag in das Messer, und winde ihm mit dem Messerknauf über seinen Arm, und reiße hinter ihn, wie es hier gemalt ist, daß du ihm den Arm brichst oder ihm das Messer nimmst.

Next, if anyone strikes downward at your face: deflect it with your hand halfway along the blade and receive the stroke on the falchion; wind him with the pommel into his arm; and pull backward, as depicted here, to break his arm or take his falchion.

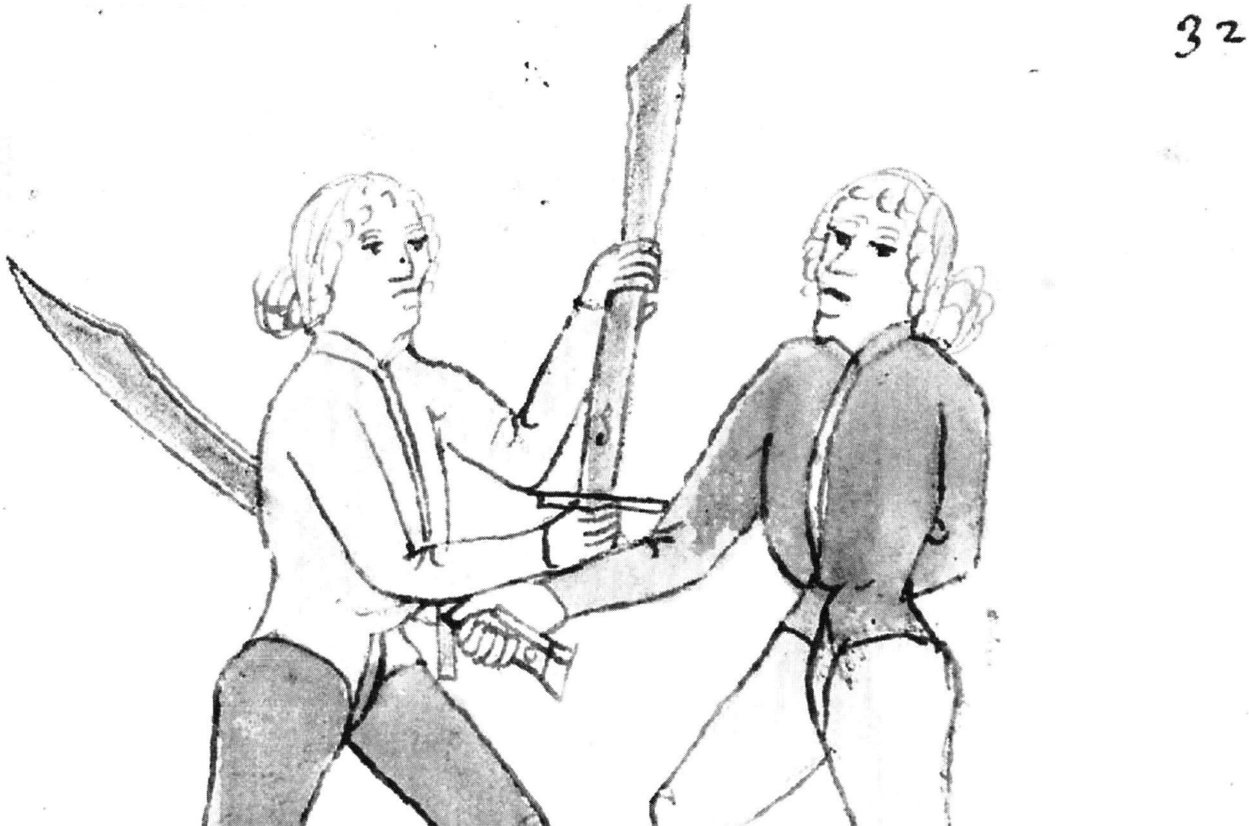

PLATE 64

Item haut dir ainer oben ein zu den kopf so var
auf mit gewapnoter hant und vach den straich in
dy klingen als vor und trit vast hinten in mit deinem
rechten fus und leg in den knopf an den hals
als hie gemalt stet so wurffstu in an den rucken

Also, wenn jemand haut dich von oben zu dem Kopf, versetze mit deiner Hand an der Halbklingen, und fange den Schlag in die Klinge wie vorher, und trete schnell hinten ihn mit deinem rechten Fuß, und lege ihm den Messerknopf an dem Hals, wie es hier gemalt ist, daß du ihn auf den Rucken wirfst.

So if anyone strikes downward at your head: deflect it with your hand halfway along the blade and receive the stroke on the blade as before; step quickly behind him with your right foot; and put the pommel to his neck, as depicted here, to throw him on his back.

PLATE 65

Item so dir ainer also in dy twirch kumpt so denck
dastu dich mit dem knie vast gegen seinen fuss
seczt und wider hinder sich treczt so dir dan ainer also
dar auss get so trit pald wider hinder sich und greif
im mit der rechten hant auff dy achsell und
lauf mit paiden fussen hinder sich und zeuch in
scheib umb so wurffstu im und in dem lauf so
magstu wider in dy twirch kumen das get zu paiden seiten

Also, einer kommt dir in die Zwerchstellung: paß auf, daß du dich fest mit dem Knie gegen seinen Fuß setzt, und trete wieder hinter ihn. Wenn er flüchtet, trete schnell wieder hinter ihn, und greife ihn mit der rechten Hand an seine Achsel, und laufe mit beiden Füßen hinter ihm, und ziehe ihn herum, so daß du ihn wirfst; und im Lauf kannst du wieder in die Zwerchstellung kommen. Das geht zu beiden Seiten.

So someone comes at you in the horizontal stance: make sure that you stand firmly with your knee toward his leg and step behind him again; if he escapes from this, quickly step behind him again and grasp him with your right hand on his shoulder, run with both feet behind him, and pull him over so that you throw him; and while you step you can come back to the horizontal stance. This can be done on both sides.

[Neo-Gothic 16th-century script]
Der Ringen nach folgen 83 bar stonnt

There follow 83 items of wrestling without armor

83 Stücke des Ringens ohne Rüstung folgen

33

Item so dir ainer also in der twirch kumpt so denck
dasten dich mit dem knie vast gegen seinem fuss
setzt und wider hinder sich wegt so dir dem ainer also
dar auf get so trit pald wider hinder sich vnd greif
im mit der rechten hant auf den achssel vnd
lauf mit paiden fussen hinder sich vnd zeuch in
scheib vmb so würffstu in ver in dem lauf so
magstu wider in der twirch kumen das get zu paiden t[illegible]

Der Ringen noch folgen 83 [illegible]

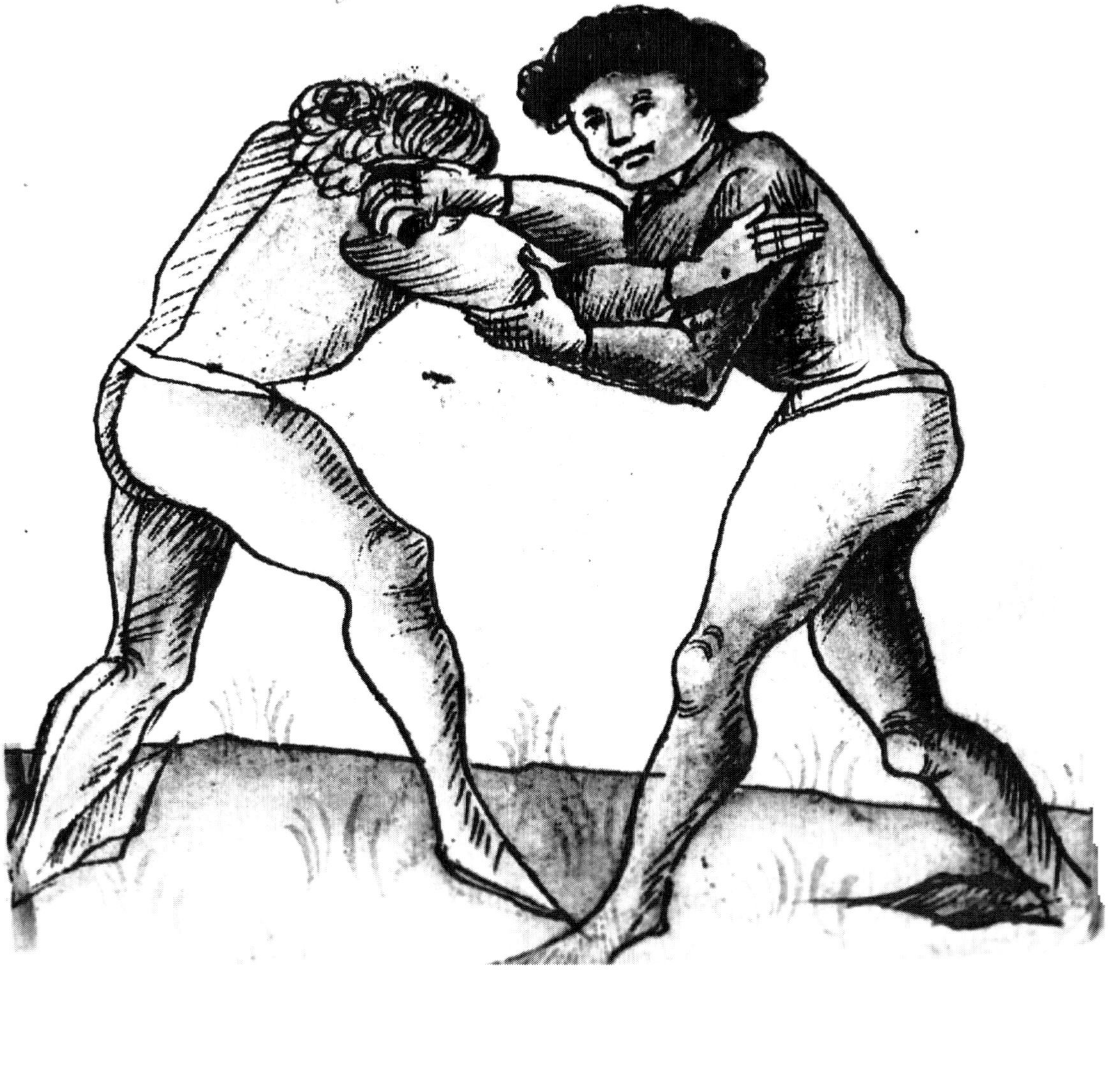

PLATE 66

Item die funft zwirch treib also wen du mit ainem
ringst in den armen so prich im aus mit dem
rechten armen und gee ein weil mit im umb und
urbering [plötzlich] so zuck in an dich und gee hoch auff
mit dem rechten armen uber seinen rechten arm
und ergreif im seinen rechten fuss auswendig
und hinder trit in mit deinem rechten fuss seinen tencken
und truck in mit dem knie als hie gemalt
stet so wurfstu in das get zu paiden seitten

Also, treibe die fünfte Zwerchstellung: wenn du mit einem in den Armen ringst, brich mit dem rechten Arm aus, und gehe eine Weile mit ihm herum und ziehe ihn plötzlich an dich, und gehe hoch mit dem rechten Arm über seinen rechten Arm, und erwische seinen rechten Fuß von außen, und trete mit deinem rechten Fuß hinter seinen linken Fuß, und drücke ihn mit dem Knie, wie es hier gemalt ist, so daß du ihm wirfst. Das geht zu beiden Seiten.

So practice the fifth horizontal stance: if you are wrestling someone, both using the arms, break out with your right arm and go around for a while with him; then suddenly pull him toward you, go high with your right arm over his right arm, catch him his right foot from outside, and step with your right foot behind his left foot and press on him with your knee, as depicted here, so that you throw him. This can be done on both sides.

Item der funft twirchzeil also wen du mit ainem
ringst in den armen so streich im auf mit dem
rechten armen und gee ein weil mit im umb und
umbering so zuck in an dich und gee hoch auf
mit dem rechten arm über seinen rechten arm
und ergreif in seinen rechten fuß auswendig
und hinten tritt in mit deinem rechten fuß seine terse
und truck in mit dem knie als hie gemalt
stet so wurfst du in das get zu paiden seitten

PLATE 67

Item so dir ainer also mit dem arm uber will vallen
nach dem fuss so secz dich in dy wag und dauch in
von dir mit den armen so er dich dann also
von im stost so greiff im mit der rechten hant
auf seinen hals pey dem rechten oren und zeuch
vast hinter sich als hie gemalt stet und hutt
dich das er dich nit hinter tret und das er dir
mitt dem haupt nit durch gee das get zu p.[eiden] s.[eiten]

Also, einer will mit dem Arm von oben nach deinem Fuß schlagen: setze dich in die Waage, und dränge ihn mit den Armen von dir weg. Wenn er dich also von sich stößt, greife mit der rechten Hand seinen Hals beim rechten Ohr, und ziehe ihn fest nach hinten, wie es hier gemalt ist. Paß auf, daß er nicht hinter dich trete und daß er dir mit seinem Kopf nicht durchgeht. Das geht zu beiden Seiten.

So someone wants to hit your leg from above with his arm: assume the balance stance and push him away from you with your arm; if he also pushes you away from him, grasp his neck at his right ear with your right hand and pull strongly backward, as depicted here. Make sure that he does not step behind you and that he does not go by with his head. This can be done on both sides.

34

Item so dir ainer also mit dem arm vnd wil vallen
nach dem fuess so leg dich in die weg vnd zeuch
in von dir mit dem arme so er dich dann also
von im stost so greiff in mit der rechten hant
auf seinen hals pey dem rechten orn vnd zeuch
vast hindersich als hie gemalt stet vnd hutt
dich das er dich nit hinder tret vnd das er dir
mit dem haupt nit durch gee das gat zu p. f.

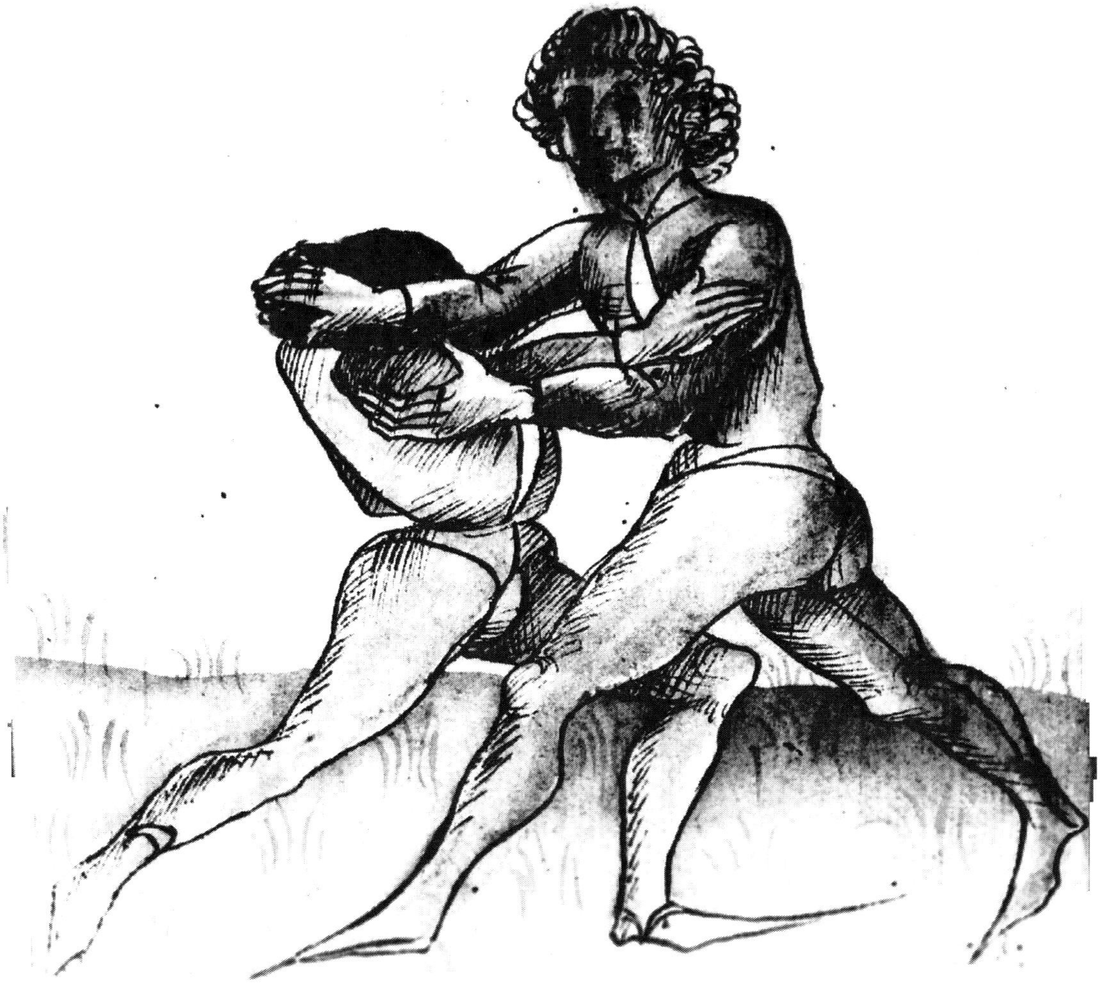

PLATE 68

Item dy segst twirch treib also wen du mit ainem
ringst in den armen so prich im auß mit dem
rechten armen und greif im urbering an daß
recht or und trit mit dem rechten fuß hinter
seinem tencken fuß alß hie gemalt stett so
würfstu in gar hart aber du must im
den rechten armen gar vast halten zu dir und tauch
in zuruck daß get auch zu paiden s. (eiten)

Also, treibe die sechste Zwerchstellung: wenn du mit einem in den Armen ringst, brich ihm aus mit dem rechten Arm, und greife ihn plötzlich an das rechte Ohr, und tritt mit dem rechten Fuß hinten seinen linken Fuß, wie es hier gemalt ist, daß du ihn gar hart wirfst. Du mußt ihm aber den rechten arm ganz fest zu dir halten, und dränge ihn zurück. Das geht auch zu beiden Seiten.

Then, practice the sixth horizontal stance: if you fight anyone in the arms, break through with the right ear; catch suddenly his right ear; and step with your right foot behind his left foot, as depicted here. So, you throw him quite heavily, but you have to hold his right arm quite firmly and close to yourself and push him back. This can be done on both sides.

Jtem die siegst twirch werb alsso wenn der mit aine
ringst in den arme so prich in auf mit dem
rechten arme vnd greif im verkering an das
recht ar vnd trit mit dem rechten fuß hinter
seine rechte fuß als hie gemalt stett so
wurffstu in gar hart aber du macht in
den rechten arm gar vast halten zu dir vnd
tauch in zu ruck das get auch zw paiden .f.

PLATE 69

Item wen dich ainer also gevast hat pey dem
kopf so stos in mit deiner rechten tencken hant an seinen
rechten elpogen so muss er dich lassen so dich ainer
von im stost so trit mit dem rechten fuss fur
in gegen seinen rechten fuss und zeuch sein rechte
hant vast [fest] in dein tencke seiten und wurff in
uber dein recz [rechtes] pain als hie gemalt stet das
treibstu auch woll zu payden seitten

Also, wenn einer dich fest am Kopf gefaßt hat, schlage mit deiner linken Hand seinen rechten Ellbogen, so daß er dich loslassen mußt. Wenn einer dich von sich stößt, trete mit dem rechten Fuß gegen seinen rechten Fuß und ziehe seine rechte Hand fest an deine linke Seite, und wirf ihn über dein rechtes Bein, wie es hier gemalt ist. Das kannst du auch gut zu beiden Seiten treiben.

So someone has grabbed your head: hit his right elbow with your left hand so that he has to let you go. If he pushes you away from himself, step with your right leg toward him against his right leg; pull his right hand firmly toward your left side; and throw him over your right upper leg, as depicted here. You can practice it on both sides.

35

Item wen dich ainer also gevast hat pey dem
kopf so stoss in mit dem [tenckte] rechten hant an seine
rechten elpogen so muss er dich lassen so dich ainer
wen im stost so trit mit dem rechten fuss für
in gegen seinem rechten fuss und zeuch seinen rechte
hant vast in dein tencke seiten und wurff in
uber dein rechten pain als hie gemalt stet das
treibst du auch woll zw payden seitten

PLATE 70

Item die sybent und die lest zwirch treib also wenn
du mit ainem in denn armen ringst so prich
im auss mit dem rechten armen und ge umb mit
im und zeuch in dan an dich und secz im dein
rechte hant aussen auf sein rechcz [rechtes] knie und val
im mit der rechten agsel in sein rechten armen
und stoss in nider zu der erd als hie gemalt
stet und hab [halt] im den rechten armen auch vast in
dein tencke seiten das get auch zu paiden s.[eiten]

Also, treibe die siebente und die letzte Zwerchstellung: wenn du mit einem in den Armen ringst, brich mit dem rechten Arm aus, und gehe mit ihm herum, und ziehe ihn dann an dich, und lege ihm deine rechte Hand von außen auf sein rechtes Knie, und schlage mit der rechten Achsel in seinen rechten Arm, und stoße ihn zum Boden, wie es hier gemalt ist, und halte seinen rechten Arm fest an deiner linken Seiten. Das geht auch zu beiden Seiten.

So practice the seventh and the last horizontal stance: if you are wrestling someone and both are using the arms, break out with your right arm; go around with him and then pull him toward you; put your right hand on his right knee from outside; hit him with the right shoulder in his right arm and push him down to the ground, as depicted here; and hold his righ arm firmly to your left side. This can be done on both sides.

Item die sibent und die lest twirch treib also wenn
Du mit ainem ringen dem arme trengst so preich
in auff mit dem rechten arme und gee undt mit
im und zeuch in dem an dich und leg im dein
rechte hant aussen auf sein rechtes knie und val
im mit der rechten agsel in sein rechten arm
und stoss in nider zu der erd als hie gemalt
stet und hab im dem rechten arm auch vast in
den tencke seiten das get auch zu paiden s[eiten]

PLATE 71

Item so dir ainer daz thut und dir auf das knie
wil greiffen so greif im mit deiner tencken hant
hinter sein angesicht und mit dem daum unten
an dy nasen und zeuch uber sich so mus er
dich lassen so er dir das thut so greif pald mit
deiner tencken hant in sein tencke yns glid [Glied] und mit
der rechten in den elpogen und heb in uber sich und trit
mit dem rechten fus fur in als hie gemalt stet
und wurf in das get auch zu paiden seiten

Also, einer tut dir das und dein Knie greiffen will: greife mit deiner linken Hand hinter sein Gesicht und mit dem Daumen von unten an seine Nase, und ziehe über ihn, so daß er dich loslassen muß. Wenn einer dir das tut, greife schnell mit deiner linken Hand in sein linkes Gelenk, und mit der rechten in seinen Ellbogen, und hebe ihn hoch, und trete mit dem rechten Fuß vor ihn, wie es hier gemalt ist, und wirf ihn. Das geht auch zu beiden Seiten.

So someone does it to you and wants to grab your lower leg: so grasp his face from behind with your left hand and with the thumb below his nose, and pull him through so that he has to let you go. If anyone does this to you, quickly grasp his left joint with your left hand and with your right hand at his elbow lift him up; step with your right foot toward him, as depicted here; and throw him. This can be done on both sides.

36

Item so dir ainer das haupt von dir auf das knie
wil greiffen so greif im mit dein tencken hant
hinder sein angesicht vnd mit dem daumen recht
an die nasen vnd zeuch vbersich so muß er
dich lassen so er dir das tut so greif pald mit
dein tencke hant im sein tencke [illegible] glid vnd mit
der rechten in den [illegible] vnd heb in vbersich vnd trit
mit dem rechten fuss fur in als hie gemalt stet
vnd wurf in das get auch zu paiden seiten

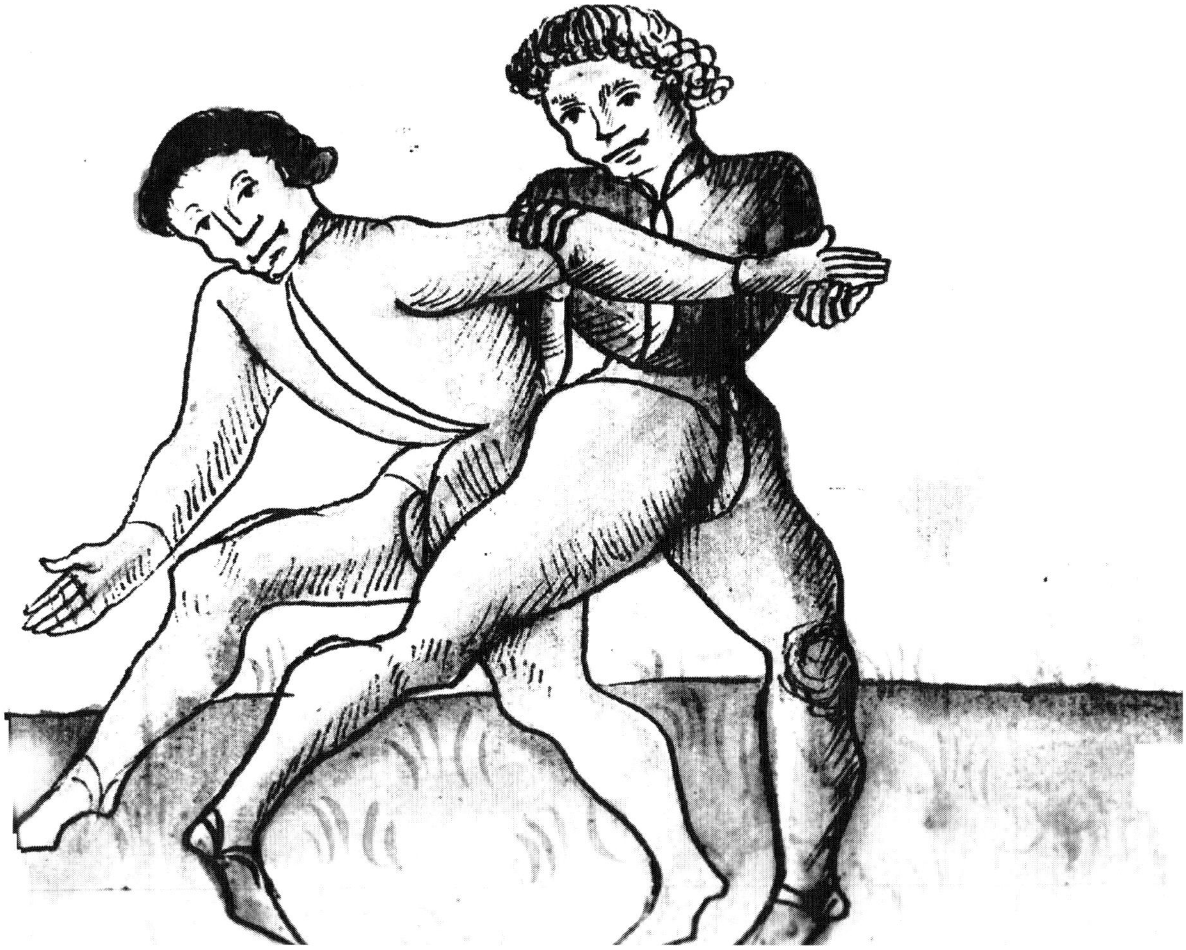

PLATE 72

Item so ainer mit dir ringt aus langen armen
so prich im aus mit dem rechten armen und gee
um mit im und dauch inn vast hin und her
und urbering [plötzlich] zuck in vast gegen dir und puck
[bücke] dich vor nider und var im mit deinem haupt
durch sein rechten armen und mit deiner rechten
hant durch seinen rechten fuss und trit woll
unter in als hie gemalt stet und wurf in
uber den ruck aus du must im woll durch
den armen slieffen [schlüpfen] das get auf paid seitten

Also, einer ringt mit dir aus langen Armen, so brich mit dem rechten Arm aus und gehe mit ihm herum, und dränge ihn fest hin und her, und ziehe ihn plötzlich fest gegen dich, und beuge dich nach vorn und fahre mit deinem Kopf durch seinem rechten Arm, und mit deiner rechten Hand durch seinem rechten Fuß, und trete gut unter ihn, wie es hier gemalt ist, und wirf ihn über den Rücken. Du mußt ihm gut die Arme schlüpfen. Das geht zu beiden Seiten.

So if someone with long arms fights you: break out with your right arm; go around with him; push him forcefully to and fro; then suddenly pull him firmly toward you and bend yourself down forward and put your head under his right arm; with your right hand by his right foot step well under him, as depicted here; and throw him over your back. You have to slip through his arms. This can be done on both sides.

Item so ainer mit dir ringt auf langen armen
so prich im auf mit dem rechten arm vnd gee
vmbreit im vnd durch im vast hin vnd her
vnd verkering zuck in vast gegen dir vnd puck
dich vor nider vnd far im mit deinem haupt
durch sein rechten arm vnd mit deinem rechten
hant durch seinen rechten fuß vnd tritt woll
vnd in als hie gemalt stet vnd wirff in
über den ruck auf den mist im wol durch
den arm sliessen das get auf paid seitten

PLATE 73

Item so dich ainer also hat gevast so reck denn
fuss hinden weit aus hin von dir und leg dich
oben auf in und swar [mach dich schwer] dich nider zu der
erden und hut dich das er dir kainen fuss
erraichen mug und halt in auch vast
das er oben nit auch von dir kum [könne?komme?] und
lauf vast mit im hinder sich zu ruck als
hie gemalt stet pis er mud wird
dastu in werffen mogst das get zu paiden s.[eiten]

Also, einer hat dich fest gefaßt: strecke deinen Fuß weit nach hinten aus und lege dich über ihn und mache dich schwer gegen den Boden, und paß auf, daß er keinen Fuß von dir erreichen kann, und halte ihn auch fest, daß er dir auch von oben nicht kommt, und laufe schnell hinter ihm, wie es hier gemalt ist, bis er müde wird, so daß du ihn werfen kannst. Das geht zu beiden Seiten.

So someone has grasped you firmly: stretch your leg back away from you, lay yourself over him, and lean heavily toward the ground, making sure that he cannot get to your lower leg. Hold yourself firmly so that he cannot stand up in front of you and run quickly behind him, as depicted here, until he gets tired so that you can throw him. This can be done on both sides.

37

Item so dich ain(er) also hat gevast so ruck dein(en)
fuß hinder weit auß hin von dir und leg dich
oben auf in und swär dich nider zw der
erden und hüt dich das er dir kaine fuß
erraichen mug und halt in auch vast
das er oben nit auch von dir kum und
lauf vast mit im hinder sich zw ruck als
hie gemalt stet pis das er müd werd
das tu in werffen mugst das get zu paiden s(eiten).

PLATE 74

Item so sich ainer also auf dich legt und sich
hinden vast hinauss spreiczt [sperren, spreizen] und dich hart
druckt so thu as welstu im nach den fussen
greifen und nach dem rucken und swing in
auch hin und her als vil du magst und urbe=
ring [plötzlich] so vass im sein paid hent zu einander
und halt dy starck pei den elpogen oder sunst
und sleuf [schliefe] dan mit dem haupt aus im und wint
dich hinter im umb als welst an den ruck vallen
und streck dich als hie gemalt stet das get z.[u] p.[eiden] s.[einen]

Also, einer legt sich auf dich, und streckt sich nach hinten, und drückt dich hart: tue so, als ob du nach seinem Fuß und nach seinen Rücken greifen wölltest, und schwenke ihn hin und her soviel du willst, und fasse plötzlich seine beide Hände zusammen, und halte sie fest an deinen Ellbogen oder sonst, und drehe deinen Kopf von ihm weg, und winde dich hinten ihn um, als ob du auf den Rücken fallen wölltest, und strecke dich, wie es hier gemalt ist. Das geht zu beiden Seiten.

So someone lays himself on you, stretches back, and presses you strongly: act as if you wanted to grasp him on his feet and his back; swing him to and fro as much as you want; suddenly grasp both his hands together, holding them firmly by your elbow or such; move your head away from him and turn your back to him as if you wanted to fall on your back; and stretch yourself, as shown here. This can be done on both sides.

Jn so sich ainer also auf dich legt vnd sich
hinden vast hin auff spreizt vn dich hart
druckt so thu als wolst im nach den fussen
greiffen vn nach dem rucken vn slaug im
auch hin vn her als vil du magst vn vrte
ring so vass im sein paid hent zu ein ander
vn halt die starck pey den elpogen ader sunst
vn slauf dan mit dem haupt aufsicz vn wirf
dich hinder im vmb als wolst an den ruck vallen
vn sterck dich als hie gemalt stet das get z f

PLATE 75

Item mer wenn ainer also auf dir ligt und
wil dich also nider drucken so wart nit lang
und fass im sein paid hent und halt yms (sie ihm) starck
zu einander und sicz [sitz] nider auf den ars als
hie gemalt stet und wurff in uber das haupt
auss und secz im den kopf in seinen pauch magstu
des nit komen so prich im auss mit einem verporgnen
stuck das mag er dir nit wenten [wenden] dy selben
verporgenen stuck machtu in allen ringen treiben

Also, weiter, wenn einer auf dir liegt, und dich niederdrücken will, dann warte nicht lange und fasse seine beide Hände und halte sie fest zusammen, und setze dich nieder auf deinen Arsch, wie es hier gemalt ist, und wirf ihn über deinen Kopf, und ramme ihm deinen Kopf in seinen Bauch. Wenn du dazu nicht kommen kannst, brich mit einem verborgenen Stuck aus, so daß er sich nicht drehen kann. Die selben verborgenen Stücken kannst du immer beim Ringen treiben.

So moreover, if someone lies on you and wants to press you down, do not hesitate: grasp both his hands and hold them firmly together; sit down low on your arse, as depicted here; and throw him over your head, putting your head in his stomach. If you cannot do it, break out with a secret trick so that he cannot turn. You can do these hidden tricks in all wrestling.

38

Item Mer wan einer also auf dir ligt vnd
wil dich also nider drucken so wart nit lang
vnd fass im sein paid hent vnd halt ims starck
zw einander vnd sitz nider auf den ars als
hie gemalt stet vnd würff in über das haupt
auf vnd sitz im den kopf in seine pauch magstu
des nit komen so prich im auf mit einem verporgen
stuck das mag er dir nit wenden die selben
verporgen stuck machstu in allen ringen treiben

a

PLATE 76

Item so ainer auf dir ligt und sich vast hinter
sich swart dastu nit auf magst und auch zu
kainem stuck noch auspruch kumen magst so
vass in mit einer hant pey einem vinger oder
daum und prich im den auss dem glid so dich
ainer also vast so greiff im mit deiner ledigen
hant an seinen armen voren [vorn] pey dem glenck
und ker [kehr] dich vor im umb und zeuch im den armen
uber dein achssel als hie gemalt stet und prich
im den arm enczway wildus prechen so zeuch hinter sich

Also, einer liegt auf dir und macht sich schwer auf dir, so daß du weder aufstehen noch zu keinem Stuck noch Ausbruch kommen kannst. Fasse ihn mit einer Hand bei einem Finger oder Daumen, und brich ihn aus dem Gelenk. Wenn einer dich festhält, greife ihn mit deiner freien Hand an seinen Arm vorn am Handgelenk und kehre dich vor ihm um und ziehe ihm den Arm über deine Achsel, wie es hier gemalt ist, und brich ihm sofort den Arm. Wenn du es brechen willst, ziehe ihn hinter ihn.

So someone gets on you and weighs you down so that you can neither stand up nor do any trick nor break loose: grasp his finger or thumb with one hand and dislocate it. If someone holds you strongly, grasp his arm at the wrist with your free hand; turn in front of him; pull him his arm over your shoulder, as depicted here; and break his arm immediately. If you want to break it, pull it up behind him.

Item so ainer auf dir ligt vnd sich vast hint[er]
sich swärt das du nit auf magst vnd auch zu
kainem stuck nicht ausprechen kunen magst so
vass im mit einer hant pey eine vinger oder
daum vnd prich im den auf den glid so dich
ainer also vast so greiff im mit deiner ledigen
hant an seinen arm vorn pey dem glenck
vnd ker dich vor im vmb vnd zeuch im den arm
vber den achssel als hie gemalt stet vnd prich
im den arm enzway wildu (?) so zeuch hint sich

PLATE 77

Item so ainer mit dir ringt auss langen armen so prich
auss mit der rechten hant und gee ein weil umb mit
im urbering [plötzlich] so var im mit deinem haupt durch
seinen armen und ker dich woll vor im umb als hye
gemalt stet und wurff in uber das haupt auss
Und thu das pehentiklich [behendiglich] das er dich nit zuruck
ziech und dich nit hinter tret das get zu paiden s.[eiten]

Also, einer mit dir ringt aus langen Armen: brich aus mit der rechten Hand und gehe eine Weile mit ihm herum und fahre plötzlich mit deinem Kopf durch seinen Arm, und kehre dich gut vor ihn, wie es hier gemalt ist, und wirf ihn über den Kopf. Und tue es behende, so daß er dich nicht zurückzieht, und nicht hinter dich trete. Das geht zu beiden Seiten.

So someone who is long in the arms is fighting you: break out with your right hand and go around for a while with him; then suddenly put your head through his arms; turn well in front of him, as depicted here; and throw him over your head. And do it skillfully so that he does not pull you back and step behind you. This can be done on both sides.

Item so ein mit dir ringt auff langen arm so pruch 39
auff mit der rechten hant vnd gee ein weil vmb mit
im oben ring so var im mit deine haupt durch
seine arm vn ker dich woll vor im vmb als hye
gemalt stet vn wurff in ober das haupt auff
vnd thu das behentiklich das er dich nit zu ruck
zeuch vn dich nit hint tret das get zu panden f

PLATE 78

Item so du mit ainem ringst in langen armen so
prich im auss mit deinen rechten armen und gee
ein weil umb mit im und zeuch in starck hin
und her und urbering [plötzlich] so ker dich vor im umb
und zeuch im denn rechten armen auss dein rechte
agssel und greiff zu mit deiner rechten hant
im vorne in das glenck als hie gemalt stett
und wurff in also das get auf paid seitten

Also, du ringst mit einem in langen Armen: brich aus mit deinem rechten Arm und gehe eine Weile mit ihm herum, und ziehe ihn stark hin und her, und kehre dich plötzlich vor ihm um und ziehe seinen rechten Arm durch deine rechte Achsel, und greife mit deiner rechten Hand vorne an sein Handgelenk, wie es hier gemalt ist, und wirf ihn. Das geht zu beiden Seiten.

So you are fighting someone who is long in the long arms: break out with your right arm; go around for a while with him; jerk him strongly to and fro; suddenly turn in front of him; pull his right arm over your right shoulder and grasp his wrist with your right hand, as shown here; and throw him. This can be done on both sides.

Item So du mit ainē ringst im langen armē so
pruchs im auf mit deinē rechten armē vnd gee
ein weil vmb mit im vnd zeuch in starck hin
vnd her vnd verkering so ker dich ver im vmb
vnd zeuch in dem rechten arm auf dem rechte
agssel vnd greiff zw mit deinē rechten hant
im vorn in das glenck als hie gemalt stett
vnd wurff in also das get auf paiden seitten.

PLATE 79

Item so dich ainer also gevast hat als in den vodern
zway stucken gemalt stet und als pald er vor dir
sich umb will keren und dir den armen auf dy agssel
pringt so secz dich starck in dy wag und greiff
im mit deiner tencken hand hinden zwischen
seiner pain und heb in auf als hie gemalt stett
so wurfstu in fur [vor] sich auf das angesicht oder stoss
in mit einem fuss in dy knie pug [Kniebeuge] daz get auch z.[u] p.[eiden] s.[eiten]

Also, iner hat dich gefaßt wie es in zwei vorherigen Stücken gemalt ist, und sobald als er sich vor dich umkehren will und deinen Arm auf seine Achsel bringt, setze dich stark in die Waage und greife mit deiner linken Hand von hinten zwischen seine Beine, und hebe ihn auf, wie es hier gemalt ist, so daß du ihn nach vorn auf sein Gesicht wirfst, oder stoße ihn mit einem Fuß in die Kniebeuge. Das geht auch zu beiden Seiten.

So someone has grabbed you as depicted in the two previous examples: as soon as he wants to turn in front of you and puts your arm over his shoulder, assume a firm balance stance and grab between his legs from behind with your left hand and lift him, as shown here, so that you throw him forward onto his face or hit him with your foot behind his knee. This can be done on both sides.

70

stuck So dich ainer also gevast hat als in den vodern
zway stucken gemalt stet Und als pald er vor dir
sich umb will kern Und dir den arm auf die achsel
pringt so setz dich starck in die wag Und greiff
im mit deiner tencken hant hinden zwischen
seiner pain Und heb in auf als hie gemalt stett
so wurffstu in fur sich auf das angesicht oder stoss
in mit eine fuss in die kniepug das get auch zu ...

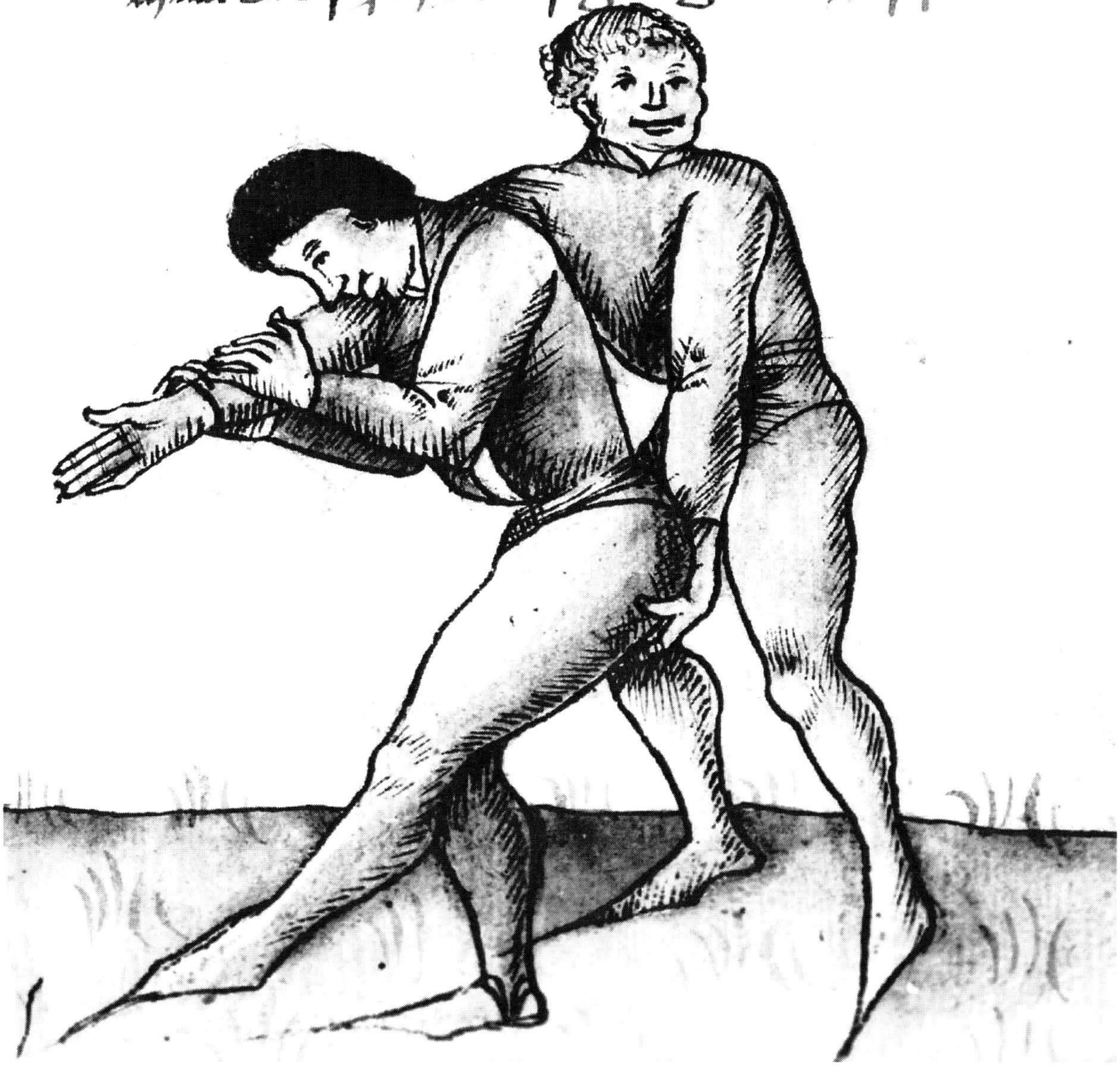

PLATE 80

Item so du mit ainem ringst in langen armen so prich
im auss mit deinem rechten armen und var zu stund [zur Stund]
damit an seinen rechten elpogen und fass im denn
armen starck in dein paid hent und schlaipf dy hent
paid her fur an seinen armen piss an das glenck
und zuck in starck nach dir und ker dan dein tencke
seitten gegen im an sein rechten elpogen als hye
gemalt stet und prich im den armen das get z.[u] p.[eiden] s.[eiten]

Also, du ringst mit einem in langen Armen: brich mit deinem rechten Arm aus, und fahre damit sofort an seinen rechten Ellbogen, und fasse seinen Arm fest mit beiden Händen und schiebe beide Hände seinem Arm entlang bis zu seinem Handgelenk, und ziehe ihn fest an dich, und kehre dann deine linke Seite gegen ihn an seinen rechten Ellbogen, wie es hier gemalt steht, und brich ihm den Arm. Das geht zu beiden Seiten.

So you are fighting someone with long arms: break out with your right arm and go immediately with it at his right elbow, grasping his arm firmly in both hands; shift both hands forward on his arm to his wrist and pull him strongly toward you; then turn your left side toward him at his right elbow, as depicted here, and break his arm. This can be done on both sides.

Item so du mit aine ringst in langen arme so prich
im auf mit deme rechten arm und var zw seinem
damit an seine rechten elpogen un fassen den
arm starck in dem paud hent un schlupf dy hent-
paud her für an seine arm prüff an das glenck
un zuck in starck nach dir un ker dan dem tecke
seitten gegen im an seim rechten elpogn als hye
gemalt stet un prich im de arm das get z. p. s.

PLATE 81

Item mer ein stuck wen du mit ainem zu laufs wild
ringen und gar ein starcker ist so greif in kecklich an
als welstu mit gar grosser sterck an in und als pald er
dich mit gwalt zuruck daucht so secz im einen fuss
auf den nabel [Bauch] und val pald nider auf den ars und
halt deinew knie nahot zu einander als hie gemalt
stet und wirf in uber dich auss und halt in starck pey
denn henden so mus er auf daz angesicht vallen
das magstu mit paiden fussen thun und piss [sei] snell

Also, ein Stück mehr: wenn du mit einem im Zulauf ringen willst, und er sehr stark ist, so greife ihn mutig wie du willst mit beachtlicher Stärke, und wenn er dich mit Gewalt zurückdrängt, setze ihm einen Fuß auf den Bauch, und falle schnell auf deinen Arsch und halte deine Knie geschlossen, wie es hier gemalt ist, und wirf ihn über dich, während du seine Hände ganz fest hältst, so daß er auf sein Gesicht fallen muß. Das kannst du mit beiden Füßen tun und sei schnell.

So, one more trick: if you want to fight someone by running at him and he is quite strong: boldly grasp him any way you want with a lot of force. When he pulls you back with force, put your foot into his stomach and fall down quickly onto your seat; hold your knees close together, as depicted here; and throw him over you, holding his hands tightly so that he has to fall on his face. You can act with both feet, and you should be quick.

41

Item mer ein stuck wen du mit aine' zu lauffe wild
ringen und gar ein starcker ist so greif in kecklich an
als welstu mit gar grosser sterck an in un als pald er
dich mit gwalt zu ruck druckt so setz im eine fuss
auf den nabel un val pald nider auf den ars und
halt deinew knie nahent zu einander als hie gemalt
stet un wirf in uber dich auf un halt in starck pey
den henden so muss er auf das angesicht vallen
das magstu mit paiden fussen thun un pis snell

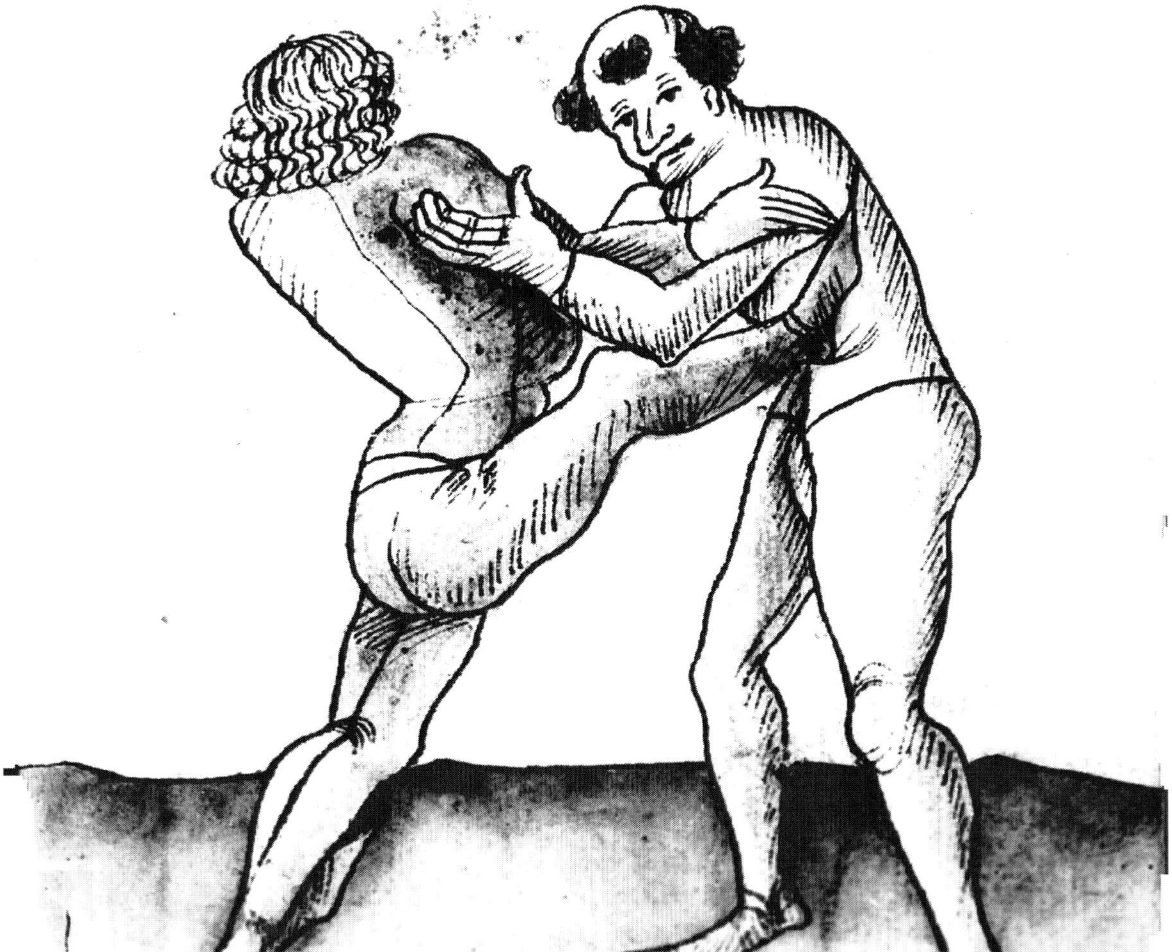

PLATE 82

Item ringstu mit ainem gleichs fassens in den armen
als dy pawren thund so senck dich vast [fest] nider in dy wag
und sleuss dein armen nit zu umb in dastu sy prauchen
mugst und wen dich ainer dan mit gewalt heben
will so wart als pald er sich nider senckt nach der
krafft und dy knie peugt so stoss in mit deiner knie
ainem aussen an sein knie als hie gemalt stet so
wurfstu in auf den ruck das zu paiden seitten

Also, du ringst mit einem gleich fassenden in den Armen, wie es die Bauern tun: senke dich fest nieder in die Waage, und schließe deine Armen nicht um ihn, weil du sie brauchen kannst, und wenn er dich mit Gewalt heben will, warte, und sobald als er sich nieder senkt um Kraft zu schöpfen, und die Knie beugt, stoße mit deinem Knie außen an sein Knie, wie es hier gemalt ist, so daß du ihn auf den Rücken wirfst. Das geht zu beiden Seiten.

So you are fighting someone grasping his arms in parallel, as peasants do: firmy assume the balance stance and do not put your arms around him because you may need them. When he wants to lift you up with force, wait till he lowers his stance to gain force and bends the knees and hit his knee from the outside with yours, as depicted here, so that you throw him on his back. This can be done on both sides.

sten ringstu mit ainem gleichen fasset in den arme
als dy pawren thund so senck dich vast nider in dy wag
vn sleuff dem arm mit zw vmb in daste si prauchen
mugst vn wen dich ainer dan mit gewalt heben
will so wart als pald er sich nider senckt nach der
krafft vn dy knie pewgt so stoss in mit deinem knie
ainem aussern an sein knie als hie gemalt stet so
wurffstu in auf den ruck das zw paiden seitten

PLATE 83

Item ringstu zu laufs mit ainem so thu als welstu
in pey dem kopf vachen [fassen] und reck dich hoch auff
so vert [fährt] er auch auf mit den armen als ers weren
[wehren] well alstu in nu also in dy hoch verfurt hast so
puck [bück] dich resch vor im nyder und stoss in mit dem
kopf foren [vorn] in dye prust oder auf den pauch und
var im mit paiden henden unden umb dy fuss als
hie gemalt stet und wurf in an ruck das get snel zu

Also, du ringst im Zulauf mit einem: tue so, als ob du seinen Kopf fassen wölltest, und recke dich hoch auf, so daß er auch mit dem Armen auffährt, als ob er sich wehren wöllte. Wenn du ihn in der Höhe getäuscht hast, bücke dich schnell vor ihm nieder und stoße mit deinem Kopf gegen seine Brust oder seinen Bauch, und fahre mit beiden Händen um seine Füße, wie es hier gemalt ist, und wirf ihn auf den Rücken. Das geht schnell.

So you fight someone by running at him: act as if you wanted to grasp his head and stretch yourself up so that he also raises his arms to defend against it. If you deceived him by raising up, bend down quickly in front of him and hit him with your head at his breast or stomach; put both arms around his legs, as shown here; and throw him on his back. This happens fast.

Itm ringen zu lauff mit arme so thu als wolstu
im pey dem kopf vachen vnd reck dich hoch auff
so vert er auch auf mit dem arme als er es wern
well alstu im nu also im dy hoch vsfurt hast So
puck dich resch vor im nyder vnd stoss im mit dem
kopf vorn in die prust oder auf den pauch vnd
var im mit paiden henden vnden vmb dy fuss als
hie gemalt stet vnd wirf in an ruck das get snel zw

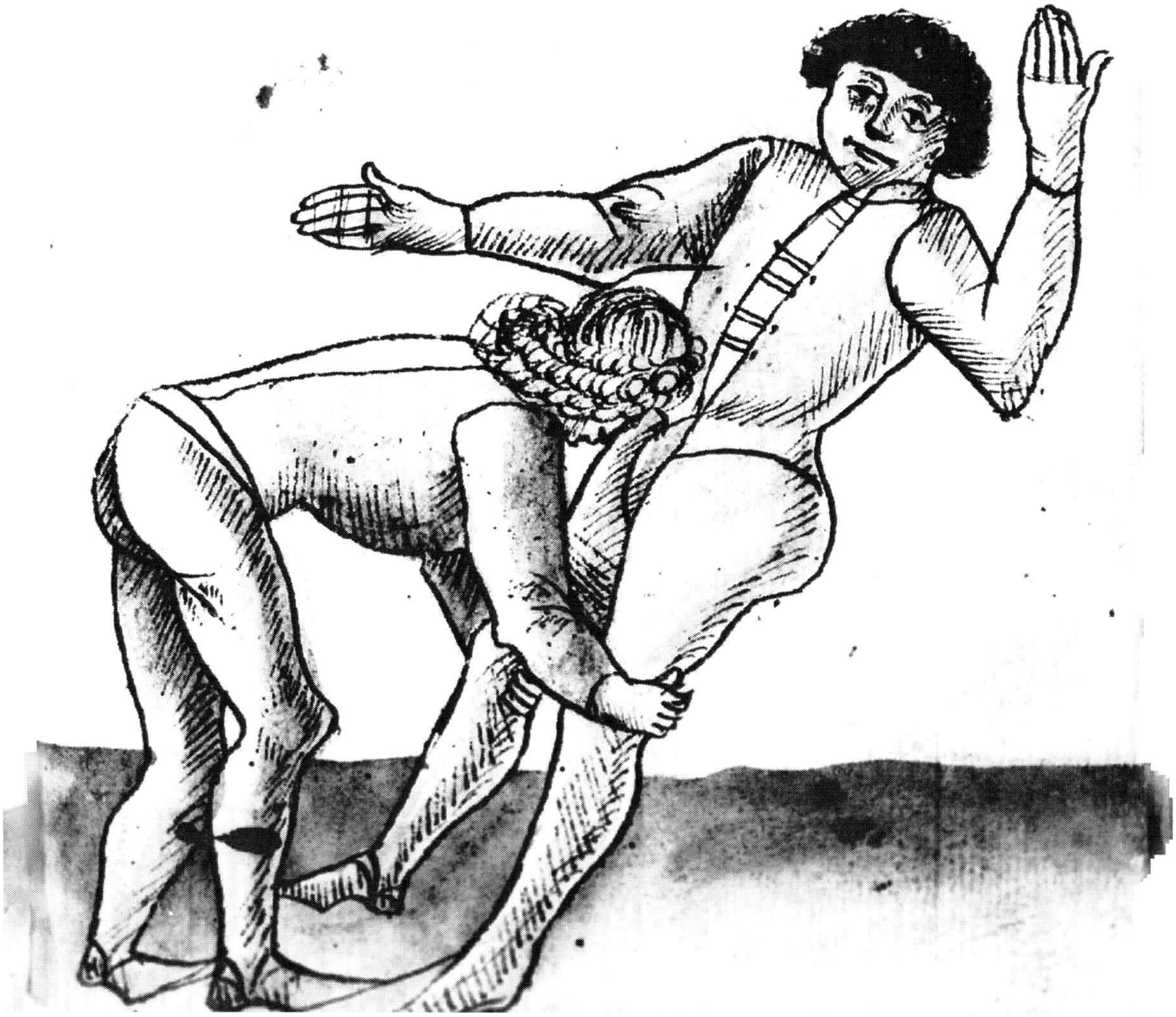

PLATE 84

Item mer ain stuck wen du mit ainem zu laufs
wild ringen so wart wen er zu dir kunpt und
und wil dich mit den armen an vallen so stoss im
mit deinem rechten fuss nach seinem tencken und
mit deiner rechten hand slach im nach dem tencken oren
so zuckt er den fuss und das haupt hinder sich so slach
in mit deinem tencken fuss an seinen rechten als hye
gemalt stet so velt [fällt] er pistu anderst snel daz g.[et] z.[u] p.[eiden] s.[eiten]

Also, ein Stuck mehr: wenn du mit einem im Zulauf ringen willst, warte, bis er zu dir kommt, und dich mit den Armen angreifen will, und stoße mit deinem rechten Fuß nach seinem linken Fuß und schlage mit der rechten Hand nach seinem linken Ohr, so daß er seinen Fuß und seinen Kopf zurückzieht. Dann schlage mit deinem linken Fuß an seinen rechten Fuß, wie es hier gemalt ist, so daß er fällt, wenn du schnell bist. Das geht zu beiden Seiten.

So one more trick: if you want to fight someone by running at him, wait till he comes to you and wants to attack you with his arms; then hit his left leg with your right, and with your right hand hit him in the left ear so that he jerks his foot and his head back. Then hit his right leg with your left, as shown here, so that he falls down if you are quick. This can be done on both sides.

Item mer ain stuck wen dw mit ainem zw lauffen
wild ringen so wart wen er zw dir kumpt vnd
vn wil dich mit dem armen an vallen so stoss im
mit deinem rechten fuss nach seinem tencken knie vnd
mit der rechten hant flach im nach dem tencken arm
so zuckt er den fuss vn dass haupt hindersich so slach
im mit deinem tencken fuss an seinen rechten als hye
gemalt stet so velt er pistu anderst snel daz g z p s

PLATE 85

Item so du ainen heben wild und er stost dich mit seinez
knie aussen an dein knie dastu zuruck must vallen
so reck [streck] dein paid fuss von dir ab der erd hin neben sein
und val mit der hant gegen der erden vast hinder
seinen ruck und halt dein haupt auch hinder sich
als hie gemalt stet und halt in mit der andern
hant vest so wurfstu in oben uber sich auss
und wenn er dich zuruck wurst [wirft] so nym dir ein guten
swunck so muss er her uber das get zu paiden seiten

Also, du willst einen hochheben, und er stößt dich mit seinem Knie von außen an dein Knie, so daß du zurückfallen mußt. Strecke deine beide Füße von dir auf dem Boden in Richtung seiner Füße aus und schlage fest mit deiner Hand auf die Erde hinten seinen Rücken und halte deinen Kopf auch hinter ihm, wie es hier gemalt ist, und halte ihn mit deiner anderen Hand fest, so daß du ihn über dich wirfst, und wenn er dich auch werfen will, nimm viel Schwung, so daß er hochgehen. Das geht zu beiden Seiten.

So you want to lift someone up and he hits your knee from the outside with his so that you have to fall back: stretch both your legs away from you on the ground toward his legs and srike firmly with your hand toward the ground behind his back; also keep your head behind him, as depicted here, and hold him firmly with your other hand so that you throw him over you; and when he wants to throw you in return, swing well so that he has to go up and over. This can be done on both sides.

43

Item so du aine heben wild vn er stost dich mit seinem
knie aussen an dein knie das tu zw ruck must vallen
so reck dein paid fuss von dir al der erd hin neben sein
vn val mit der hant gegen der erdn vast hinder
seine ruck vn halt dein haupt auch hinder sich
als hie gemalt stet vn halt in mit der andern
hant vest so wurffstu in oben vber dich auss
vn wen er dich zw ruck wurfst so ny dir ein gute
pfunck so muss er her ub das get zw paidn seitn

PLATE 86

Item mer ein stuck gleiches fassens in den armen
ob du mit einem starcken ringst und ob er dich uber
eilt oder wie es sich schickt das er dich auf hebt
uber die erden und wil dich werffen so greiff im
mit deiner tencken hant hinter seinez kintpacken [Kinnbacken] und
tauch in starck von dir als pald er dan die armen
auf let gen [lässt gehen] so greif in dein rechte hant in das
glenck als hie gemalt stet und trit mit dem rechten
fuss fur in so wurffstu in und prigst im den armen
das get zu paiden saitten und ist gut fur starck leut

Also, ein Stuck gleiches Fassens in den Armen mehr: wenn du mit einem Starken ringst, und wenn er dich übereilt oder es irgendwie geschieht, daß er dich von der Erde hochhebt und dich werfen will, greife mit deiner linken Hand hinter seine Kinnbacken, und stoße ihn fest von dir. Sobald er die Armen hochgehen läßt, greife deine rechte Hand in das Handgelenk, wie es hier gemalt ist, und trete mit dem rechten Fuß vor, so daß du ihn wirfst und ihm den Arm brichst. Das geht zu beiden Seiten und ist gut für starke Leute.

So one more trick in wrestling with the arms held parallel: if you fight a strong person and he is quicker than you or it happens somehow that he raises you above the ground and wants to throw you, grasp him hard behind his jaw with your left hand and pull him firmly away from you; as soon as he lets the arms go, take your right hand at the wrist, as is shown here, and step forward with your right foot so that you throw him and break his arm. This can be done on both sides and is good with strong men.

Item mer ein stuck gleichs sassent in den arnd
ob du mit eim starcken ringst vn ob er dich vber
eilt oder wie es sich schickt das er dich auf hebt
über die erdn vn wil dich werffen so greiff im
mit dem tencken hant hint seinez kinpacken vn
truch in starck von dir als pald er dan die arm
auf let gen so greiff im dein rechte hant in das
glenck als hie gemalt stet vn trit mit dem rechte
fuess für in so wurffstu in vn prigst in dem arnd
Das get zu paiden seitten vn ist gut für starck leut.

PLATE 87

Item wen dich ainer also gevast hat und paid
armen in einander geschlossen hat und mit dem
fuss fur wil treten so greiff bald mit deiner ~~tencken~~
rechten hant in dein ~~rechte~~ tencke hant und zeuch also mit
paiden henden herfur wercz als hie gemalt stet
so prichstu im denn armem selb enczway und ist das
stuck damit geprochen und get zu paiden seitten
und ist ein gucz stuck und pruch und nuczt es in vil stucken

Also, wenn einer dich gefaßt hat, und beide Armen in einander geschlossen hat, und mit seinem Fuß vortreten will, greife schnell deine linke Hand mit deiner rechten Hand und ziehe mit beiden Händen hervorwärts, wie es hier gemalt ist, so daß du ihm den Arm sofort brichst, und ist das Stuck damit verdorben. Das geht zu beiden Seiten und es ist ein gut Stuck und Bruch, und nutzt es in vielen Stücken.

So someone has grabbed you firmly and locked both arms together and wants to step forward with his foot: grasp your left hand quickly with your right and pull with both hands in the direction that is shown here so that you break his arm immediately and spoil his maneuver. This can be bone on both sides, is a good trick and arm breaker, and proves useful in many tricks.

44

Item wen dich ainer also gevast hat vn paid
arm in ein ander geschlossen hat vn mit dem
fuss fur wil treten so greiff pald mit dem ~~tencken~~
rechten hant in dem [tencke] ~~rechte~~ hant vn zeuch also mit
paiden henden her fur werts als hie gemalt stet
so prichstu im dem arm selb entzway vn ist das
stuck da mit geprochen vn get zu paiden seitten
vn ist ein guts stuck vn prech vn mügt ein vil stucken

PLATE 88

Item ringstu mit ainem in den armen gleichs fassens
ist dir ainer zu stark und und hebt dich mit gwalt
auf und wil dich werffen so var im mit deiner tencken
hant hinter den kinpacken [Kinnbacken] und mit der rechten
zwischen seiner pain und fass im das recht pain
und heb in auf und tauch in oben hin dan von dir
als hie gemalt stet das get zu paiden seitten

Also, du ringst mit einem gleich fassenden in den Armen, und ist er dir zu stark, und hebt dich mit Gewalt hoch, und will dich werfen, so fahre ihm mit deiner linken Hand hinten seine Kinnbacken, und mit der rechten Hand zwischen seine Beine, und fasse sein rechtes Bein und hebe ihn hoch, und stoße ihn von dir weg, wie es hier gemalt ist. Das geht zu beiden Seiten.

So you are fighting someone who holds his long arms parallel, and he is too strong for you, raises you up with force, and wants to throw you: placing your left hand behind his jaw and your right hand between his legs, grasp his right leg; lift him up; and push him away from you, as depicted here. This can be done on both sides.

Item ringstu mit ainem in den armen gleicher fassung
ist dir ainer zw starck vn vn hebt dich mit gwalt
auf vn wil dich werffen so var im mit der tencken
hant hinder den kinpacken vn mit der rechten
zwischen sein pain vnd fass im das recht pain
vn heb in auf vn tauch in oben hin dan von dir
als hie gemalt stet das get zw paiden seiten

PLATE 89

Item wil dich ainer also vassen wil hinter dem kinpacken
so hab [halte] das haupt und angesicht nachot [nahe] an in
auf sein prust das er nit dar unter mug so dir
ainer das werd [wehrt] so greiff im aussen umb das
haupt auf dy nasen oder in das maul, als hie
gemalt stet und wurf in uber ein pein und hutt
dich das er dich nit peiss [beisse] das get zu paid s.[eiten]

Also, einer will dich hinten den Kinnbacken fassen: halte deinen Kopf und dein Gesicht nahe an seiner Brust, so daß er nicht darunter kann. Wenn einer sich dagegen wehrt, greife von außen um den Kopf an seine Nase oder sein Maul, wie es hier gemalt ist, und wirf ihn über dein Bein und paß darauf, daß er dich nicht beißt. Das geht zu beiden Seiten.

So someone wants to grab you behind the jaw: keep your head and face close to his breast so that he cannot get beneath it; if he prevents this, grasp him from outside around his head at his nose or on his mouth, as depicted here, and throw him over your leg, making sure that he does not bite you. This can be done on both sides.

4 5

Item wil dich ain also vassen (wil) hinden dem kinn ackseln
so hab das haupt und angesicht nachent an im
auf sein prust das er nit dar vor müg so dir
ain das werd so greiff im aussen umb das
haupt auf dy nasen oder in das maul als hie
gemalt stet vn̄ würf in üb(er) ain pain vn̄ hutt
dich das er dich nit greiff das get zu pain(en)

PLATE 90

Item wen du mit ainem ringst gleich vassens so ge=
denck wen dich ein starcker zu im trucken will so wal
im mit deinen paiden armen umb seinen rechten armen
als hye gemalt stet und secz im dein rechte achssel
starck hinter sein rechte achsel so machstu in mued
und siech dy weil ob du einen fortail vinden mugst
und ob du im ein fuss mugst nemen das get zu p.[eiden] s.[eiten]

Also, wenn du mit einem gleich fassenden ringst, merke dir: wenn ein Stärkerer dich an sich drücken will, schlage ihn mit deinen beiden Armen um seinen rechten Arm, wie es hier gemalt ist, und setze deine rechte Achsel fest hinter seine rechte Achsel, so daß du ihn müde machst, und suche die Weile, ob du einen Vorteil finden kannst, und ob du seinen Fuß greiffen kannst. Das geht zu beiden Seiten.

So if you are fighting someone holding parallel, mark this: if someone stronger wants to squeeze you to himself, strike around his right arm with both your hands, as depicted here, and put your right shoulder firmly against his right shoulder so that you make him tired; and all the while see whether you can come up with a trick and whether you can grab his foot. This can be done on both sides.

Item wen du mit ainem ringst gleiches vassens so ge-
denck wen dich ein starcker zw im trucken will so wal
im mit deinen paiden arm umb seinen rechten arm
als hye gemalt stet vn leg im dein rechte achssel
starck hinter sein rechte achsel so machstu im murcen
vn stech dy weil ob dw einen fortail vinden magst
vn ob du im einschiessen magst nemen das get zu f. s.

PLATE 91

Item mer ein ringen wen du mit ainem in den
armen ringst gleichs vassens ist er dir zu starck
und magst dich sein nit wol weren so reck dich
weit hinden hinauf und fass in mit deiner rechten
hant in seiner tencken seiten mit der tencken auf sein
rechte huf und wen dich tunckt das er vast fur
sich dring so greif im mit der tencken hant hinder
zwischen der pain und heb an auf als hie gemalt
stet so velt er das get auch zu paiden seitten

Also, ein Stück vom Ringen mehr: wenn du mit einem gleich fassenden in den Armen ringst, und er dir zu stark ist, und du dich nicht wehren kannst, so recke dich weit zurück und fasse ihn mit deiner rechten Hand an seiner linken Seite, mit der linken [Hand] an seiner rechten Hüfte, und wenn es aussieht, als würde er nach vorn stürzen, greife ihm mit der linken Hand von hinten zwischen die Beine und hebe ihn hoch, wie es hier gemalt ist, so daß er fällt. Das geht auch zu beiden Seiten.

So one more item of wrestling: if you fight someone who is keeping the arms parallel, and he is too strong for you to defend yourself: stretch yourself widely back and grasp him with your right hand at his left side and with your left [hand] on his right hip; and when it seems that he is rushing forward strongly, grasp him with your left hand between his legs and lift him up, as depicted here, so that he falls. This can be done on both sides.

46

Item mer ain ringen wen du mit aine in den
armē ringst gleiches vassns ist er dir zw starck
vn magst dich sein nit wol wern so ruck dich
weit hinden hin auf vn fas im mit dem rechtn
hant in sein tenck seitn mit der tencke auf sein
rechte huf vn ney dich tenckt das er vast fur
sich dring so greif im mit der tenck hant hind
zwischen der pain vn heb in auf als hie gemalt
stet so velt er das get auch zw paidn seitten

PLATE 92

Item wen du mit ainem ringst mit gleichem vassen
in den armen so dir ainer denn zu starck ist und will
dich zu im drucken so lass dy tenck hant pald varne
und ker dein rechte seitten gegen im und trit mit dem
rechten fuss zwischen seiner fuss als hie gemalt stet
dar nach magstu ringen aus der huf oder aus
dem hacken alstu dan vor unterweist pist worden
das ist ein stuck da vast alle ringen anligen
und ist nit pillich das man si mal oder schreib

Also, wenn du mit einem mit gleichem Fassen in den Armen ringst, und er ist dir zu stark und will dich an sich drücken, so lasse die linke Hand vor dir und kehre deine rechte Seite gegen ihn und trete mit dem rechten Fuß zwischen seine Füße, wie es hier gemal ist. Danach kannst du aus der Hüfte oder aus der Hacke ringen, wie du es zuvor gelernt hast. Das ist ein Stück darauf fast alle Stücken des Ringens beruhen, und ist es nicht richtig, daß man sie malt oder beschreibt.

So if you fight someone holding his arms parallel, and he is too strong for you and wants to press you to himself: put your left hand in front of you, turn your right side toward him, and step with your right foot between his feet, as shown here. Then you can fight from the hip or from the heel, as you were taught before. This is a trick on which almost all the elements of wrestling rely, and it is not right that one depicts or describes it.

Item wen du mit aine ringst mit gleichem waffen
in den armen so dir ain dem zu starck ist vnd will
dich zu im drucken so lass dy tenck hant pald varn
vnd ker dein rechte seitten gegen im vnd trit mit de
rechten fus zwischen seiner fuss als hie gemalt stet
Dar nach magstu ringen auf der huf oder auf
dem hacken alsu dan vor vnterweist pist worden
Das ist ein stuck da vast alle ringen an ligen
vnd ist nit pillich das man si mel oder schreib

PLATE 93

Item mer ein stuck wen dir ainer denn hacken also
ein hat geslagen und sich vast in dich spreczt [spreizt] so
dring in ein weil von dir und urbering so heb in
auf und slach in mit den paiden geslossen fussen
an seinen ledigen fus als hie gemalt stet so mus
er zuruck vallen das get zu paiden seitten
und ist nit woll zu wenden dan ainer der gar wol
hecklen kan der huet sich woll dar vor aber selten

Also, ein Stuck mehr: wenn einer deine Hacke eingeschlagen hat, und spreizt sich fest an dich, so dränge ihn eine Weile von dir weg, und hebe ihn plötzlich hoch und schlage seinen freien Fuß mit deinen beiden geschlossenen Füßen, wie es hier gemalt ist, so daß er zurückfallen muß. Das geht zu beiden Seiten, und ist es nich gut zu wenden, denn einer der gut hacken kann, kann sich kaum dagegen schützen.

So one more trick: if someone has struck at your heel and firmly resists you, push him away from you initially and then suddenly lift him and hit his free leg with both your legs together, as depicted here, so that he has to fall back. This can be done on both sides, and it is not good to turn, for even one who can hook well can rarely protect himself from this.

47

Item mer ein stuck wen dir ainer den hacken also
ein hat geslagen vnd sich vast in dich spreczt so
dring im ein weil von dir vnd vber ring so heb in
auf vnd slach in mit den paiden geslossen fussen
an seinen ledigen fuss als hie gemalt stet so muss
er zu ruck vallen das get zu paiden seitten
vnd ist nit woll zu wenden dan ainer der gar wol
hecklen kan der huet sich woll dar vor ab sehen

PLATE 94

Item so dir ainer den hacken ein sleust und vast dich
pey deiner ledigen hent und senckt sich gen der erden
und wil dich aus dem hacken werffen so greif mit
der andern hant oben uber sein achssel und fass in
pey der nasen als hie gemalt stet so prichstu im
aus das er dich aus dem hacken lassen muss
dar nach such einen vortail wie du mugst pey
einen fuss oder mit hinter treten das zu paiden seitten

Also, einer dich die Hacke einschließt und faßt deine freie Hand, und nimmt eine niedrige Haltung ein, und will dich aus der Hacke werfen: greife mit der anderen Hand von oben über seine Achsel, und fasse nach seiner Nase, wie es hier gemalt ist, so daß du ihm ausbrichst und er deine Hacke loslassen muß. Danach suche einen Vorteil, wie du kannst, bei einem Fuß oder mit Hintertreten. Das geht zu beiden Seiten.

So someone hooks your heel, grasps your free hand, assumes a stance low to the ground, and wants to throw you by the heel: reach with your other hand from above over his shoulder and grasp him by his nose, as shown here; this way you break out so that he has to release your heel. Then look for a trick you can use on his leg or by stepping behind. This can be done on both sides.

Item so dir ain den hacken ein sleust vnd vast dich
pey dem ledigen hent vnd senckt sich gen der erden
vnd wil dich auf dem hacken werffen so greif mit
der anderen hant oben über sein achssel vnd fass in
pey der nasen als hie gemalt stet so prichstu im
auf das er dich auf dem hacken lassen muss
dar nach such eine vortail wie du mugst pey
eine fus oder mit hint tretten das zw paiden seitten

PLATE 95

Item ringstu mit ainem in den armen gleichs vassens
so dir ainer dan zu starck ist und wil dich mit ge=
walt zu im rucken als paldu des enpfinst so zuck
den rechten armen aus im und val im mit dem tencken
armen uber sein rechte achsel und ker dein tencke
seitten vast gegen im und slach im dein tencken
fuss ein in den hacken als hie gemalt stet so
magstu aber alle hufringen und hinter treten als
vor geschriben stet das gat als zu paiden seiten

Also, du ringst mit einem gleich fassenden in den Armen, und er ist dir zu stark und will dich mit Gewalt an sich ziehen. Sobald du dies fühlst, ziehe den rechten Arm von ihm weg, und schlage mit dem linken Arm nach seiner rechten Achsel, und kehre deine linke Seite fest gegen ihn, und schlage ihm deinen linken Fuß in den Hacken, wie es hier gemalt ist, so daß du alles Hüftringen und Hintertreten [treiben kannst], wie es vorher geschrieben ist. Das geht zu beiden Seiten.

So you are fighting someone holding his arms parallel and he is too strong for you and wants to pull you forcefully toward him: as soon as you realize this, pull your right arm away from him and hit his right shoulder with your left arm; turn your left side firmly toward him; and shift your left foot at his heel, as shown here, so that you can do all the fighting at the hip and stepping behind, as stated earlier. This can be done on both sides.

48

Item ringstu mit aine in den arme gleichs vassnd
so dir ainr dan zw starck ist vn wil dich mit ge-
walt zw im ruckhen als palde er es enpfindt so zuck
den rechten arm auss im vn val im mit dem tenckē
arm uber sein rechte achsel vn ker dem tencken
seitten vast gegen im vn slach im den tencken
fuss ein in den haken als hie gemalt stet so
magstu aber alle hufringen vn hinder tretn als
vorgeschriben stet das gat als zu paiden seiten

PLATE 96

Item wen du mit ainem also ringst als in dem andern
stuck vor geschriben stet und als pald er dir denn
hacken umb den fuss slecht so heb den selbigen
fuss auf und trit im auf seinen ledigen fuss als
hie gemalt stet und puck dich pald vorne nider
und stoss in von dir und zuck im das haupt auff
dem urgssen das get zu paiden seitten etc.

Also, wenn du mit einem ringst, wie es in dem Stück vorher geschriben ist, und sobald als er dir die Hacke um den Fuß schlägt, hebe diesen Fuß hoch, und trete ihm auf seinen freien Fuß, wie es hier gemalt ist, und beuge dich schnell nach vorn, und stoße ihn von dir weg, und ziehe ihm seinen Kopf auf die Achsel. Das geht zu beiden Seiten.

So you are fighting someone as stated in the previous item: as soon as he moves his foot around your heel, raise the same foot up and step on his free foot, as shown here; quickly bend forward, push him from you, and pull his head onto the shoulder. This can be done on both sides.

Jtm wen du mit amd also ringst als in dem anderen
stuck vorgeschriben stet vn̄ als pald er dir den
hacken vmb den fuß sleckt so heb den selbigen
fuß auf vnd trit im auf seine ledigen fuß als
hie gemalt stet vn̄ puck dich pald vorn nider
vn̄ stoss in von dir vn̄ zuck im das haupt auff
dem vgssen das get zu paiden seitten etc

PLATE 97

Item mer ein stuck aus dem hacken wen er dir
den hacken ein hat geslagen und deinen ledigen
armen gevast hat als vor und wil dich werffen als
er sich reck gegen der erden so lass den hintern
armen uber sein achsel gen als hie gemalt stet
und reib dich mit der huf fur in und greiff mit dem
obern armen nider gegen der erden so pruchstu im
seinen armen enczway und wurfst in das g.[et] z.[u] p.[eiden] s.[eiten]

Also, ein Stück aus den Hacken mehr: wenn er dir die Hacke eingeschlagen und deinen freien Arm gefaßt hat, wie zuvor, und dich werfen will, sobald er sich gegen die Erde reckt, lasse deinen Hinterarm über seine Achsel gehen, wie es hier gemalt ist, und dränge dich mit deiner Hüfte vor ihn und greife mit dem Oberarm gegen die Erde, so daß du ihm seinen Arm sofort brichst und ihn wirfst. Das geht zu beiden Seiten.

So one more trick at the heel: if someone hits at your heel, grabs your free arm as before, and wants to throw you, as soon as he stretches toward the ground, let your rear arm go over his shoulder, as shown, and rush with your hip toward him, grasping with your upper arm toward the ground so that you break his arm immediately and throw him. This can be done on both sides.

49

Item mer ein stuck auf dem hacken wen er dir
den hacken ein hat geslagen und deine ledigen
arm gevast hat als vor und wil dich werffen als
er sich reckt gegen der erden so lass den hintern
arm über sein achsel gen als hie gemalt stet
und reib dich mit der huf für in und greiff mit dem
obern arm nider gegen der erden so prichstu im
seinen arm entzway und würfst in dabey z. f. s.

PLATE 98

Item so du ainem den hacken ein hast geslagen und du
enpfinst das er dich dar aus wil pringen so spann
dich starck in den hacken und swar dich auf in und
urbering so trit mit dem selbigen fuss fur in und
ker im deinen rucken gar in sein schoss als hie gemalt
stet und wurff in uber den ruck auf und halt dich
starck fursich das er dich nit zuruck ziech und
greiff mit der ainer hant hinden zu dem pain
so magstu in dester leichter heben das get zu p.[eiden] s.[eiten]

Also, du hast einem die Hacke eingeschlagen, und fühlst, daß er dich daraus bringen will, so spanne dich stark in den Hacken, und mache dich schwer auf ihm, und trete plötzlich mit demselben Fuß vor ihn, und kehre deinen Rücken in seinen Schoß, wie es hier gemalt ist, und wirf ihn über deinen Rücken, und halte dich stark nach vorn, so daß er dich nicht zurückzieht, und greife sein Bein mit deiner Hand von hinten, daß du ihn desto leichter hochheben kannst. Das geht zu beiden Seiten.

So you want to strike at someone's heel. Realize that he wants to prevent you from that, so tense yourself firmly on your heels and press down heavily on him. Immediately step with the same foot toward him; turn your back into his middle, as shown; throw him over your back, holding yourself firmly forward so that he cannot pull you back; and grasp his leg from behind with your other hand so that you can raise him more easily. This can be done on both sides.

Item so du ainē den hacken ein hast geslagen vn̄ du
empfinst das er dich dar auß wil pringen so spann
dich starck in den hacken vn̄ swär dich auf in vnd
verkering so weit mit dem selbigen fuß für in vnd
ker im deine ruck gar in sein schoß als hie gemalt
stet vn̄ wurff in vber den ruck auf vn̄ halt dich
starck für sich das er dich nit zu ruck ziech vn̄
greiff mit der ainē hant hinden zu dem pain
so magstu in dest leicht heben das get zu p s

PLATE 99

Item so dich ainer also hat gevast und kumpt dir mir
dem ruck fur den pauch als paldu siechst das er
den trit wil nemen mit dem rechten fuss so greif
im resch mit deiner rechten hant hinter sein rechcz pain
und heb in auf und wurf dann als hie gemalt
stet und wen du in nun auf hast ghebt so greif
mit deiner tencken hant im auf sein hals pey
dem rechten oren so magstu in werffen das get z.[u] p.[eiden] s.[eiten]

Also, einer hat dich gefaßt und kommt mit seinem Rücken an deinen Bauch: sobald du siehst, daß er einen Schritt mit dem rechten Fuß machen will, greife schnell mit deiner rechten Hand hinten sein rechtes Bein, und hebe ihn hoch, und wirf ihn, wie es hier gemalt ist, und wenn du ihn hochgehoben hast, greife mit deiner linken Hand seinen Hals bei seinem rechten Ohr, so daß du ihn werfen kannst. Das geht zu beiden Seiten.

So someone has grabbed you firmly and comes with his back at your stomach: as soon as you notice that he wants to take a step with his right foot, grasp him quickly with your right hand behind his right leg, heave him up and throw him, as shown; when you have lifted him, grasp his neck by his right ear with your left hand so that you can throw him. This can be done on both sides.

50

Item so dich ain also hat gevast vn kumpt dir mit
dem ruck für den pauch als paldu siechst das er
den trit wil nemen mit dem rechtn fus so greif
im vesth mit dem rechtn hant hint sein rechs pain
vn heb im auf vn würf dann als hie gemalt
stet vn wen du im nun auf hast ghebt so greif
mit deiner tencken hant im auf sein hals pey
dem rechtn oren so magstu in würffen das get z. p. s.

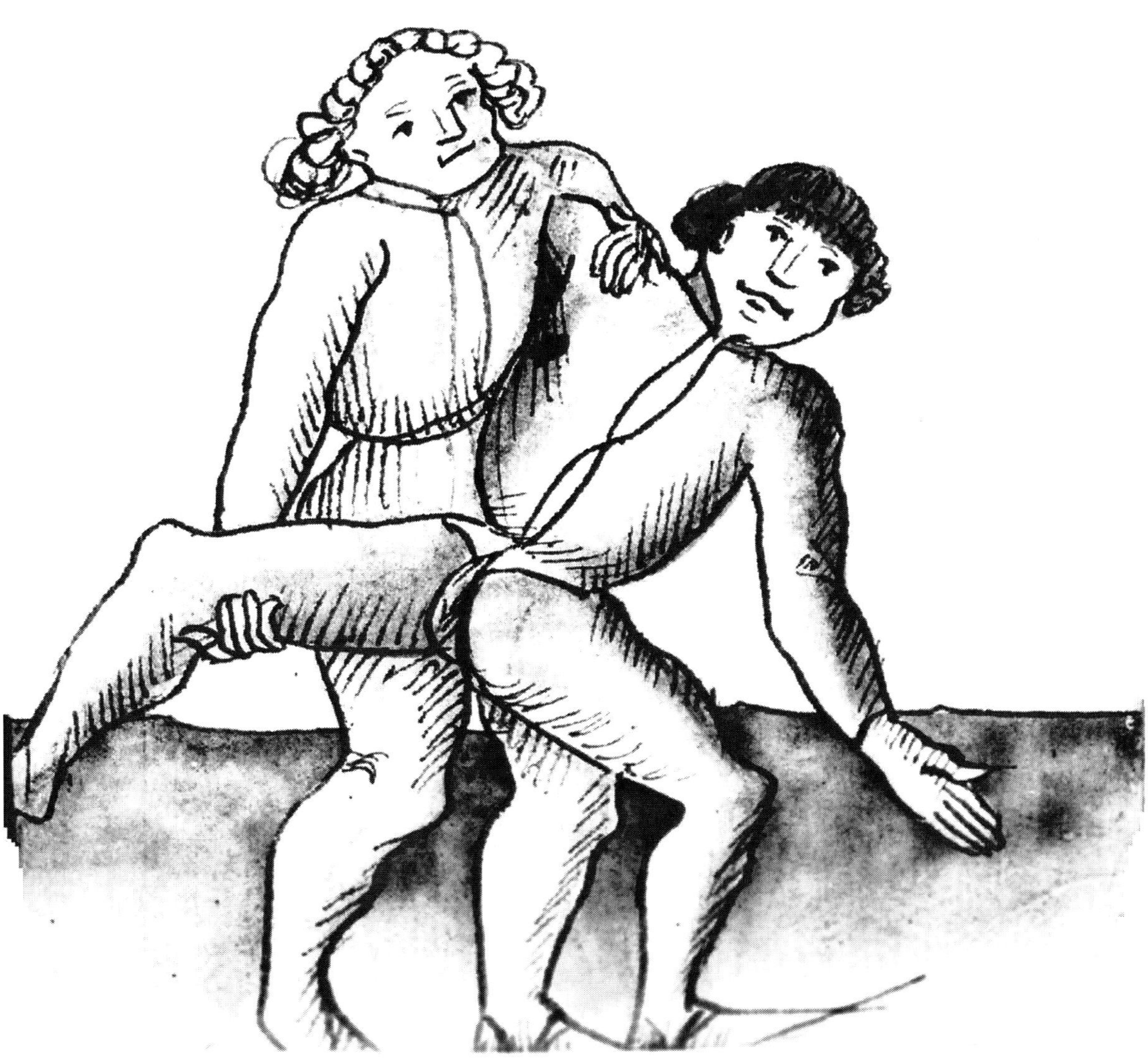

PLATE 100

Item so dich ainer also pey dem fuss gevast hat und hebt
dich auff und wil dich auf den kopf werffen und in
dem als er in denn svunck nympt und dich gegen der
erd wil stossen so swing dich mit sampt seinen svung
und slach im deinen tencken armen hinden umb sein tenckes
pain und fass in mit der rechten hant oben umb den
hals und heb in dan auf als hie gemalt stet und
sleuss dan dein paid hent in ein ander und lauf
umb mit im das er tamisch werd so wurffstu in
an mu [ohne Mühe] und an schaden das get auch auf paid seiten

Also, wenn einer deinen Fuß gefaßt hat, und hebt dich hoch, und will dich auf den Kopf werfen: sobald als er Schwung nimmt, und dich gegen die Erde stoßen will, schwinge mit seinem Schwung mit und schlage deinen linken Arm von hinten um sein linkes Bein, und fasse mit der rechten Hand von oben um seinen Hals, und hebe ihn hoch, wie es hier gemalt ist, und schließe dann deine beide Hände zusammen, und laufe mit ihm herum, so daß er verwirrt wird, und du ihn ohne Mühe und ohne Schaden wirfst. Das geht auch zu beiden Seiten.

So someone has grabbed your foot and heaves you up and wants to throw you on your head: as soon as he swings and tries to push you to the ground, swing along with his swing and hit him with your left arm from behind and around his left leg; grasp him with your right hand from above and around his neck and lift him, as depicted here; and then put your hands together and go around with him so that he gets confused and you can throw him without effort or harm. This also can be done on both sides.

Item ob dich ainer also pey dem fuss gevast hat vnd hebt
dich auff vnd wil dich auf den kopf werffen vnd in
dem als er in dem schwunck ist vnd dich gegen der
erd wil stossen so swing dich mit sampt seine schwung
vnd slach im deine tencken arm hinder vnd sein tencke
pain vnd fass in mit der rechten hant oben vmb den
hals vnd heb in dem auf als hye gemalt stet vnd
sleuss dan dem paid hent in ein ander vnd lauff
vmb mit im das er tämpsch werd so wurffstu in
an ainen vnd an schaden das get auch auf paid seitn

PLATE 101

Item so du mit ainem ringst und er uber eilt dich mit
sterck oder phentikait das er paid armen unter pringt
und wil dich auf heben so senck dich in die wag und
reck im deinen rechten fuss pald zwischen seiner painen
und vass in mit dem rechten armen uber sein tencke achssel
pey dem rechten urgsen als hie gemalt stet so magstu
alle die stuck treiben die auf dem hacken und auf
der huf gend [gehen] und magst das auf paid seiten treiben

Also, du ringst mit einem und er übereilt dich mit Stärke oder Behendigkeit, so daß er beide Armen unterbringt, und will dich hochheben: gehe in die Waage, und strecke deinem rechten Fuß schnell zwischen seine beide Füße, und fasse mit deinem rechten Arm über seine linke Achsel nach seiner rechten Achsel, wie es hier gemalt ist, so daß du alle Stücken, die von der Hacke und von der Hüfte ausgehen, treiben kannst. Du kannst es zu beiden Seiten treiben.

So you are fighting someone and he overcomes you with strength or agility so that he places both his arms from below and wants to lift you up: assume the balance stance; stretch your right foot quickly between his legs; and grasp him with your right arm over his left shoulder at his right shoulder, as depicted here, so that you can do all the moves that come from the heels and the hips. You can do this on both sides.

51

Item so du mit ainem ringst vn er uber eilt dich mit
sterck oder phentikait Das er paid arm vnt pringt
vn wil dich auf hebn so stenck dich in die wag vn
reck im deinen rechte fuß pald zwischen seine payn
vn vass im mit dem rechten arm über sein tencke achssel
pey dem rechten vgsen als hie gemalt stet so magstu
alle die stuck treibn die auf dem hacke vn auf
der huf gend vn magst das auf paid seiten treibn

PLATE 102

Item mer ein stuck so dich ainer uber eilt und paid
armen unter pringt so secz dich fast nider in dy wag und
hut dich wol das er dich nit hinter tret so muss er dich
mit gewalt auf heben wil er dich anderst werffen
und als pald er dich gehept und werffen wil so greif
in mit deiner tencken hant hinter dy augen und mit
dem daum vass in pey der nasen und dauch in ubersich
als hie gemalt stet das magst mit paid hend thun

Also, ein Stück mehr: einer übereilt dich und bringt beide Arme unter: setze dich fest in die Waage nieder, paß auf, daß er nicht hinter dich tritt, so daß er dich mit Gewalt hochheben muß. Wenn er dich auf andere Weise werfen will, und sobald er dich hochgehoben hat und werfen will, greife ihn mit deiner linken Hand hinter seinen Augen, und mit dem Daumen bei seiner Nase, und dränge ihn zurück, wie es hier gemalt ist. Das kannst du auch mit beiden Händen tun.

So one more trick: someone is quicker than you and puts both his arms from underneath, so assume the balance stance firmly and make sure that he does not step behind you so that he has to lift you with force. Otherwise if he wants to throw you and as soon as he heaves you up and wants to throw you, grab him with your left hand at his eyes and with your thumb at his nose and push him back, as depicted here. You can do it with both hands.

Item mer ein stuck so dich ainr uber eilt und paid
arm vnt pringt so setz dich fast nid in dy wag vn
hut dich wol dass er dich nit hinter tret so muss er dich
mit gewalt auf heben wil er dich anderst werffen
vn als pald er dich gehept vn werffen wil so greif
im mit dem tencken hant hinter dy augen vn mit
dem daum vass in per der nasen vn dauch in vbsich
als hie gemalt stet dass magst mit paid hend thun

PLATE 103

Item wen du ainem also auf gehebt hast als vor stet
gemalt und er greift dir nach der nasen und wil
dich weg dauchen so halt in mit deiner tencken
hant vest pey seinem ruck und secz deinen tencken
fuss mit dem knie aussen an sein knie und greif
im mit deiner rechten hant an seinen tencken
elpogen als hie gemalt stet und stoss in auf in dy
hoch und wurf in von dir das get von paiden seitten

Also, wenn du einen hochgehoben hast, wie es zuvor gemalt ist, und er greift nach deiner Nase, und will dich wegdrängen, halte ihn fest mit deiner linken Hand auf seinem Rücken, und setze deinen linken Fuß mit dem Knie von außen an sein Knie, und greife mit deiner rechten Hand an seinen linken Ellbogen, wie es hier gemalt ist, und drücke ihn in die Höhe, und wirf ihn von dir. Das geht zu beiden Seiten.

So if you have lifted someone up, as was stated before, and he grabs you at your nose and wants to push you away: hold him firmly with your left hand on his back and put your left foot with your knee at his knee from the outside, grasping him with your right hand at his left elbow, as depicted here, and push him upward and hurl him away from you. This can be done on both sides.

2

Item wen du ainē also auf gehebt hast als vor stet
gemalt vn̄ er greift dir nach der nasen vn̄ wil
dich weg drucken so halt in mit deiner tencken
hant vest pey seinē ruck vn̄ setz deinē tencken
fuß mit dem knie aussen an sein knie vn̄ greif
in mit deiner rechten hant an seinē tencken
elpogen als hie gemalt stet vn̄ stoß in auf in dē
höch vn̄ würf in von dir das get von paiden seitten

PLATE 104

Item so dich ainer alsod hat pey dem elpogen und dich
oben hinuber daucht als dan hinden gemalt
stet so zuck deinen rechten fuss hinder sich von
seinem knie und greiff mit deiner tencken hant
nach seinem tencken fuss und trit mit deinem tencken
hinter seinen rechten und dauch in mit dem knie
und heb in auf als hie gemalt stet so wurffstu
in auf den rucken vnd kum dan der rechten
tencke hant zu hilf mit der rechten das get z.[u] p.[eiden] s.[eiten]

Also, einer hat dich beim Ellbogen gefaßt und drückt dich hoch, wie es zuvor gemalt ist: ziehe deinen rechten Fuß hinten dich von seinem Knie, und greife mit deiner linken Hand nach seinen linken Fuß, und trete mit deinem linken Fuß hinter seinen rechten Fuß, und dränge ihm mit dem Knie, und hebe ihn hoch, wie es hier gemalt ist, so daß du ihn auf den Rücken wirfst, und komme mit der rechten Hand deiner linken Hand zur Hilfe. Das geht zu beiden Seiten.

So someone has grasped your elbow and pushed you upward, as was shown before: pull your right foot from behind his knee and grab his left leg with your left hand, stepping with your left foot behind his right foot; push him with your knee; lift him up, as depicted here, so that you throw him on his back; and go with your right hand to help the left hand. This can be done on both sides.

Item so dich ain͛ alssad hat pey dem elpogen vn̄ dich
oben hin uber daucht als dan hinden gemalt
stet so zuck deinē rechtē fuss hinder sich von
seinē knie vn̄ greiff mit deiner tencken hant
nach seinē tencken fuss vn̄ trit mit deinē tencken
hint͛ seinē rechten vn̄ dauch in mit dem knie
vn̄ heb in auf als hie gemalt stet so wurffstu
in auf den rucken vn̄ kum dan der rechten
tencke hat zu hilf mit der rechtē das get. 3. f. f.

PLATE 105

Item so du mit ainem ringst und hat aber paid
armen unden und ist gar ein starcker man und hept
dich auf und wil dich mit gbalt auf dy erd stossen
oder werffen oder mit dir umb lauffen oder
wil dich hart drucken als paldu vernymst das er
dir einenn schaden wil thun so greif im resch
und starck mit paiden henden auf sein haupt und
dauch ims ein wenig zuruck und druck
nider als hie gemalt stet so stostu im das haupt
und den hals in den potig das er nit reden mag

Also, du ringst mit einem und er hat beide Arme unten und ist er ein sehr starker Mann, und hebt er dich hoch und will dich mit Gewalt auf die Erde stoßen oder werfen oder mit dir herumlaufen, oder will er dich hart drücken. Sobald du wahrnimmst, daß er dich Schaden antun will, greife ihn schnell und fest mit beiden Händen an seinen Kopf, und drücke ihn ein bißchen zurück, und drücke ihn nieder, wie es hier gemalt ist, so daß du ihm seinen Kopf und Hals in den Körper stößt, und er nicht fähig ist zu sprechen.

So you are fighting someone who is quite strong: he lifts you with both arms and can either push you forcefully to the ground, throw you, run around with you, or squeeze you hard. As soon as you realize that he wants to injure you, grasp his head quickly and strongly with both your hands and push it back a bit and down, as shown here, so that you push his head and neck into the torso and he is not able to speak.

53

Item so du mit aine ringst vn hat aber paid
arm vnden vn ist gar ein starcker man vn hept
dich auf vn wil dich mit gbalt auf dy erd stossen
oder werffen oder mit dir von lauffen oder
wil dich hart drucke als paldu vernimst das er
dir ainen schadn wil thun so greif im resch
vn starck mit paiden hendn auf sein haupt vn
dauch im es ein wenig zw ruck vnd druck
nider als hie gemalt stet so stost im das haupt
vn den hals in den potig das er nit redn mag

PLATE 106

Item so dich aber ainer also ubereilt und paid armen
und paid armen unter pringt so sich dastu dich vast
nider senckst und aus im winczt und wen er dich
dan zu im zucken wil und dich auf wil heben
so umb schleuss im sein paid armen mit deinen paiden
henden und druck vast zamen und secz im dein paid
feust in seinen magen als hie gemalt stet
und tauch in also von dir und wart ob du in unter
treten mugst oder ob du in dy huf kumen mugst

Also, einer dich übereilt und bringt beide Arme unter: paß auf, daß du dich fest niedersenkst und dich ihm entwindest, und wenn er dich dann an sich ziehen will, und dich hochheben will, umschließe seine beide Arme mit deinen beiden Händen und drücke sie fest zusammen und setze ihm deine beide Fäuste in seinen Magen, wie es hier gemalt ist, und stöße ihn von dir weg und warte, ob du unter ihn treten kannst oder ob du in die Hüfte kommen kannst.

Someone who is quicker than you puts both his arms below: make sure that you assume a low stance and twist away from him. If he wants to pull you toward himself and heave you up, encircle both his arms with both hands and push them firmly together; put both your fists in his stomach, as depicted here; push him away from you; and see whether you can go under him or come in at the hips.

Itē so dich aber ainer alsō vbereilt vn̄ paid arm
vn̄ paid arm vnterpringt so sich das tu dich vast
nider senckest vn̄ auß im windest vn̄ wen er dich
dan zw im zucken wil vn̄ dich auf wil heben
so vmb schleuß im sein paid arm mit deinē paiden
henden vn̄ druck vast zamē vn̄ slag im dein paid
fewst in seinen magen als hie gemalt stet
vn̄ tauch in alsō von dir vn̄ wart ob du in vnt
tretn mugst oder ob du in dy huf kumē mugst

PLATE 107

Item so dich aber ainer ubereilt und paid armen unter
pringt so halt dich mit paiden armen oben umb
den hals vest zun im und slach im deinen rechten
fuss auch umb seinen tencken aussen her ein und
greiff den mit ainer hant welches ist aussen
umb sein haupt und fass in pey der nasen als
hie gemalt stet und zeuch in hinter sich dar mit
und secz im einen fuss fur so wurfstu in auf den ruck

Also, einer übereilt dich und bringt beide Arme unter: halte dich mit beiden Armen von oben an seinen Hals fest, und schlage ihm auch deinen rechten Fuß um seinen linken von außen, und greife dann mit deiner äußeren Hand um seinen Kopf, und fasse ihn bei seiner Nase, wie es hier gemalt ist, und ziehe ihn nach hinten, und setze einen Fuß nach vorn, so daß du ihn auf den Rücken wirfst.

So someone who is quicker than you puts both arms below: brace yourself with both arms at his neck and put your right foot around his left foot from outside. Then grab around his head with your outside hand and grab his nose, as depicted here; pull him backward; and put one foot forward so that you throw him onto his back.

Item so dich aber ain vb eln vn paid arm vnt
pringt so halt dich mit paiden arm oben vmb
den hals vest zu im vn slach im deine rechten
fuß auch vmb seine tencke aussen her ein vn
greiff den mit ainer hant welches ist aussen
vmb sein haupt vn fass in pey der nasen als
hie gemalt stet vn zeuch in hintsich der mit
vn setz im eine fuß für so wurffstu in auf den ruck

PLATE 108

Item ob ainer mit dir ringt vast dich mit seinen paiden
henden pey der joppen als auf den huffen und
slingt dich hin und her und helt dich so starck
das tu nyndert [nirgends] zun im kumen magst so greif
im ein weil in sein elpogen ynbendigs und dauch
in von dir und urbering reck dich hinder sich und
secz dein rechte hant auf sein tencke pey seinem
glenck und dein tencke under sein rechte als
hie gemalt stet und fas dein paid hent in einander
so magstu im dy armen prechen oder er mus dich lassen

Also, wenn einer mit dir ringt und dich fest mit seinen beiden Händen an der Joppe und auf den Hüften greift, und dich hin und her schwenkt, und dich so fest hält, daß du nirgends an ihn herankommen kannst, greife ihn eine Weile in seinen Ellbogen von innen und stöße ihn von dir und recke dich plötzlich nach hinten, und setze deine rechte Hand auf seine linke Hand bei seinem Handgelenk, und deine linke Hand unten seine rechte Hand, wie es hier gemalt ist, und fasse deine beide Hände zusammen, so daß du ihm die Armen brechen kannst, oder er dich loslassen muß.

So if someone fights you and grasps your doublet at the hips with both hands, jerking to and fro, and holds you so strongly that you cannot come at him anywhere: grasp his elbow from inside and push him from you; and suddenly stretch yourself behind him, putting your right hand on his left at his wrist and with your left arm under his right, as depicted here. Clasp both your hands together so that either you break his arms or he lets you go.

Item ob ain mit dir ringt vast dich mit seinen paiden
henden pey der joppen als auf den hufften vn
swingt dich hin vn her vn helt dich so starck
das tu nydert zu im kumen magst so greif
im ein weil in sein elpogen inbendigs vnd druck
in von dir vn vbering ruck dich hindersich vnd
setz dein rechte hant auf sein tencke pey seinem
glenck vn dein tencke da vnder sein rechte als
hie gemalt stet vn fass dein paid hent in ein ander
so magstu im dy arm prechen oder er muss dich lassen

PLATE 109

Item fast dich ainer mit seiner rechten hant pey dem
goldir und mit der tencken unden pey der joppen
und helt dich starck also und wil dich werffen so
greif mit deiner ~~tencken~~ rechten hant im in sein rechte
in das glenck und reib in den armen umb und
greif mit der ~~rechten~~ tencken hant an seinen elpogen
und heb in auf und secz dan deinen ~~rechten~~ tencken armen
auf den seinen und stos nider das get zu p.[eiden] seiten
das ist darumb also geschriben dass nit ein
yeder versten sull wan es ist ein verporgenes stuck

Also, einer faßt dich mit seiner rechten Hand am Koller, und mit der linken Hand unten an der Joppe, und hält dich fest und will dich werfen: greife mit deiner rechten Hand nach seinen rechten Handgelenk, und drehe ihm den Arm um, und greife mit der linken Hand an seinen Ellbogen, und hebe ihn hoch, und setze dann deinen linken Arm auf seinen Arm, und stoße ihn nieder. Das geht zu beiden Seiten, und es ist darum so geschrieben, daß nicht jemand es verstehen soll, weil das ein verborgenes Stuck ist.

So someone grasps your collar with his right hand and with his left hand below at the doublet and holds you strongly in order to throw you: grab at his right wrist with your right hand and pull his arm around; with your left hand grasp at his elbow and lift him, putting your left arm on his arm, and push down. This can be done on both sides, which is why it is written: not everyone should understand it because it is a secret trick.

55

Stem fast dich ainer mit seinr rechten hant pey dem
goller und mit der tencken unden pey der hossen
un helt dich starck also un wil dich werffen so
greif mit dem [rechten] tencken hant im in sein rechte
in das glenck un reib im den arm umb und
greif mit der [tencken] rechten hant an seinen elpogen
un heb im auf un setz dan deine [tencken] rechte arm
auf den seinen un stoß nider das get zu .p. set
das ist dar umb also geschriben daß nit ein
yeder versten sull wan es ist ein sporgutz stuck

PLATE 110

Item halt dich ainer mit paiden henden ~~pey den~~ ainew
in dem goldir und die ander und in der joppen als
da hinden gemalt stet magstu im dan dy hant im
goldir nit auss prechen so greiff im mit deiner hent
von aussen unden umb sein hant und mit der andern
hant ynnen und sleuss paid hent inn anderen als
hie gemalt stet und heb dich mit dem haupt
hindersich und heb dan mit paiden armen seinen
armen auf nachot pey dem glid so prichstu ymen
Das get auch zu payden seytten und ist gut

Also, einer hält dich mit beiden Händen, mit der einen am Koller und mit der anderen an der Joppe, wie es zuvor gemalt ist. Wenn du aus seinem Griff am Koller nicht ausbrechen kannst, greife mit deiner Hand von außen und von unten um seine Hand, und greife mit der anderen Hand von innen, und schließe beide Hände zusammen, wie es hier gemalt ist, und hebe dich mit dem Kopf hinter dich, und hebe dann seinen Arm mit beiden Armen nahe dem Gelenk, so daß du ihm den Arm brichst. Das geht auch zu beiden Seiten und ist gut.

So someone holds your collar with one hand and your doublet with the other, as depicted before. If you cannot break break his grip on the collar, grasp him with your hand from outside and below around his hand and with your other hand from inside; clasp both your hands together, as shown; and raise yourself with your head back, lifting his arms with both your arms close to the joint so that you break them. This can be done on both sides and is good.

Item halt dich ain mit paiden henden peyden armen
in dem goller vnd die ander vnd in der joppen als
da hinden gemalt stet magstu im dan dy hant im
goller nit auss prechen so greiff im mit dein hent
von aussen vnden vmb sein hant vnd mit der andern
hant ynnen vnd sleuss paid hent in ainandern als
hie gemalt stet vnd heb dich mit dem haupt
hinder sich vnd heb dan mit paiden arm seinen
arm auf nachpot pey dem glid so prichstu ymes
das get auch zu payden seytten vnd ist gut

PLATE 111

Item halt dich ainer mit paiden henden pey dem achsseln ader pey dem goldir und zeucht dich starck nider so sleuss dein paid hent in ein ander und scheub in ein weil von dir und zuck in dann urbering an dich und stoss im mit deinen paiden henden unden auf an sein armen als hie gemalt stet und vall im dan nach den fussen oder nach dem ruck und wart wie du ein vortail vinden mugst dastu in gewerffen mugst und ubereylen

Also, einer hält dich mit beiden Händen an der Achsel oder am Koller, und zieht dich stark nach unten: schließe deine beide Hände zusammen, und schiebe ihn eine Weile von dir weg, und ziehe ihn dann plötzlich an dich, und stoße mit deinen beiden Händen von unten an seinen Arm, wie es hier gemalt ist, und schlage dann nach seinen Füßen oder nach seinen Rücken, und warte ab, ob du einen Vorteil finden kannst, so daß du ihn werfen und übereilen kannst.

So someone is holding your shoulder or collar with both hands and pulls you strongly downward: clasp both your hands together and move him for a while away from you. Then pull him suddenly toward you; hit at his arm with both your hands from below, as shown; hit his foot or back; and see whether you can find a move so that you throw him and act more quickly than he.

Item halt er dich an mit paiden henden pey dem
achsseln oder pey dem goller vn zeucht dich
starck mit so sleuff dein paid hent in ein ander
vn scheub in ein wenig von dir vn zuck in dann
vberzwerg an dich vn stoss im mit deine paiden
henden vndtenauf an sein arm als hie gemalt
stet vn vall im dan nach den fussen oder nach
dem ruck vn wart wie du ein vortail vindest
magst das du in geworffen magst vn ob es ytn

PLATE 112

Item aber ein gucz stuck helt dich ainer pey dem
goldir mit dem rechten armen und scheubt dich starck
von im und ist dir zu starck dastu im nit auss
magst prechen so greif im mit deiner tencken hant
auf einen rechten elpogen und mit deiner rechten
hant greif im vorne an sein rechte hant an das
glenck pey dem goldir als hie gemalt stet und
zeuch den hinder sich zuck ruck dastu im den armen
an reckst und stoss ymen in dem glid den enczbay

Also, ein gutes Stuck: wenn einer dich am Koller mit dem rechten Arm hält, und dich stark von sich wegschiebt, und er so stark ist, daß du nicht ausbrechen kannst, greife ihn mit deiner linken Hand am rechten Ellbogen, und greife mit deiner rechten Hand vorne an seine rechte Hand an das Handgelenk am Koller, wie es hier gemalt ist, und ziehe ihn nach hinten zurück, so daß du ihm den Arm ausrenkst, und schlage ihm sofort ins Gelenk.

So, a good trick: if someone holds your collar with his right arm and pushes you strongly away from himself, and he is too strong for you to break away, grab him at the right elbow with your left hand and with your right hand grasp his right hand at the wrist close to the collar, as depicted here, and pull strongly backward so that you stretch his arm and then hit him in the joint immediately.

Item aber ein guets stuck halt dich an pey dem
goldir mit dem rechten arm vnd schaub dich starck
von im vnd ist dir zw starck das tu im nit auf
magst piechen so greif im mit dem tenken hant
auf seinen rechten elpogen vnd mit dem rechten
hant greif im voren an sein rechte hant an das
glenck pey dem goldir als hie gemalt stet vnd
zeuch den hind sich zu dir ruck das tu im den arm
an recht vnd stoß vnd im den glid den engbay

PLATE 113

Item so dich ainer mit paiden armen hinder wartling [hinterrücks] umb
vacht und dich starck druckt zu im und hebt dich auf
und wil dich werffen als pald er dich also auf hept
so greif mit deinen paiden henden ubersich ubersich
auf und greif hinder sich nach seinem kopf und
vass in pey dem har als hie gemalt stet und
wurff in uber dein haupt auf und zeuch starck
so muess er her uber

Also, einer faßt dich mit beiden Armen hinterrücks um, und drückt dich stark an sich, und hebt dich hoch, und will dich werfen. Sobald er dich hochhebt, greife mit deinen beiden Händen über dich hinten nach seinem Kopf, und fasse ihn am Haar, wie es hier gemalt ist, und wirf ihn über deinen Kopf, und ziehe stark, so daß er herüber muß.

So someone encircles you with both arms from behind, presses you strongly to himself, and lifts you up in order to throw you: as soon as he lifts you, reach both your hands up, gripping his head and holding his hair, as depicted here. Then throw him over your head and pull strongly so that he has to go over.

57

Item so dich ain mit paiden arm hinder wärtling vm
vächt vn dich starck druckt zw im vn hebt dich auf
vn wil dich werffen als pald er dich also auf hept
so greif mit deine paiden hendn vbersich vbersich
auf vn greif hindersich nach seine kopf vnd
vass in pey dem har als hie gemalt stet vnd
würff in vber dem haupt auf vnd zeuch starck
so muess er her vber

PLATE 114

Item so dich nun ainer also pey dem har gevast hat
und dich her uber ziechen will so greiff im mit
deinen paiden henden oben an sein elpogenn
und spann inn hinder sich als hie gemalt stet
so magstu in woll also halten wie lang du
wild oder du magst in hindersich auf denn
rucken werffen als es dan oft zu solichem kumpt

Also, einer hat dich am Haar gefaßt und will dich herüberziehen: greife mit deinen beiden Händen oben an seinen Ellbogen, und strecke ihn rückwärts, wie es hier gemalt ist, so daß du ihn gut halten kannst, solange du willst, oder ihn nach hinten auf den Rücken werfen kannst, wie es oft passiert.

So someone has grabbed your hair and wants to pull you along: grip his elbow above with both your hands and stretch him backwards, as shown, so that you can maintain your hold for as long as you wish or so that you can throw him to the rear onto his back, which often happens.

Itm so dich ainer also pei dem har gevast hast
vnd dich her über ziechen will so greiff im mit
deinen paiden henden oben an sein elpogem
vnd spann im hinder sich als hie gemalt stet
so magstu in woll also halten wie lang du
wild oder du magst in hinder sich auf dem
rucken werffen als es dan oft zu söliche kupt

PLATE 115

Item mer ein stuck wen dich ainer also pey dem har
wil nemen so zuck das haupt hindersich das ers
nit erraichen mug so er dir dan das haupt also
zuckt so puck dich pald vor nider und vach in mit
deinen paiden henden zwischen deine fuss seinen
fuss als hie gemalt stet und heb in starck auff
so wurffstu in hindersich auf den ruck

Also, ein Stuck mehr: wenn einer nach deinem Haar greifen will, ziehe deinen Kopf nach hinten, so daß er ihn nicht erreichen kann. Wenn er dich am Kopf zieht, bücke dich schnell herunter und greife mit beiden Händen zwischen deine Füße nach seinem Fuß, wie es hier gemalt ist, und hebe ihn kräftig an, so daß du ihn nach hinten auf den Rücken wirfst

So one more trick: if someone wants to grab your hair, pull your head backward so that he cannot reach it. If he pulls your head, bend down quickly; grasp him with both hands between your legs at his leg, as depicted; and lift it up vigorously so that you throw him to the rear onto his back.

Item mer ein stuck wen dich ainer also per dem har wil nemen so zuck das haupt hindersich das ers nit erraichen mug so er dir dan das haupt also zuckt so puck dich pald vor nider vnd vach in mit deinen paiden henden zwischen dein fuß seinen fuß als hie gemalt stet vnd heb in starck auff so wurfftu in hindersich auf den ruck

PLATE 116

Item so du nun ainenn also hintersich gevast hast
und er wil dich pey dem har hinuber ziehen oder
wil dich pey dem fuss ergreiffen als pald er
dich pey deinem fuss ergreift so stoss in mit
deinen payden henden hinden auf denn ars
als hie gemalt stet so velt er fur sich auf das maul

Also, du hast einen von hinten gefaßt, und er will dich an den Haaren herüberziehen oder nach deinem Fuß greifen. Sobald er deinen Fuß erwischt, stoße ihn mit beiden Händen von hinten in den Arsch, wie es hier gemalt ist, so daß er nach vorn auf sein Maul fällt.

So you have grasped someone from behind and he wants to pull you over by your hair or wants to grab your lower leg: as soon as he grasps your leg, hit him with both hands from behind at his ass, as shown, so that he falls forward onto his snout.

Item so du ainn ainem also hintersich gevast hast
Vnd er wil dich pey dem har hin vber ziechen oder
wil dich pey dem fuss ergreiffen als pald er
dich pey deinem fuss ergreift so stoss in mit
deinen payden hendn hinden auf dem ars
als hie gemalt stet so velt er fur sich auf das maul

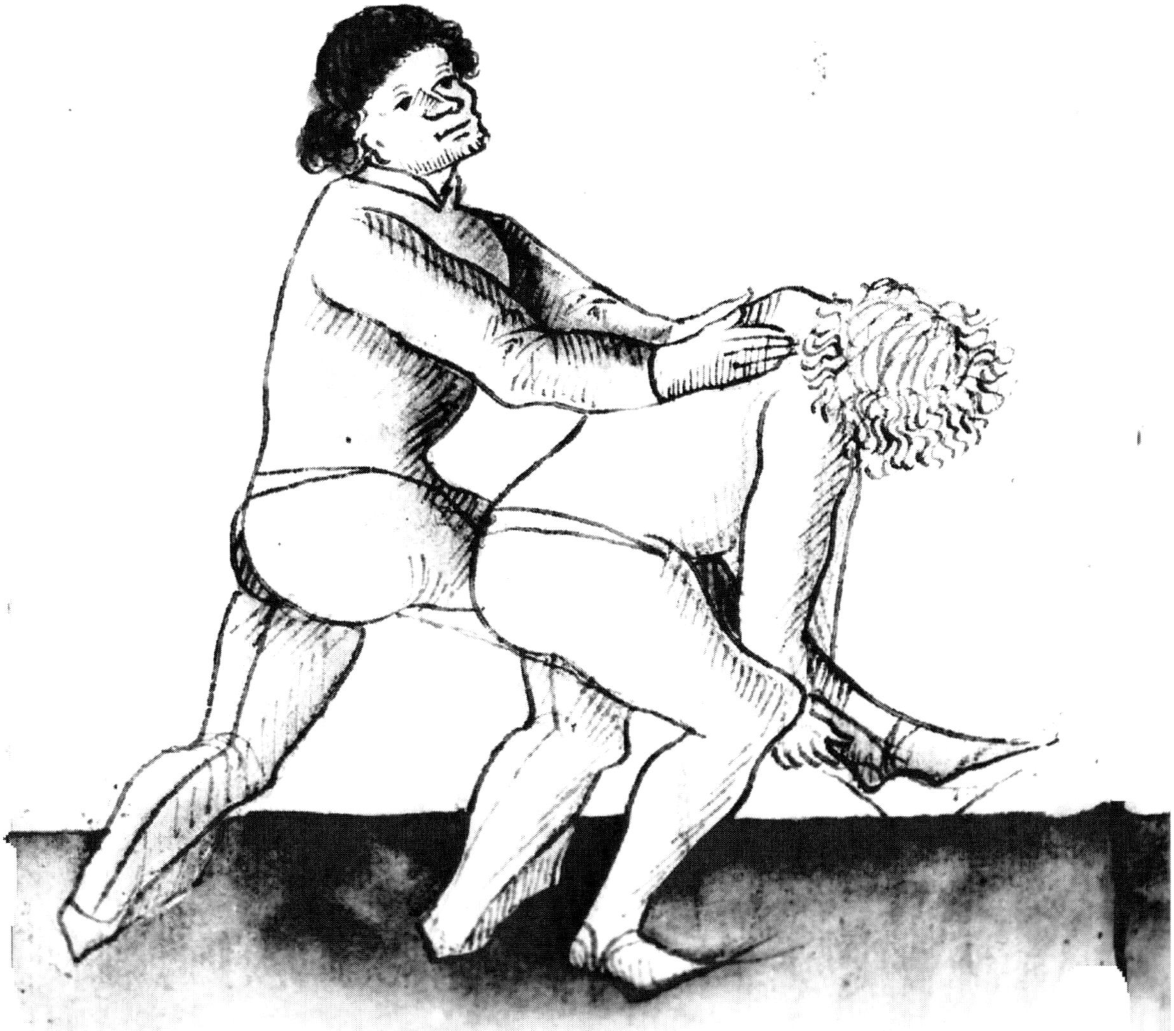

PLATE 117

Item so dich ainer also hinten umb vacht als vor
geschriben stet und wil dich zu dem haupt nit
lassen komen und wil dich auch zu denn fussen
nit lassen kumen so dauch in oben ein wenig
mit deinen schultern hindersich und in dem selben
so trit mit deinem tencken fuss hinder seinen rechten
fuss als hie gemalt stet so wurffstu in auf denn
ruck gleich als auf der twirch das get zu peiden seitten

Also, einer faßt dich von hinten um, wie es zuvor geschrieben ist, und will dich nicht an seinen Kopf kommen lassen, und will dich auch nicht an seine Füße kommen lassen: dränge ihn nach oben ein wenig mit deinen Schultern, und trete gleichzeitig mit deinem linken Fuß hinter seinen rechten Fuß, wie es hier gemalt ist, so daß du ihn auf den Rücken wirfst, wie aus der Zwerchstellung. Das geht zu beiden Seiten.

So someone embraces you from behind, as stated before, and does not want to let you get at his head and does not want to let you get at his feet either: push him up a bit with your shoulders from behind and simultaneously step with your left foot behind his right foot, as shown, so that you throw him on his back, as from the horizontal stance. This can be done on both sides.

59

Item so dich ainer also hinten umb vächt als vor
geschriben stet vn wil dich zu dem haupt nit
lassen komen vnd wil dich auch zw dem fussen
nit lassen kumen so dauch dich obn ein weng
mit deinen schultern hinder sich vn in dem selben
so trit mit deinem tencken fuss hinder seinen rechten
fuss als hie gemalt stet so würffstu in auf dem
ruck gleich als auf der twirch das get zw p seitten

PLATE 118

Item so dich ainer also hinden umbvangen hat und
helt dich aso vast dastu zu kainen stuck kumen
magst weder zu dem haupt noch zu den fussen
noch in dy twirch so vass in pey dem dawm oder pey
einem andern vinger als hie gemalt stet so muss
er dich lassen und magst im den vinger auss
dem glid prechen und ist ein verporgns stuck

Also, einer hat dich von hinten umgefangen, und hält dich so fest, daß du zu keinem Stuck kommen kannst, weder zu dem Kopf, noch zu den Füßen, noch in die Zwerchstellung: fasse ihn am Daumen, oder an einem anderen Finger, wie es hier gemalt ist, so daß er dich loslassen muß, und du kannst ihm den Finger aus dem Gelenk brechen. Das ist ein verborgenes Stuck.

So someone has embraced you from behind and holds you so strongly that you cannot make any move, neither to the head nor the legs nor to the horizontal stance: grab his thumb or finger, as depicted here, so that he has to let you go and you can dislocate his finger. This is a secret trick.

Item so dich ainer also hinden umb vangen hat vn
helt dich also vast das du zu kainem stuck kumen
magst weder zu dem haupt noch zu den fussen
noch in dy twirch so vass pey dem dawm oder pey
ainem andern vinger als hie gemalt stet so muss
er dich lassen und magst im den vinger auss
dem glid prechen vn ist ein vorgenss stuck

PLATE 119

Item so du ainen also umb vangen hast so halt in
vast und secz dich gewiss in dy wag und hutt deins
kopf und deiner fuss und vor der twirch und sleus auch
dein feust uber einander das er kainen vinger ergreiffen
mog und ob er nun ain vinger oder daum
ergreiff und peugt dirn [dir hin] zuruck so gib in pald
nach und greiff mit deiner andern hant zu vorne
in sein glenck und ker dich vor im umb und zeuchs
auf dein achssel als hie gemalt stet so stostu im
den armen ab das get auch von paiden seiten

Also, du hast einen umgefangen: halte ihn fest und setze dich in die Waage und schütze deinen Kopf und deine Füße und hüte dich vor der Zwerchstellung und schließe auch deine Fäuste übereinander, so daß er keinen Finger greifen kann, und wenn er nun einen Finger oder den Daumen erwischt und dich zurückzieht, gib ihm schnell nach und greife mit deiner anderen Hand sein Handgelenk und drehe dich vor ihn und ziehe ihn auf deine Schulter, wie es hier gemalt ist, so daß du seinen Arm wegstößt. Das geht auch zu beiden Seiten.

So you have grasped someone with both arms: hold him firmly, assume the balance stance, protect your head and your legs, protect yourself from the horizontal stance, and lock your fists over each other so that he cannot grasp any of your fingers. If he does grasp your finger or your thumb and bends you backward, give up and grasp his wrist with your other hand and turn in front of him, pulling him onto your shoulder, as shown, so that you push his arm away. This can be also done on both sides.

60

Item so du ainen also vmb vangen hast so halt im
vast vnd setz dich gewiß in die wag vn hutt deines
kopfs vn deiner fuß vnd vor der kirch vnd sleuß auch
dein fäust über einander das er kainen vinger er-
greiffen mög vn ob er im ain vinger oder dawmen
ergreiff vn peugt dir in zuruck so gib im pald
nach vn greiff mit deiner andern hant zw vorn
in sein glenck vn ker dich vor im vmb vn zeuch es
auf dein achssel als hie gemalt stet so stostu im
den arm ab das get auch von paiden seiten

PLATE 120

Item so es sich also schickt in den ringen oder
in andern ringen das dich ainer also gevast
hat denn armen uber dy achssel als hinden gemalt
stet wen du siechst das er sich naigt
nach dem armen so zuck in starck hinder sich zu
ruck als hie gemalt stet oder stoss in mit einem
fuss hinden in den rucken das in vil stucken nucz

Also, es passiert während eines oder anderes Ringens, daß einer dich den Arm über die Achsel gefaßt hat, wie es zuvor gemalt ist. Wenn du siehst, daß er sich nach dem Arm neigt, ziehe ihn stark zurück, wie es hier gemalt ist, oder stoße ihn mit einem Fuß hinten in den Rücken. Das nutzt bei vielen Stücken.

So it has happened during the fight that someone grasped your arm over the shoulder, as was depicted before: when you see that he is leaning along your arm, pull him firmly backward, as depicted here, or hit him with your feet from behind in his back. This is useful in many tricks.

Item so es sich also schickt in den ringen oder
in ander ringen daß dich ainer also gevast
hat dem arm uber dy achssel als hinden ge
malt stet wen du siechst daß er sich naigt
nach dem arm so zuck in starck hinder sich zu
ruck als hie gemalt stet oder stoss in mit eine
fuss hinden in den rucken der in vil stuck dings

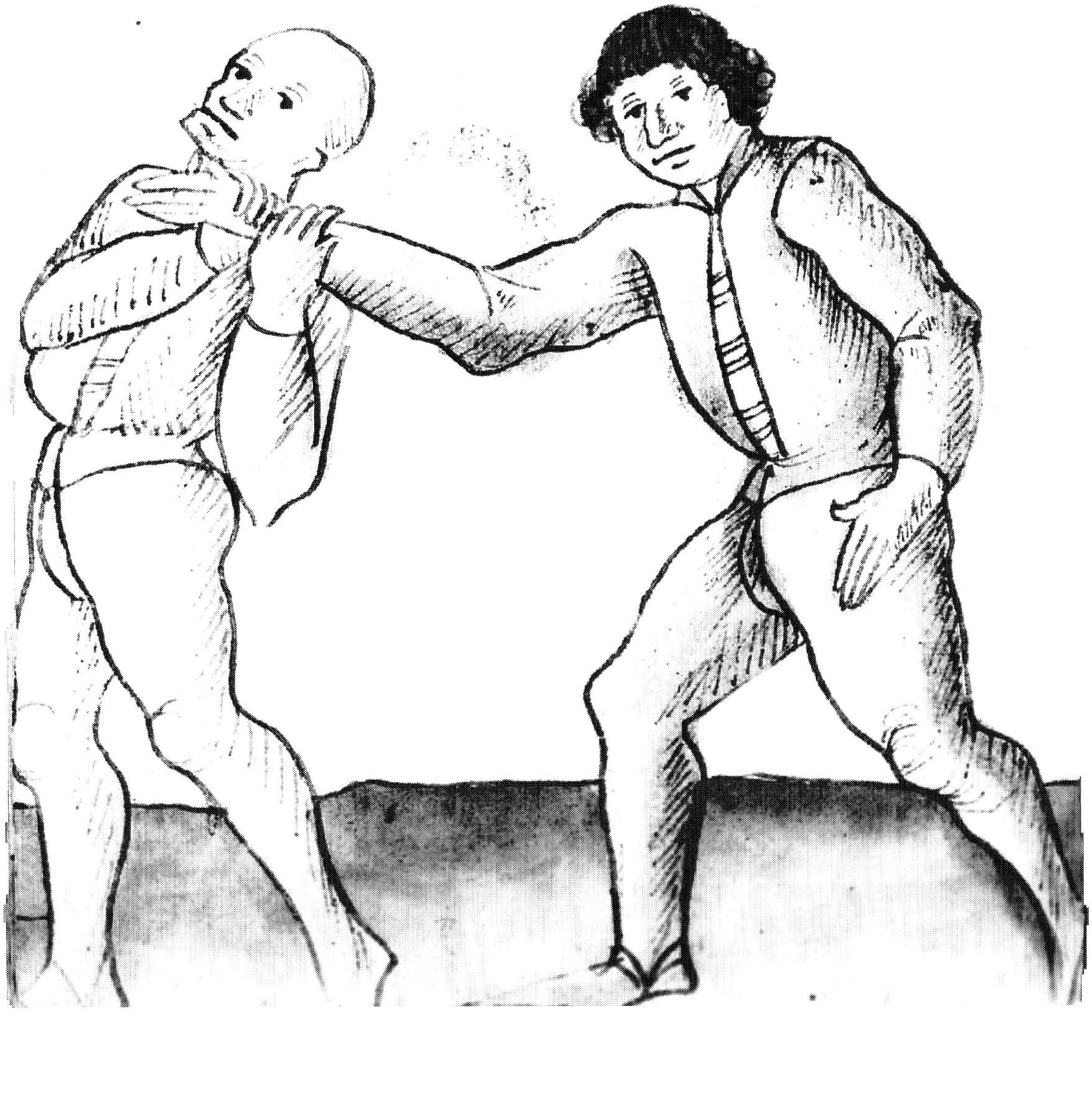

PLATE 121

Item so dich ainer mit paiden armen vorne umb vangen
hat und helt dich starck so greif mit einer
hant welches ist vorne in das goldir ~~und~~ als
hie gemalt stet und secz im einen vinger in der dreier
lochlein ains oder grublin dy vorne an dem
hals stend und reck dan den vinger und stich
in da mit in den hals dastut gar wee

Also, einer hat dich mit beiden Armen von vorne umgefangen, und hält dich fest: greife mit der Hand, die vorne ist, nach seinem Koller, wie es hier gemalt ist, und setze ihm einen Finger in das dreifache Lochlein oder Grublein ein, das vorne an dem Hals ist, und strecke dann den Finger, und stich ihn damit in den Hals. Das tut sehr weh.

So someone has taken you with both arms forward from the front and holds you firmly: grasp his collar with your hand, as depicted here; put your finger into the triple hole or small depression at the front of the throat; and extend your finger to stab him with in his throat. This is quite painful.

81

Jtm so dich ainr mit paidn armn vornē vmb vangē
hat vñ helt dich starck so greif mit einer
hant welches ist vornē in das goldir vñ als
hie gemalt stet vñ leg im ainē vinger in der dreier
löchlein ains oder grüblin dy vornē an dem
hals stend vñ reck im den vinger vñ stich
im da mit in den hals das tůt gar we

PLATE 122

Item du mit ainem ringst und er ubereilt dich und
umbvacht dich also das er dir dein paid armen
pschleust [beschließt] und zamdruckt als oft ainer in einer
schied geschicht und gehalten wirt so dich nun
ainer also vast so senck dich urbering [plötzlich] nider und
siech ob du in mit einem knie vellen mugst so weicht
er mit den fussen aufeinander so stoss in dan mit
ein knie in dy hoden als hie gemalt stet so let er dich

Also, du ringst mit einem und er übereilt dich, und umfäßt dich, so daß er dich deine beide Armen schließt, und zusammendrückt, wie es oft im Ringen geschieht. Wenn einer dich so fäßt, senke dich plötzlich nieder und sehe, ob du ihn mit einem Knie schlagen kannst. Wenn er mit den Füßen aufeinander weicht, stoße ihn dann mit deinem Knie in die Hoden, wie es hier gemalt ist, so daß er dich losläßt.

So you are fighting someone and he is quicker than you and embraces you so that he presses both your arms to your body, as it happens often in a brawl: if someone grasps you like that, lower your stance quickly and see whether you can hit him with your knee. If he retreats step by step, hit his testicles with your knee, as shown, so that he lets you go.

Item du mit ainem ringst vnd er vbervalt dich vnd
vmb vacht dich also das er dir den paid arm
verschleust vnd zam druckt als oft ainer in einer
schied geschickt vnd gehalten wirt so dich nun
ainer also vast so senck dich vnd bring nider vnd
sich ob du in mit ainem knie vellen mugst so wecht
er mit den fussen auseinander so stoss in dan mit
ain knie in dy hoden als hie gemalt stet so let er dich

PLATE 123

Item ob sich nun pegab [begäbe] mit ringen oder in einer
schied das dich ainer hinder wiercz [hinderwertig] also umb ving
so sich dastu im ein stoss mit dem kopf gebst in das
angesicht in der selben weil versuch ob du in hinter
treten mugst als in dem segsten stuck da hinden stet
stet er dan starck und helt dich fast so greiff an
mit deiner tencken hant pey seiner h.[oden?] und halt
in starck als hy gemalt stet so muess er dich lassen

Also, Wenn es sich dann beim Ringen oder in einem Kampf begibt, daß einer dich von hinten umfaßt, so siehe, ob du ihm einen Stoß mit deinem Kopf ins Gesicht geben kannst, und versuche im selben Moment, hinter ihn zu treten, wie es in dem vorigen sechsten Stück ist. Wenn er fest steht und dich fest hält, greife mit deiner linken Hand an seine Hoden und halte ihn fest, wie es hier gemalt ist, so daß er dich loslassen muß.

So if it happens during a fight or a brawl that someone embraces you from behind: see whether you can head-butt his face; at the same moment try to step behind him, as it is stated in the sixth item. If he stands firm and holds you firmly, grasp his testicles with your left hand and hang on, as shown, so that he has to let you go.

62

Item ob sich nun gegäb mit ringen oder in einer
schied das dich ainer hinder wiern also vmb vmg-
so sich das tu im ein stoß mit dem kopf gelbs in das
angesicht in der selben weil versuch ob du in hinter
treten mügst als in dem lezsten stuck da hinder stet
stet er dan starck vnd helt dich fast so greiff in
mit deiner tencken hant pay seine h· vnd halt
in starck als hie gemalt stet so mueß er dich lassen

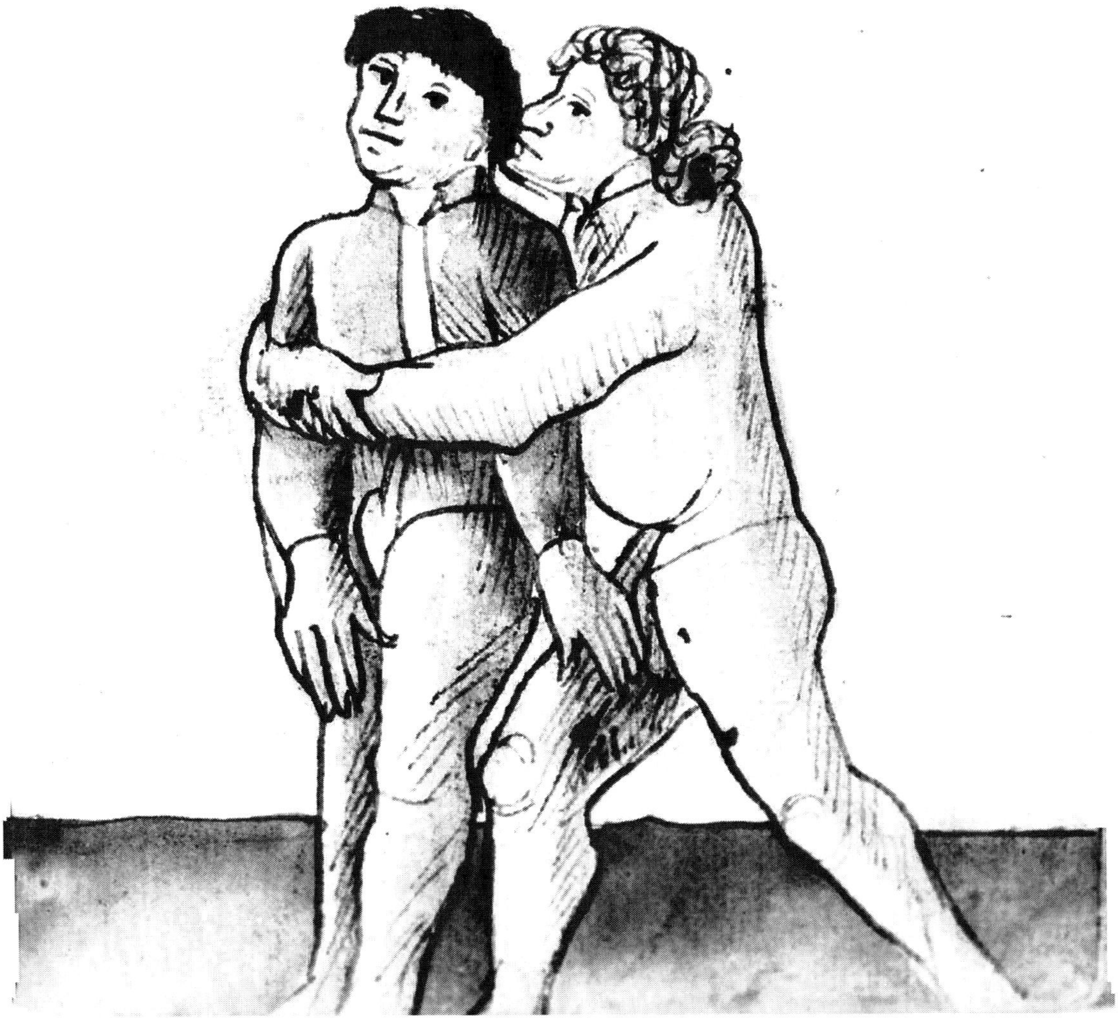

PLATE 124

Item so es sich fueget dastu gevangen wurczt oder
gehalten als das dich ainer mit seiner tencken hant
hinten pey dem goldir fassat und dich starck helt
so ker dich gegen im auf dein rechte seiten und gee
durch mit deinem rechten armen und greiff mit der
tencken hant in sein tencke hant vorne in das glenck
und mit dem rechten auf in dy hoch uber seinen elpogen
und trit fur mit dem rechten fuss als hie gemalt stet

Also, es fügt sich, daß du gefangen oder gehalten wirst, so daß einer dich mit seiner linken Hand von hinten am Koller faßt, und dich festhält: kehre dich gegen ihn auf deine rechten Seite, und gehe durch mit deinem rechten Arm, und greife mit der linken Hand seine linke Hand vorne am Handgelenk, und [gehe] mit dem rechten [Arm] hoch über seinen Ellbogen, und trete mit dem rechten Fuß vor, wie es hier gemalt ist.

So it happens that you are grasped or held so that someone grasps your collar with his left hand and holds you firmly: turn your right side toward him; go past with your right arm; grasp his left wrist with your left hand, going high with your right arm over his elbow; and step forward with your right foot, as depicted here.

Item so es sich fueget das tu gevangen wurst oder
gehalten als das dich ainer mit seiner tencken hant
hinten pey dem goller fasset vnd dich starck helt
so ker dich gegen im auf dem rechten seiten vnd gee
durch mit deinem rechten arm vnd greiff mit der
tencken hant in sein tencke hant vorn in das glenck
vnd mit dem rechten auf in die hoch ob seinem ellpogen
vnd trit fur mit dem rechten fus als hie gemalt stet

PLATE 125

Item so dich ainer also helt hinden pey dem goldir
als vor so lass dich ein weil also halten oder furen
urbering [plötzlich] so ker dich gegen im auf dein rechte seiten
als welstu mit im reden und puck dich mit dem
haupt reschlich vor nider und stoss in in denn
pauch als hie gemalt stet so velt er an den ruck
helt er dich dan mit der rechten hant so gecz auf di ander seiten

Also, einer hält dich von hinten am Kragen wie zuvor: Lasse dich eine Weile halten oder führen und kehre dich plötzlich gegen ihn auf deine rechte Seite, als ob du mit ihm reden wolltest, und bücke dich schnell mit dem Kopf nach vorn und stoße ihn in seinen Bauch, wie es hier gemalt ist, so daß er auf den Rücken fällt. Wenn er dich mit der rechten Hand hält, gehe auf die andere Seite.

So someone holds you from behind by your collar, as before: let him hold or drive you for a while and then suddenly turn your right side toward him, as if you wanted to talk to him; bend quickly with your head forward; and hit him in his stomach, as depicted here, so that he falls on his back. If he is holding you with his right hand, go to the other side.

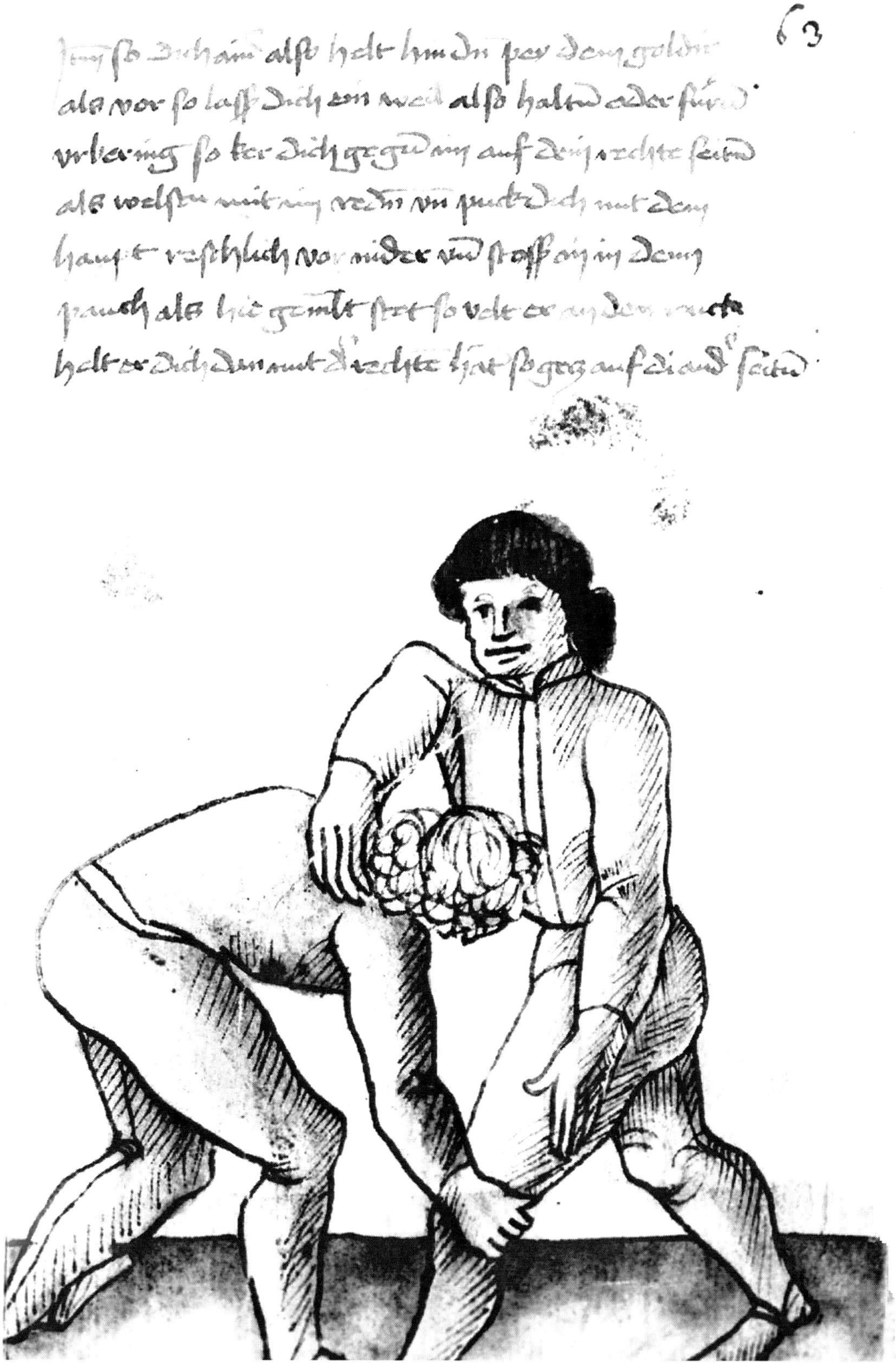

PLATE 126

Item ein anders stuck wen dich ainer hinten pey
dem goldir helt so ker dich auff dein tencke
seytten von im und stos in mit deiner rechten hant
an seinen tencken elpogen ale hie gemalt stet
so mus er dich lassen das get auch zu paid. s.[eiten]

Also, ein anderes Stuck: wenn einer dich hinten am Koller hält, kehre dich nach links von ihm weg, und stoße mit deiner rechten Hand seinen linken Ellbogen, wie es hier gemalt ist, so daß er dich loslassen muß. Das geht auch zu beiden Seiten.

So another trick: if someone is holding you from behind by the collar, turn your left side away from him and hit his left elbow with your right hand so that he has to let you go. This can be also done on both sides.

Item ain anders stuck wen dich ain hinten ge
dem golder helt so ker dich auf dem tencken
seitten von im vnd stoss in mit dem rechten hant
an seine tencken elpogen als hie gemalt stet
so muss er dich lassen das get auch zu paiden s

PLATE 127

Item mer ein stuck ist dastu mit ainem kriegst
und vor im stest so lege dein hent auf deinen
pauch und dy recht oben slecht er dir dan zu
mit der faust gegen dem gesicht so var auf
mit deiner rechten hant und slach im zu seiner
feust mit offenr hant als hie gemalt stet

Also, ein Stuck mehr: wenn du mit einem ringst, und vor ihm stehst, lege deine Hände auf deinem Bauch, mit deiner rechten Hand nach oben. Wenn er dir dann mit der Faust auf dein Gesicht einschlägt, fahre hoch mit deiner rechten Hand, und schlage seine Faust mit deiner offener Hand, wie es hier gemalt ist.

So one more trick: if it happens that you are fighting someone and you are standing in front of him, put your hands on your stomach, with your right hand above; if he strikes at your face with his fist, hit his fist with your open right hand, as shown.

64

Item mer ein stuck ist das du mit ainem kriegst
vn vor im stest so lege dein hent auf deinem
pauch vn dy recht ober stecht er dir dan zu
mit der faust gegen dem gesicht so var auf
mit deinem rechten hant vn slach im zu seinen
faust mit offener hent als hie gemalt stet

PLATE 128

Item mer ein stuck so dich ainer also in das maul
will slahen so var mit der rechten rechten hant
auf als vor und trit mit dem rechten fus hinden
seinen tencken und wurf in uber das knie als hie
gemalt stet so magstu im auch ein mordstuck thun

Also, ein Stuck mehr: wenn einer dich aufs Maul schlagen will, fahre mit der rechten Hand hoch wie zuvor, und trete mit dem rechten Fuß hinten seinen linken Fuß, und wirf ihn über dein Knie, wie es hier gemalt ist, so daß du ihm auch ein Mordstuck tun ankann.

So, one more trick: if someone wants to hit your face, go with your right hand as before and step with your right foot behind his left foot, and throw him over your knee, as shown, so that you can also work a killing trick on him.

Item mer ein stuck so dich ainr alss in das maul
will slachen so var mit der rechten rechten hant
auf als vor vnd trit mit dem rechten fuss hinder
seinen rechten vnd wurff in vb das knie als hie
gemalt stet so magstu im auch ein mordstuck thun

PLATE 129

Item mer ein stuck so dich ainer also mit der
feust slahen wil so slach im auch nach seiner
rechten feust mit deiner tencken [hant] von aussen zu und trit mit deinem
tencken fuss hinter seinen rechten als hie gemalt
stet so wurstu in an den ruck als vor

Also, ein Stuck mehr: wenn einer dich mit der Faust schlagen will, schlage seine rechte Faust von außen mit deiner linken Hand und trete mit deinem linken Fuß hinter seinen rechten Fuß, wie es hier gemalt ist, so daß du ihn auf den Rücken wirfst wie zuvor.

So one more trick: if someoneone wants to hit you with his fist, hit his right fist with your left hand from the outside and step with your left foot behind his right foot, as depicted here, so that you throw him on his back as before.

65

Item mer ein stuck so dich ainer alsß mit der feust slachen wil so slach im auch nach seiner rechten feust [mit deinem rechten] von aussen zu vnd trit mit deinem tencken fuss hinder seinen rechten als hie gemalt stet vnd würffen in auch an den ruck als vor

PLATE 130

Item mer ein stuck wenn dir ainer nach dem ange=
sicht slecht mit der feust so vach (fange) den schlag in dein
rechte hant und stoss in auf den elpogen mit deiner
tencken hant als hie gemalt stet so prichstu im den armen

Also, ein Stuck mehr: wenn einer nach deinem Gesicht mit der Faust schlägt, fange den Schlag in deine rechte Hand auf, und stoße mit deiner linken Hand an seinen Ellbogen, wie es hier gemalt ist, so daß du ihm den Arm brichst.

So one more trick: if someone punches at your face with his fist, catch the stroke in your right hand and hit him at his elbow with your left hand, as depicted here, so that you break his arm.

Item mer ein stuck wenn dir ain nach dem ange-
sicht slecht mit der fewst so vach den slag in dem
rechte hant vn stoss in auf den elpogen mit dein
tenckē hant als hie gemalt stet so pistu in der wer

PLATE 131

Item mer ein stuck wen dir ainer zu dem ge=
sicht slecht mit der feust so var im entgegen
mit deiner ~~rech~~ tencken hant und wind im deine
tencke hant umb sein rechten armen und druck
in hinter dem tencks urgssen [Achsel] als hie gemalt stet
und gib im ein mordstuck mit der rechten hantt

Also, ein Stuck mehr: wenn einer nach deinem Gesicht mit der Faust schlägt, fahre ihm mit deiner linken Hand entgegen, und winde deine linke Hand um seinen rechten Arm, und drücke ihn hinter die linke Achsel, wie es hier gemalt ist, und gib ihm ein Mordstuck mit der rechten Hand.

So one more trick: if someone punches at your face with his fist, go against him with your left hand; wind your left hand around his right arm, pressing behind the left shoulder, as depicted here; and give him a killing move with your right hand.

66

Item mer ain stuck wen dir ain zu dem ge-z
sicht slecht mit der faust so var im entgegen
mit dem erstn lencken hant vn wint im dem
lencke hant umb sein rechte arm vn druck
in hint dem lencke yechse als hie gemalt stet
vn gib im ein mordstuck mit der rechte hant -

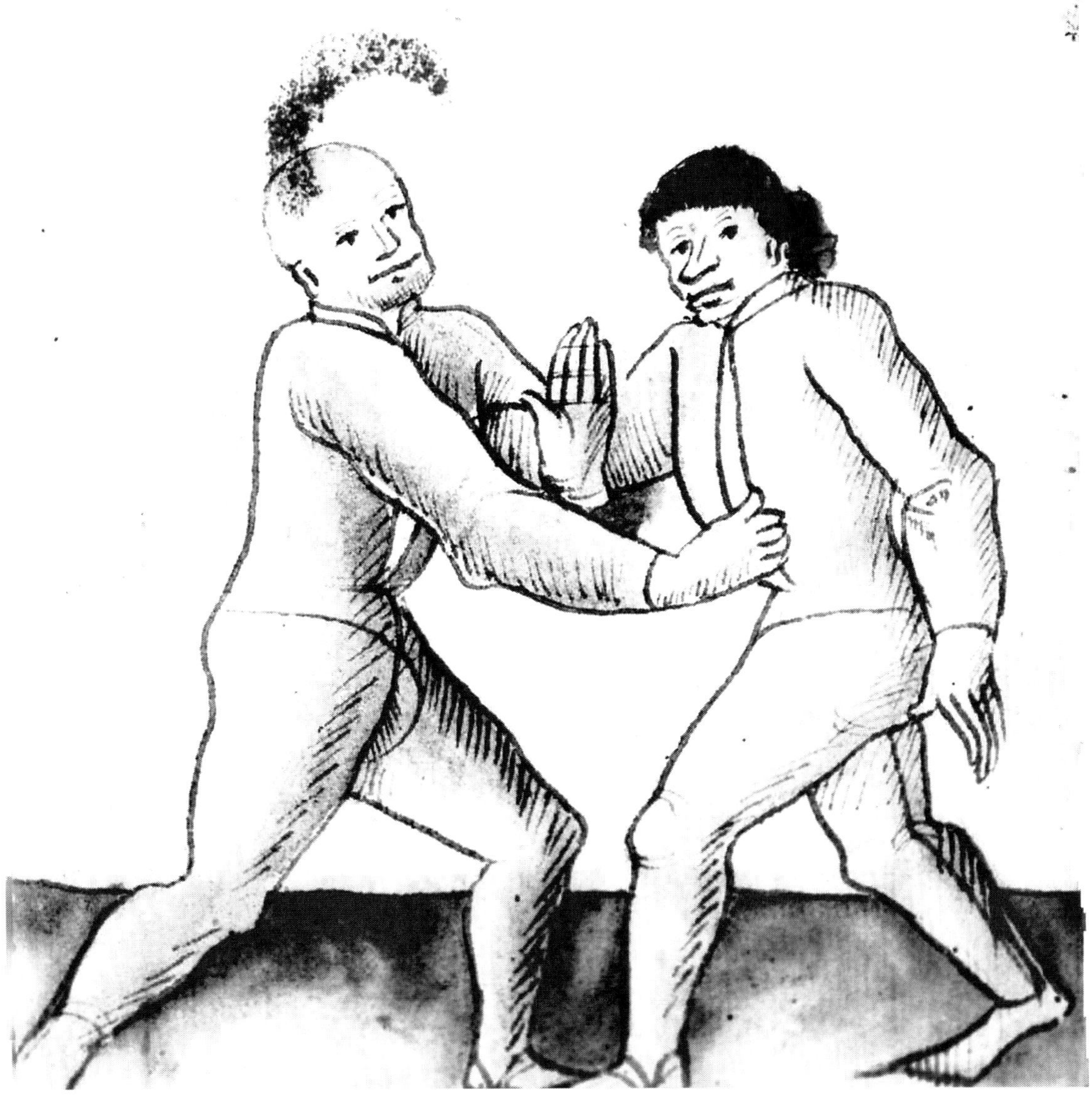

PLATE 132

Item mer ein stuck wenn dich ainer mit der feust
wil slachen so var mit deinem gereckten tencken
armen in gegen seinen hals mit der feust als hye
gemalt stet und puck [bücke] das haupt vast nider
unter den tencken armen und mit der rechten faust
ein mord stuck oder nach seinen rechten fuss

Also, ein Stuck mehr: wenn einer dich mit der Faust schlagen will, fahre mit deinem gestreckten linken Arm mit der Faust gegen seinen Hals, wie es hier gemalt ist, und bücke den Kopf schnell unter den lincken Armen, und [treibe] ein Mordstück mit der rechten Faust, oder [greife] nach seinem rechten Fuß.

So one more trick: if someone wants to hit you with his fist, go with your stretched-out left arm against his throat with the fist, as depicted here, and bend your head quickly down under the left arm and [do] a killing trick with your right fist or [grasp] at his right leg.

Item aber ein stuck wen dich ain mit der faust
will slachen so var mit deinem gerechten tencken
arm in gegen seine hals mit der faust als hye
gemalt stet vnd ruck das haupt vast in der
vnd den tenckē arm im mit d° rechten faust
ein mord stuck oder nach seine rechten fuss

PLATE 133

Item mer ein stuck wen ainer vor dir stet und
mit dir kriegt so far im mit deinen paiden hend
nach seinem angesicht so vert er dir auf nach den
henden als well ers weren so stoss in mit dem knie
in die hoden alz hie gemalt stet so muss er an ruck vallen

Also, ein Stuck mehr: wenn einer vor dir steht und mit dir kämpft, fahre mit deinen beiden Händen gegen sein Gesicht, so daß er nach den Händen greift, als ob er sie abwehren wöllte, und stoße mit deinem Knie in seine Hoden, wie es hier gemalt steht, so daß er auf den Rücken fallen muß.

So one more trick: if someone stands in front of you and fights you, go with both your hands toward his face so that he goes toward your hands, as if he wanted to defend against it. Then hit his testicles with your knee, as here, so that he has to fall on his back.

Item mer ain stuck wen ainr vor dir stet und
mit dir kriegt so var im mit deinē payden hend
nach seinē angesicht so vert er dir auf nach den
hendē also well er es weren so stoss im mit dem knie
in die ho. als hie gemalt stet so muss er an ruck vallen

PLATE 134

Item mer ein stuck so dir ainer nach dem kopf
oder angesicht sleht so heb deinen fuss auff
welches ist der dir am pesten fugt und stoss in
in den pauch als hie gemalt stet so velt er

Also, ein Stuck mehr: wenn einer dir nach dem Kopf oder Gesicht schlägt, hebe deinen Fuß hoch, der dir am günstigsten erscheint, und stoße ihn in den Bauch, wie es hier gemalt ist, so daß er fällt.

So one more trick: if someone strikes at your head or face, raise your foot—whichever [one] is most advantageous for you—and hit him in the stomach, as depicted here, so that he falls.

Item mer ein stuck so dir einer nach dem kopf
ader angesicht slecht so heb deinen fuss auff
welcher ist der dir am gerechsten fugt vn stoss in
in die pauch als hie gemalt stet so velt er

PLATE 135

Item mer ein stuck wen dir ainer nach dem maul
slecht mit der feust so var auf mit deiner tencken
hant und vach den slag in das glenck und greif
mit den vingern umb sein arm und greif mit der
rechten hant unden nach seinen elpogen alz hie gemalt
stet und zeuch dan so prichstu im den armen ab

Also, ein Stuck mehr: Wenn einer dir mit der Faust aufs Maul schlägt, fahre mit deiner linken Hand hoch und fange den Schlag am Handgelenk ab und greife mit den Fingern um seinen Arm und greife mit der rechten Hand von unten nach seinem Ellbogen, wie es hier gemalt ist, und ziehe, so daß du ihm den Arm brichst.

So one more trick: if someone strikes at your face with his fist, go with your left hand and catch the stroke at the wrist, put your fingers around his arm, gripping his elbow from below with your right hand, as shown here, and pull so that you break his arm.

Item mer ein stuck wen dir einer nach dem maul
slecht mit der feust so var auf mit dem tencken
hant und nach dem slag in das glenck und greif
mit den vingern umb sein arm und greif mit der
rechten hant und nach seinem elpogen alz hie gemalt
stet und zeuch dan so prichstu im den arm ab

PLATE 136

Item so dir ainer zu slecht mit der feust so var
auf mit der rechten abichen [verkehrten] hant und vach
den slag innen in dy hant und hab dan vast
zu und greif mit der tencken an seinen elpogen
und heb ymen auf in die hoch als hie gemalt stet
und trit mit dem tencken fuss fur in so wurftsu
in uber den fuss und prichst im den armen ab

Also, einer schlägt dir mit der Faust: fahre mit deiner rechten verkehrter Hand hoch, und fasse den Schlag von innen in die Hand, und halte dann fest, und greife mit deiner linken Hand an seinen Ellbogen, und hebe ihm ihn hoch, wie es hier gemalt ist, und trete mit dem linken Fuß vor ihn, so daß du ihn über den Fuß wirfst und ihm den Arm brichst.

So someone strikes at you with his fist: go with your right hand turned and catch the stroke from the inside in your hand; hold it firmly; grasp his elbow with your left hand, raising it up, as depicted here; and step with your left foot toward him so that you throw him over the foot and break his arm.

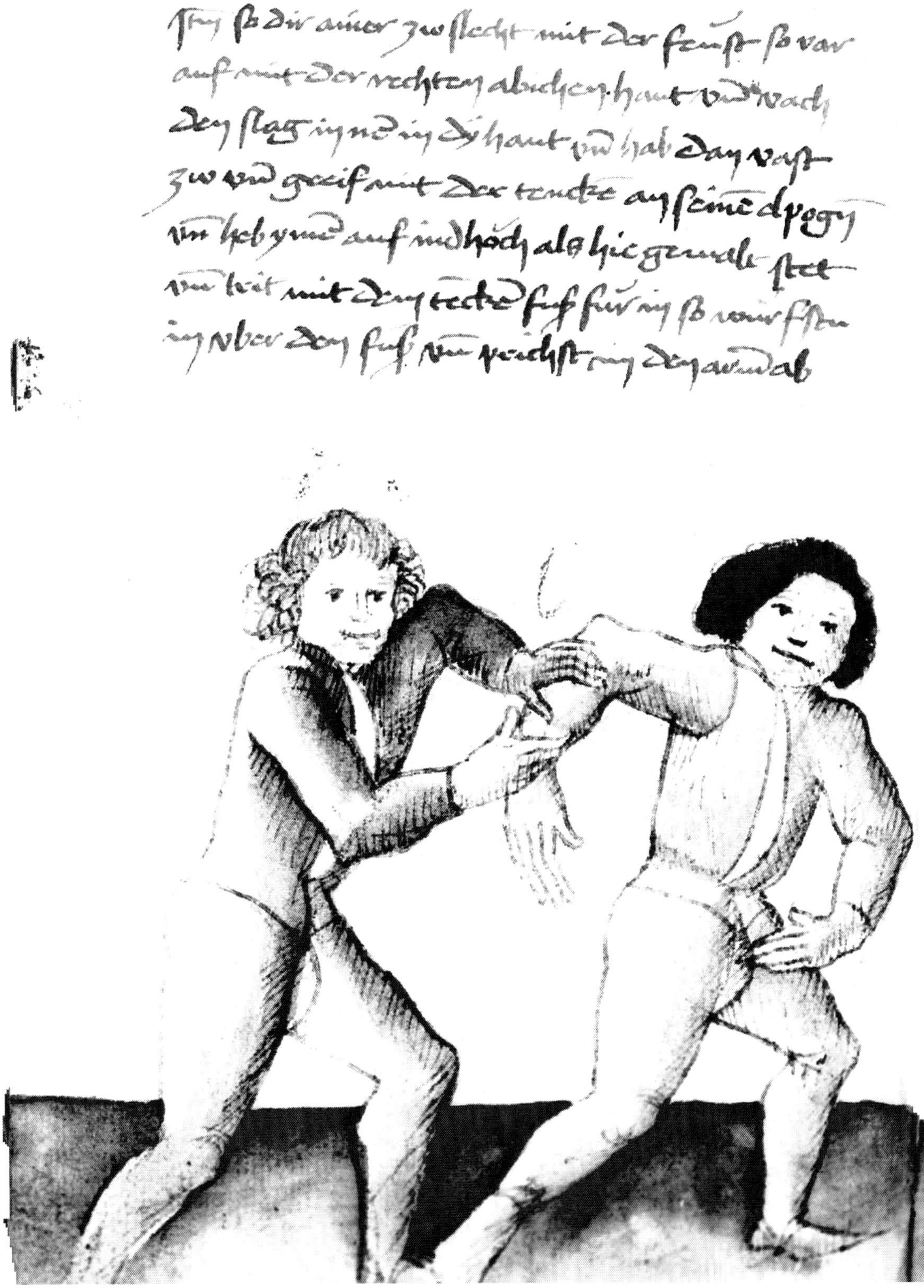
Item so dir ainer zu slecht mit der feust so var
auf mit der rechten abichen hant vnd vach
den slag in vnd in di hant vnd hab den vast
zu vnd greif mit der tencke an seine dyegen
vnd heb yn auf vnd hoch als hie gemale stet
vnd trit mit dem rechten fus fur in so wirf in
in vber den fus vnd prichst im den arm ab

PLATE 137

Item aber ein stuck wenn dir ainer zu slecht so
var aber auf alz vor mit der rechten hant und
scheub in fast zu rucken auf in die hoch und greiff im
mit deiner deiner ~~rechten~~ tencken hant hinden
umb sein rechten armen durch deinen rechten armen
und trit mit dem rechten fuss hinter sein rechten
fuss als hie gemalt stet so prichstu im den armen ab

Also, ein Stuck: wenn einer nach dir schlägt, fahre hoch mit deiner rechten Hand wie zuvor, und bewege sie schnell nach oben und nach hinten, und greife mit deiner linken Hand von hinten um seinen rechten Arm durch deinen rechten Arm, und trete mit dem rechten Fuß hinten seinen rechten Fuß, wie es hier gemalt ist, so daß du ihm den Arm brichst.

So a trick: if someone strikes at you, go as before with your right hand and move it quickly upward and back; and grasp him with your left hand from behind around his right arm through your right arm, stepping with your right foot behind his right foot, as shown, so that you break his arm.

60

item aber ain stuck wenn dir ain zu flecht so
var aber auf als vor mit der rechten hant vn
schieb im vast zu ruck auf in dich vn greiff im
mit dein dein rechten tencke hant hinden
vmb sein rechten arm durch deine rechten arm
vn trit mit dem rechten fuss hinder sein rechte
fuss als hie gemalt stet so prichst du im den arm ab

PLATE 138

Item mer ein stuck wen dir ainer zu dem maul
wil slachen so var auf mit der rechten hant und
vach den slag auf dem armen und stoss in dann
mit deiner tencken hant unden an sein vrgssen
als hie gemalt stet so stostu in auf den ruck

Also, ein Stuck mehr: wenn einer dir aufs Maul schlagen will, fahre mit deiner rechten Hand hoch, und fasse den Schlag am Arm, und stoße dann mit deiner linken Hand von unten an seine Achsel, wie es hier gemalt ist, so daß du ihn auf den Rücken stößt.

So one more trick: if someone wants to hit your face, go with your right hand and catch the stroke by the arm and then hit his shoulder with your left hand from below, as depicted, so that you push him onto his back.

Item wer ein stuck weg dir aus zu dem maul
wil slachen so var auf mit der rechten hant vnd
nach dem slag auf dem arm vnd stoss in dann
mit dem tencken hant vnden an sein gossen
als hie gemalt stet so stostu in auf den ruck

PLATE 139

Item mer ein stuck so dir ainer pose wort gibt
so thu als welstu in mit deiner rechten hant an das
or slachen so zuck er den fus haupt an weg
mit dem slach in mit deiner tencken ~~fus~~ an seinen
rechten fus alz hie gemalt stet so velt er an rucken

Also, ein Stuck mehr: wenn einer dir ein böses Wort gibt, tue als ob du ihn mit deiner rechten Hand an das Ohr schlagen wölltest, so daß er den Kopf wegzieht, und schlage gleichzeitig mit deinem linken Fuß an seinen rechten Fuß, wie es hier gemalt ist, so daß er an den Rücken fällt.

So one more trick: if someone gives you a bad word, act as if you wanted to hit his ear with your right hand so that he pulls his head away, and simultaneously hit him with your left leg at his right leg, as shown, so that he falls on his back.

69

Item mer ain stuck so dir ainer paß wart gibt
so thu als welstu in mit dem rechten hant an das
or slachen so zuckt er den sein haupt an weg
mit dem slachen mit deinem rechten fuß an seinen
rechten fuß als hie gemalt stet so velt er an rucken

PLATE 140

Item so du mit ainem raufst und er dir vast
zu starck ist so vass in mit der rechten hant
pey dem har und mit der tencken stos in in dy
zend alz hie gemalt stet so mus er dich lassen

Also, du kämpfst mit einem, und er ist viel zu stark für dich: Packe ihn mit der rechten Hand am Haar und stoße deine linke Hand in seine Zähne, wie es hier gemalt ist, so daß er dich loslassen muß.

So you are fighting someone who is much too strong for you; grasp his hair with your right hand and hit him in the teeth with your left hand so that he has to let you go.

Jtem so du mit ainem ranfft vnd er dir vast
zw starck ist so vass in mit der rechten hant
pey dem har vnd mit der tencken stoss in an dē
zend als hie gemalt stet so muss er dich lassen

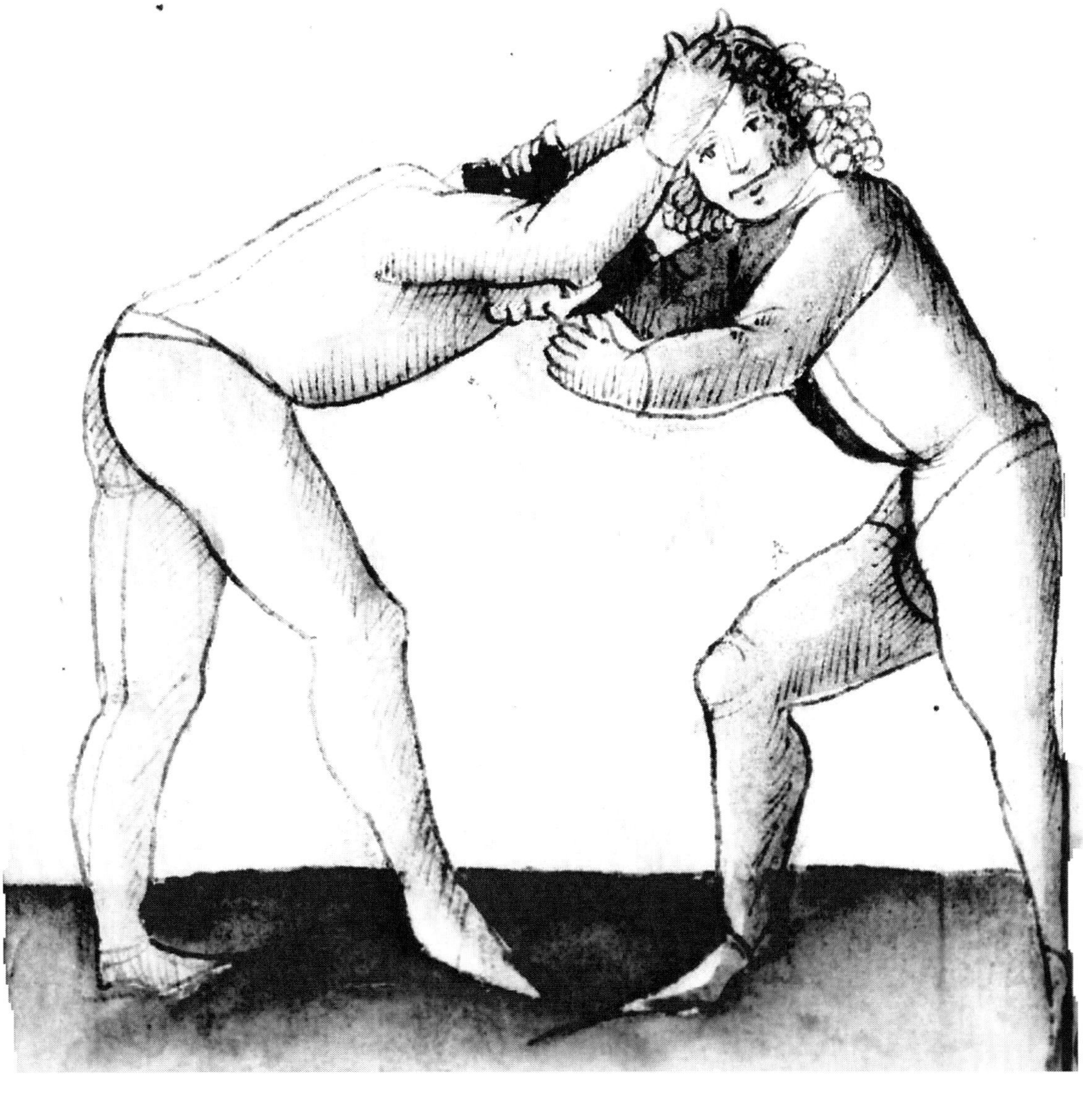

PLATE 141

Item so du mit ainem raufst und des nit kumen
magst und dir zu starck ist so greif mit deiner
tencken hant uber sein paid armen ~~als hie~~ und
greiff im in sein ~~rechte~~ tencke hant in denn tienr und
reib ims umb und greif mit der rechten hant
in sein tencken elpogen als hie gemalt stet so
prichstu im den armen ab und pleibt nit ain har in der hant

Also, du kämpfst mit einem, und kannst du nicht dazu kommen [was is zuvor dargestellt], und er ist zu stark für dich: Greife mit deiner linken Hand über seine beiden Arme und fasse seine linke flache Hand und drehe sie um und greife mit der rechten Hand seinen linken Ellbogen, wie es hier gemalt ist, so daß du ihm den Arm brichst, und kein Haar bleibt in der Hand.

So you are fighing someone and you cannot do it [what is stated above], and he is too strong for you: reach over both his arms with your left hand and grasp his left palm, turning it around, and grasp his left elbow with your right hand, as depicted here, so that you break his arm and not one hair remains in his hand.

70

Item so du nit ainen vorlauff hast vñ dem nit kumen
magst vñ dir zu starck ist so graif mit deiner
lincke hant vber sein gerad arm albeg vnd
graiff im in sein ~~rechte~~ lincke hant in dem tenir vnd
verbind im vnd graif mit der rechten hant
in sein lincke elpogen als hie gemalt stet so
prichst im den arm ab vñ pleibt nit ain har er hat

PLATE 142

Item mer ein stuck wen du mit ainem raufst
so vas in gleich als hinden vor gemalt stet und leg
im dann sein tencke faust in deinen rechten
armen auf die maus und slach in dan mit der
tencken hant auff seinen hals alz hie gemalt stet

Also, ein Stuck mehr: wenn du mit einem kämpfst, so fasse ihn gleich wie es vorher gemalt ist, und lege dann seine linke Faust in deinen rechten Arm auf den Muskel, und schlage dann mit der linken Hand auf seinen Hals, wie es hier gemalt ist.

So one more trick: if you fight someone, grasp him as stated before, then put his left fist into your right arm on the muscle, and hit him with your left hand in his neck, as shown.

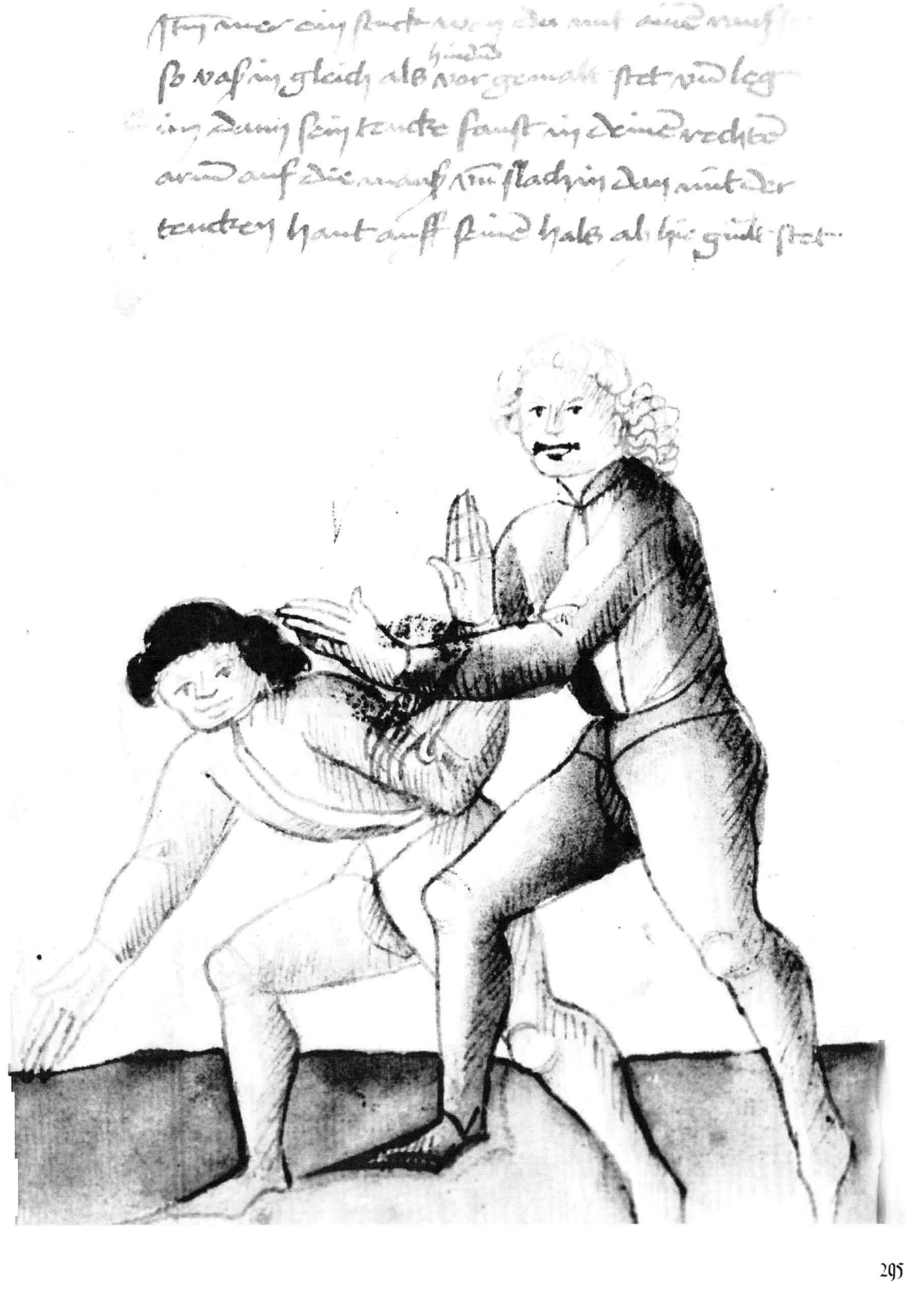

PLATE 143

Item ob sein not tat dastu must zwen gevangen
halten und gepunden so fas sy also nym den ainen
pey dem rechten armen als in dem nagsten stuck
da hinden gemalt stet und den andern pey
dem tencken als sy hie gemalt sten so helcztu
sy an sarg als lans das man dir zu hilf kumpt

Also, wenn es notwendig ist, daß du zwei Gefangenen halten und binden mußt, fasse sie so: nimm den einen am rechten Arm, wie es in dem vorherigen Stuck dahinten gemalt ist, und den anderen am linken Arm, wie sie hier gemalt sind, daß du ihm ohne Sorge hältst, bis man dir zur Hilfe kommt.

Then, if it is necessary for you to hold and keep two captured men, hold them like this: grasp the one at his right arm, as shown in the previous move, and grasp the other at his left arm, as depicted here, so that you hold them without worry, as long as someone comes to help you.

71

sten als stain not tüt das sie müssen zwen gevangen
halten vngepunden so sitz sy also vff dem ainen
bey dem rechten arm als in dem nächsten stuck
da hinden gemalt stet vnd dem andern bey
dem lencken als sy hie gemalt sten so heltu
sy aus sorg als lang das man dir zu helf kumpt

PLATE 144

Item ein pessers stuck ob du zwen halten wild
oder furen so zu versten dastu gesellen genug
hast dy sy dirs notten helffen und die selben
gesellen ander auch vachen musten so vass sy
also alz hie gemalt stet so furstu sy an sarg ein
halbe meil und hieten [hätten] sy holt paid harnasch an

Also, ein besseres Stuck: wenn du zwei Männer halten oder führen willst, paß auf, daß du genug Gesellen hast, die dir in der Not helfen, und müssen diese Gesellen auch diese Männer halten. Also fasse sie wie es hier gemalt ist, so daß du sie ohne Sorge eine halbe Meile weit führst, und sie werden bald Harnisch anhaben.

Then, a better trick: if you want to hold or drive two men, make sure you have enough companions to help you hold these men; so hold the men depicted here so that you can drive them without worry for half a mile, and soon they will have armor on.

PLATE 145

Item du solt mercken ein gut stuck und unterhalten
als wen ein starcker velt und wie in ainer halten
sol so ainer auf der erd ligt auf dem angesicht
so zeuch im seinen tencken armen hinder hin aus
und trit im mit deiner tencken fuss auf dy maus
und slach im dy faust fur dein schinpain als hie
gemalt stet so helcztu in und er schon harnasch an hiet

Also, du sollst dir ein gutes Stuck und Unterhalten merken, wenn ein Starker fällt, und wie ihn man halten soll. Wenn einer mit dem Gesicht am Boden liegt, ziehe seinen linken Arm nach hinten, und trete mit deinem linken Fuß auf seinen Muskel, und schlage ihm die Faust vor deinem Schienbein, wie es hier gemalt ist, daß du ihn hältst, und wird er bald Harnisch anhaben.

So you should understand a good move and hold, as a strong man falls and how he should be held: if someone lies on the ground on his face, pull his left arm back; put your left foot on his muscle; and put his forearm before your shin bone, as depicted here, so that you hold him, and soon he will have armor on.

72

PLATE 146

Item mer ein stuck ob du ainem halten wild
so leg in auf den pauch und stee grietlichsen (grätschend)
uber in und knie mit dem rechten knie auf
in und nym in mit der rechten hant vorn pey
schopf und zeuch in ubersich so helcztu in als
hie gemalt stet und ist ein gut gsellen stuck

Also, ein Stuck mehr: Wenn du einen halten willst, lege ihn auf den Bauch und stehe mit gegrätschten Beinen über ihm. Dann hocke dich mit dem rechten Knie auf ihn und packe ihn mit deiner rechten Hand vorne am Schopf und ziehe ihn zurück, so daß du ihn hältst, wie es hier gemalt ist; das ist ein gutes Gesellenstück.

So one more trick: if you want to hold someone, put him on his stomach and straddle him. Then kneel with your right knee on him and grasp his scalp with your right hand and pull him back so that you hold him, as shown. That is a good apprentices' trick.

1

PLATE 147

Item aber gar ein gut unterhalten als wen ainer
gevangen hie so magstu drey man also halten
ob sy schon harnasch an hieten und ist auch ein
grosse pein ob man ainem gerne wee wolt thun
alz es hie gemalt stenn dez geschicht oft nott

Also, ein ganz gutes Unterhalten, wie einer drei gefangenen Männer halten kann, ob sie schon Harnisch anhaben, und ist es auch eine große Pein, wenn man einem gern weh tun will, wie es hier gemalt ist. So eine Not gibt es oft.

Then, a very good hold because you can hold three captured men whether they already have irons on [or not], and it is very painful whether one wants to cause pain to someone, as it is depicted here. Such a necessity happens often.

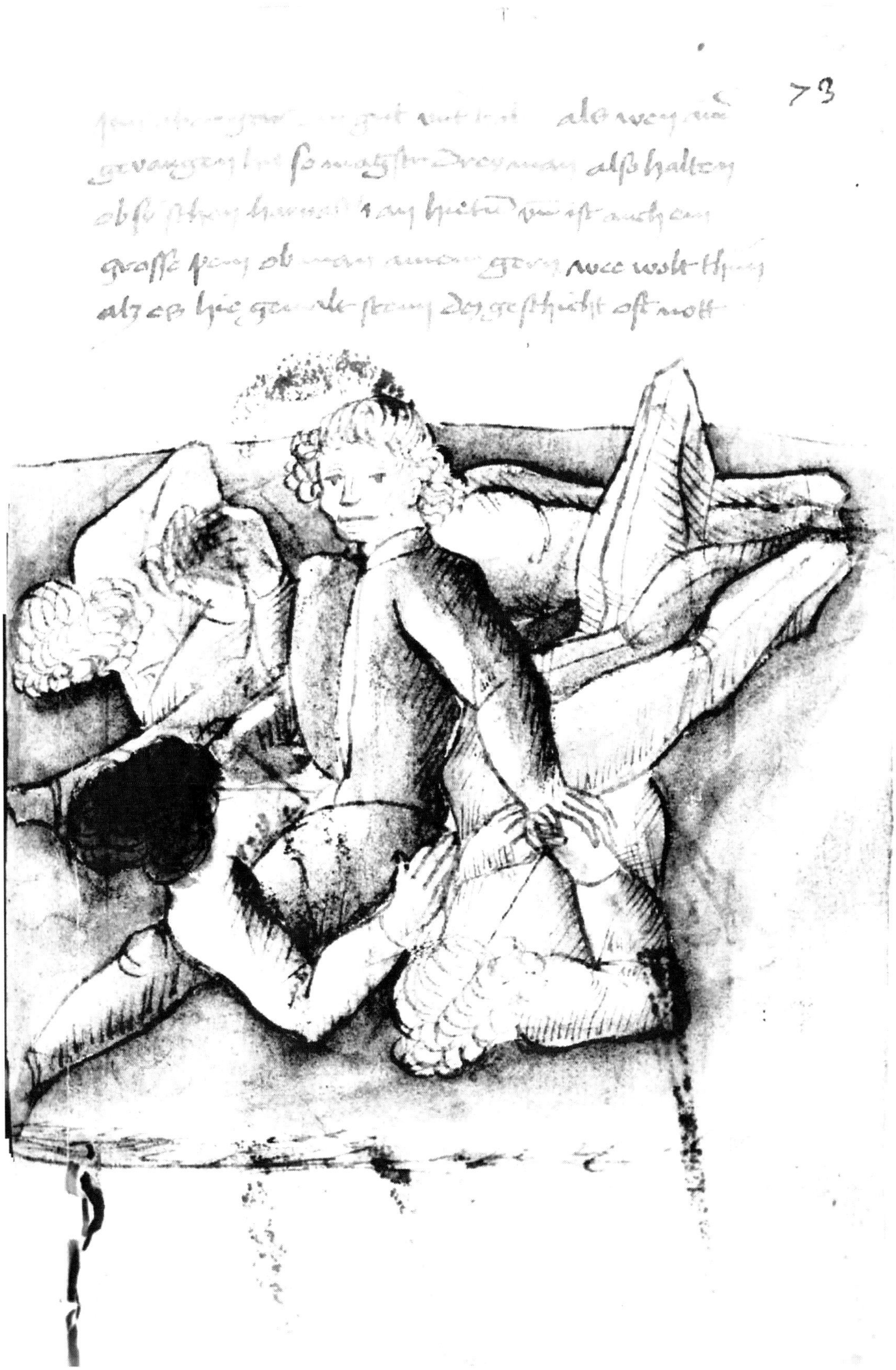
73

PLATE 148

Item ob du ainen pauren wild schaczen so vass
im dy haut zu samen an seinen hals und stich
im dar durch, als hie gemalt stet so maint
er man hab im denn hals ab geschnitten und schat nit

Wenn du einen Bauern ausrauben willst, fasse die Haut an seinem Hals zusammen und stich ihm dadurch, wie es hier gemalt ist, so daß er meint, daß man ihm den Hals abgeschnitten habe, und es schadet nicht.

So if you want to rob a peasant, pinch the skin on his throat and thrust through it, as shown, so that he thinks that you have cut his throat, and this does no harm.

Part B

PLATES 151–217

PLATE 151

PLATE 152

PLATE 153

PLATE 154

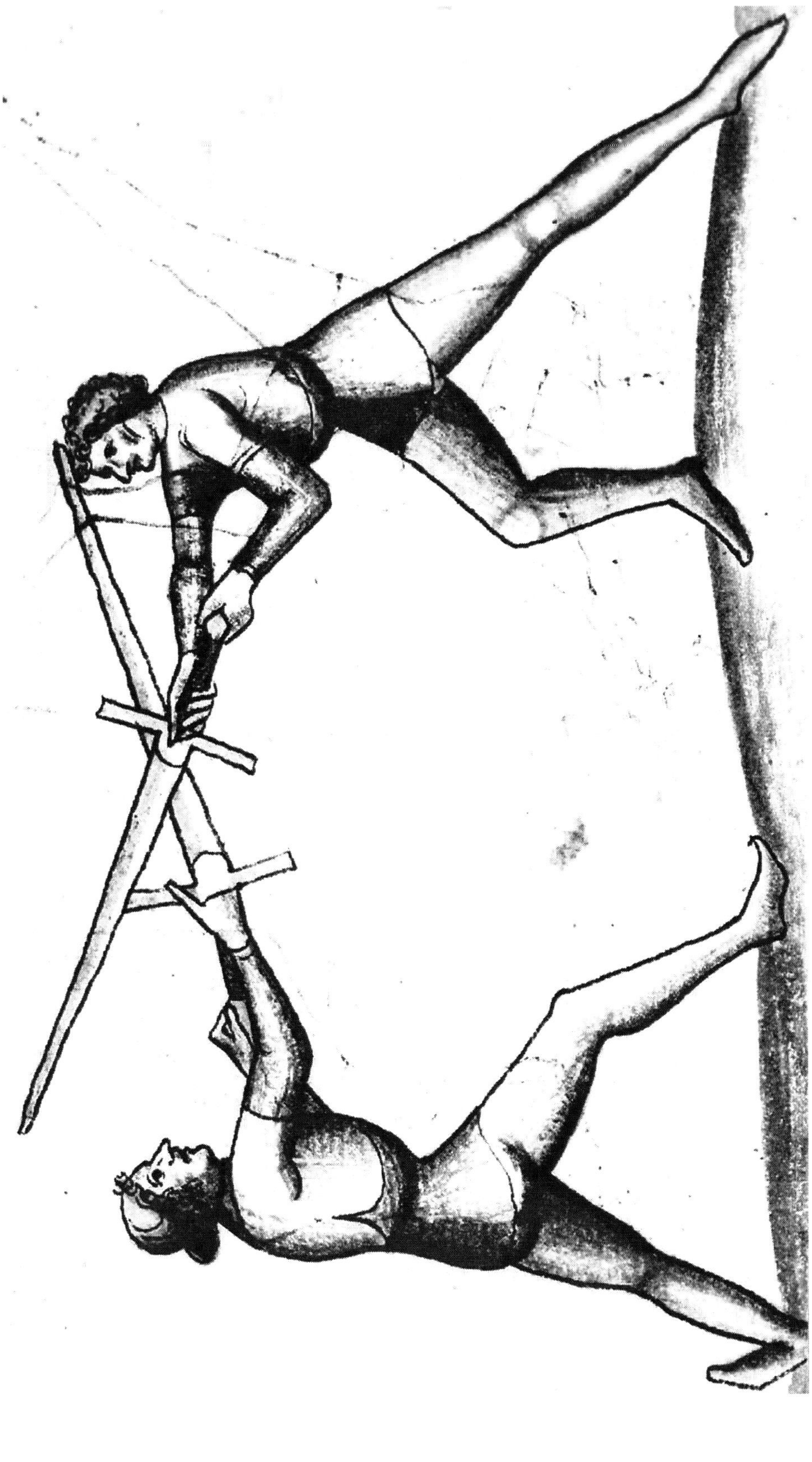

PLATE 155

PLATE 156

PLATE 157

PLATE 158

PLATE 159

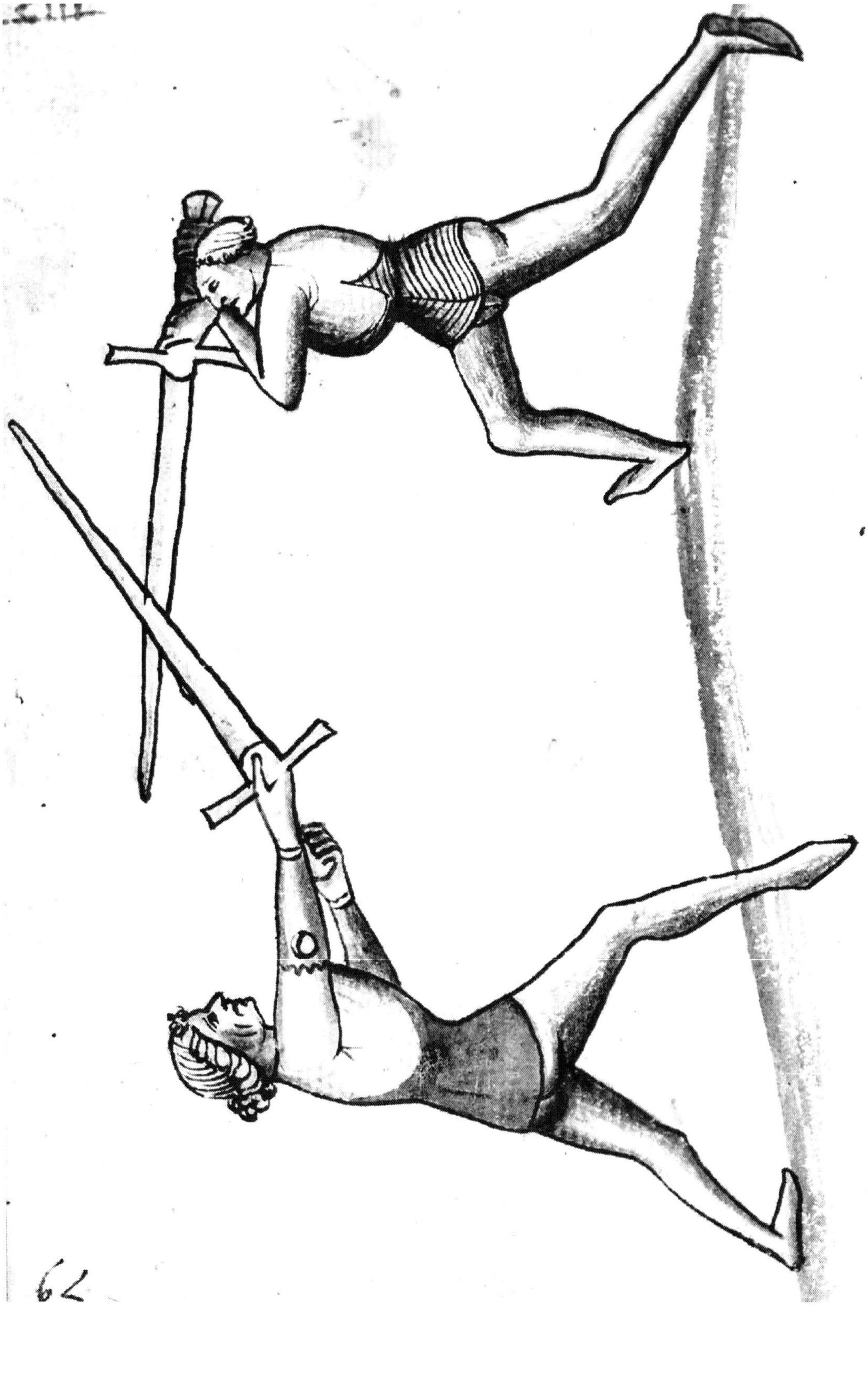

PLATE 160

[Neo-Gothic 16th-century script]
Der stannt im
Langinschwert
Standt 11bar*

Der Stand im langen Schwert
11 Stände ohne Rüstung

The image of the longsword
11 images without the armor

*Refers to the number of images—in fact, 10 plates of longsword combat without armor

PLATE 161

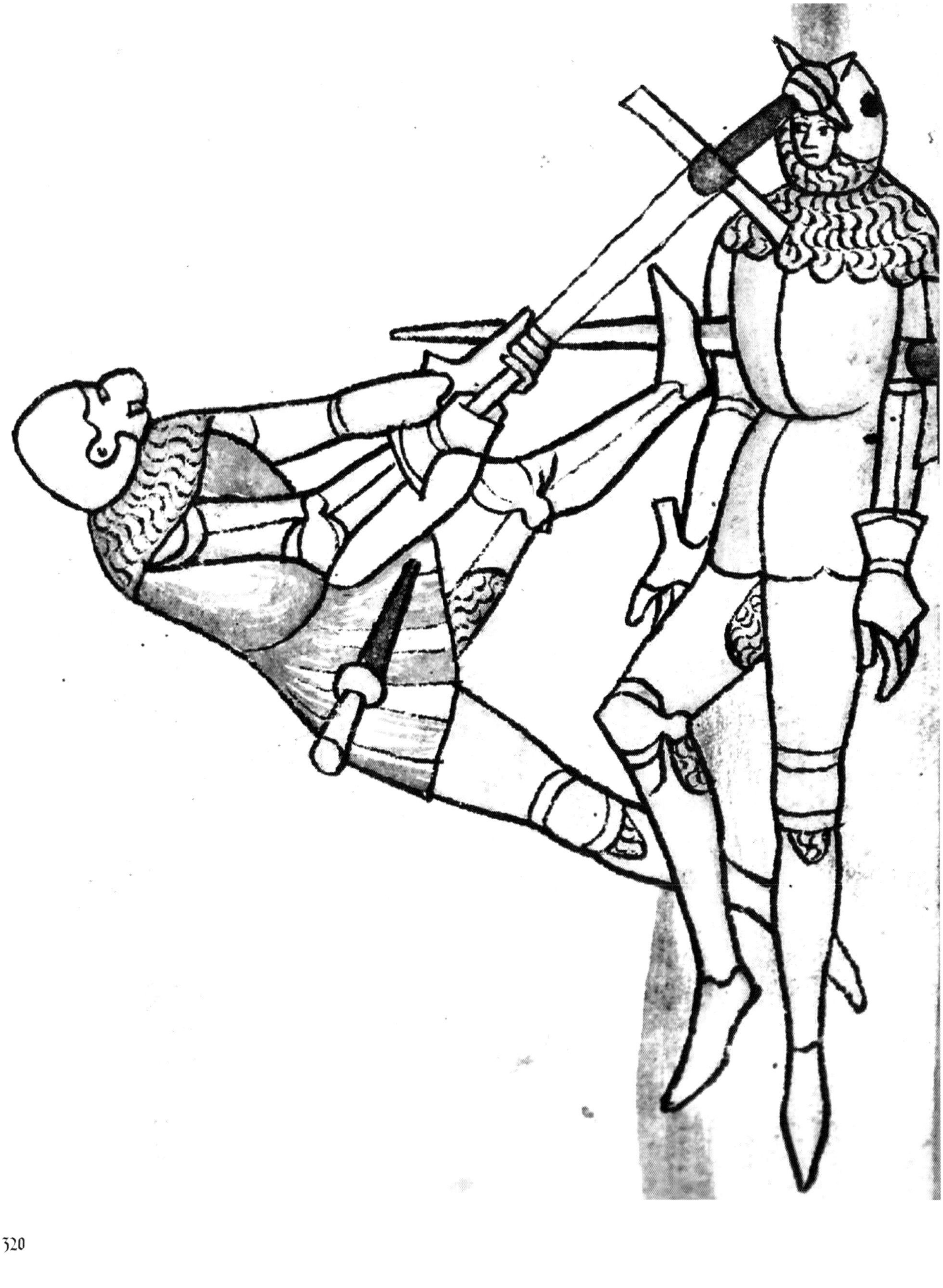

PLATE 162

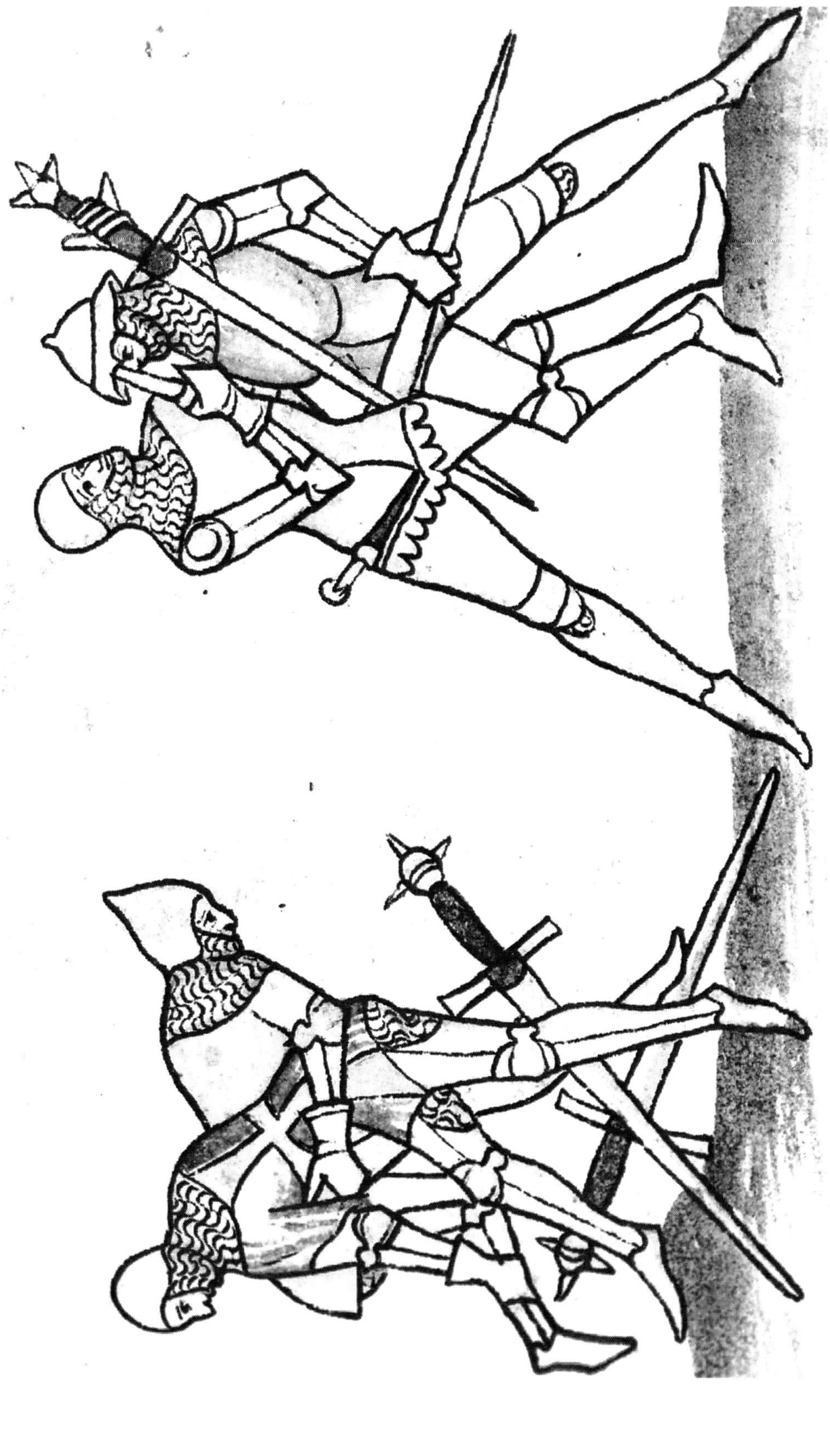

PLATE 163

PLATE 164

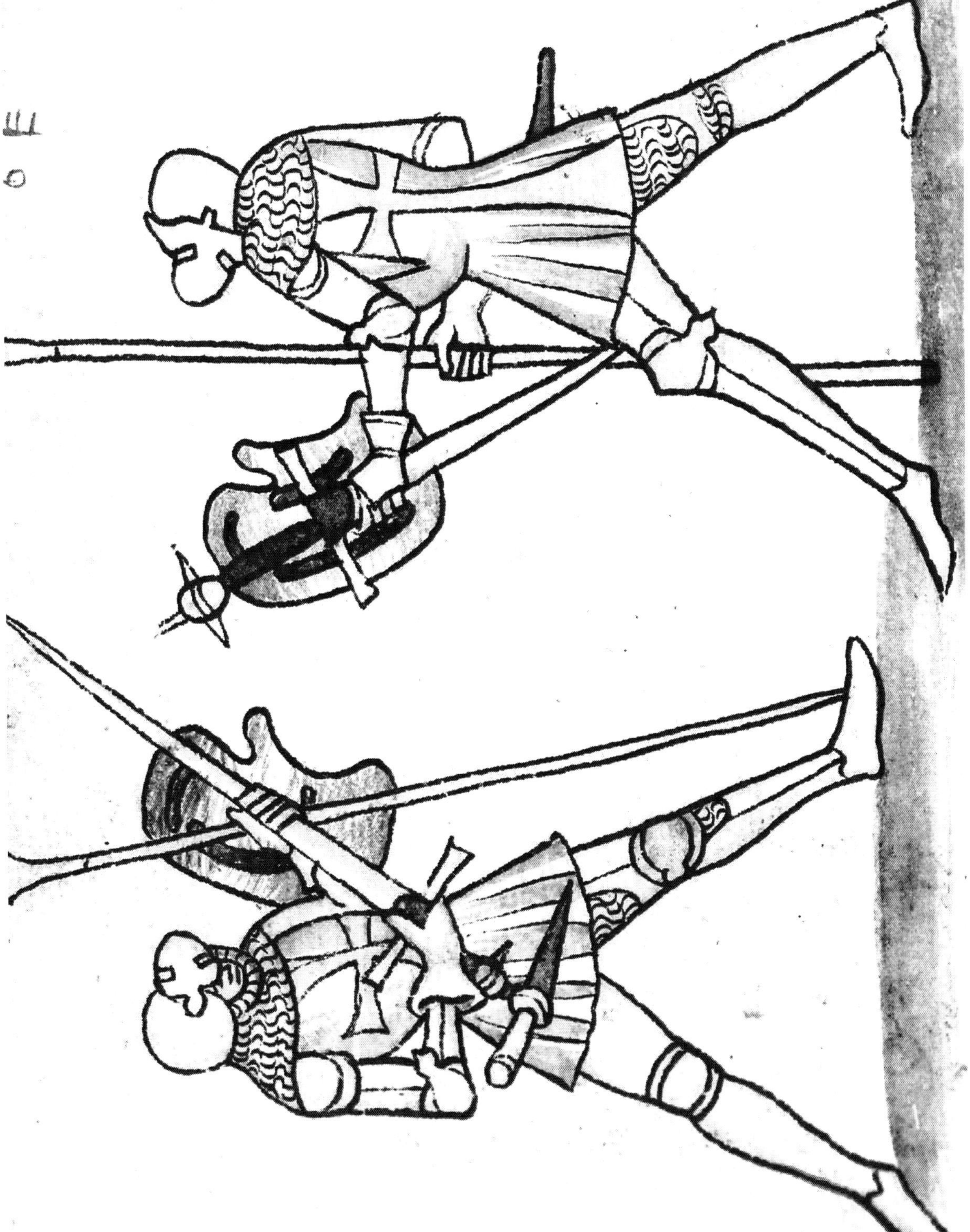

PLATE 165

PLATE 166

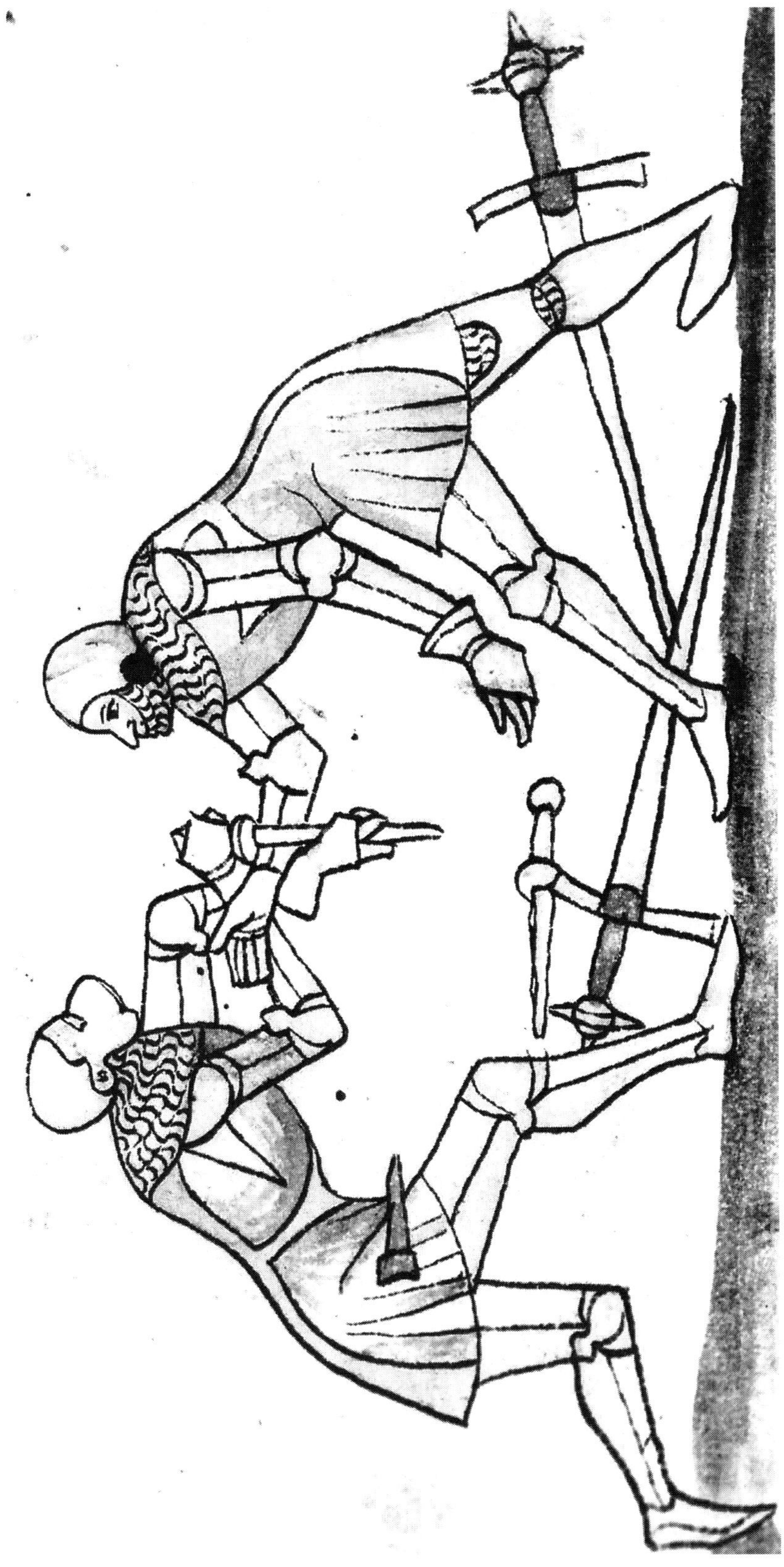

PLATE 167

PLATE 168

PLATE 169

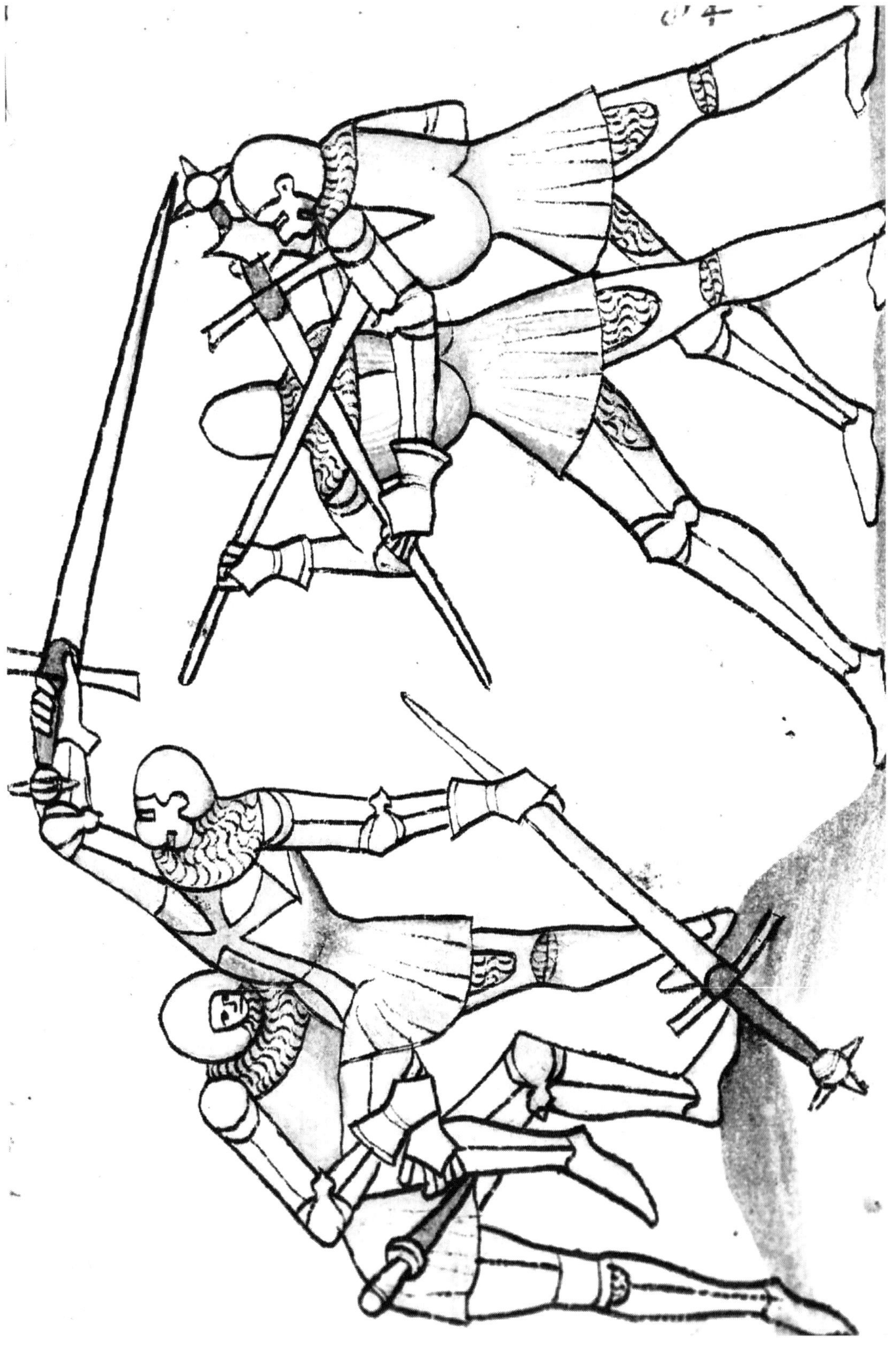

PLATE 170

PLATE 171

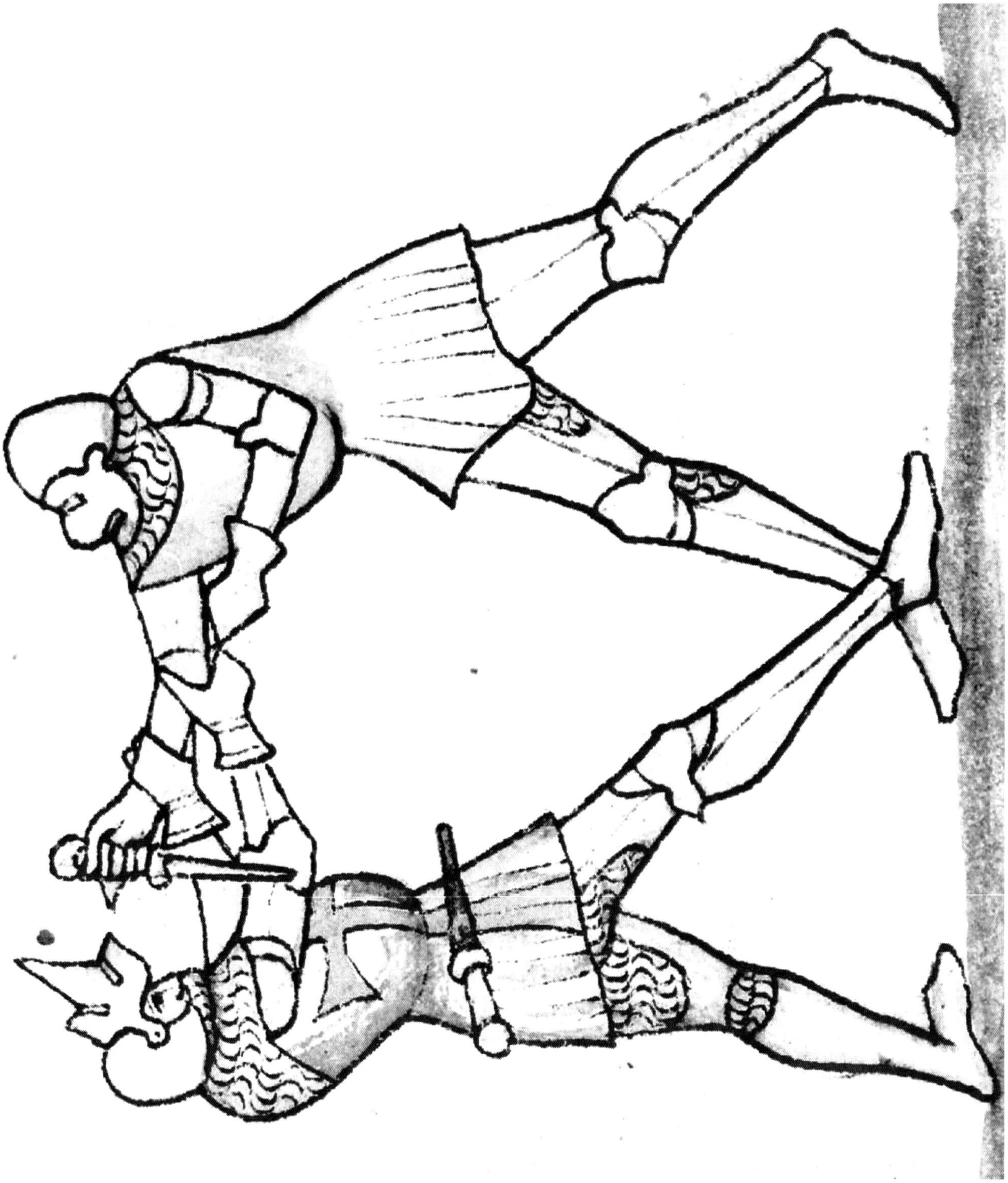

PLATE 172

PLATE 173

PLATE 174

PLATE 175

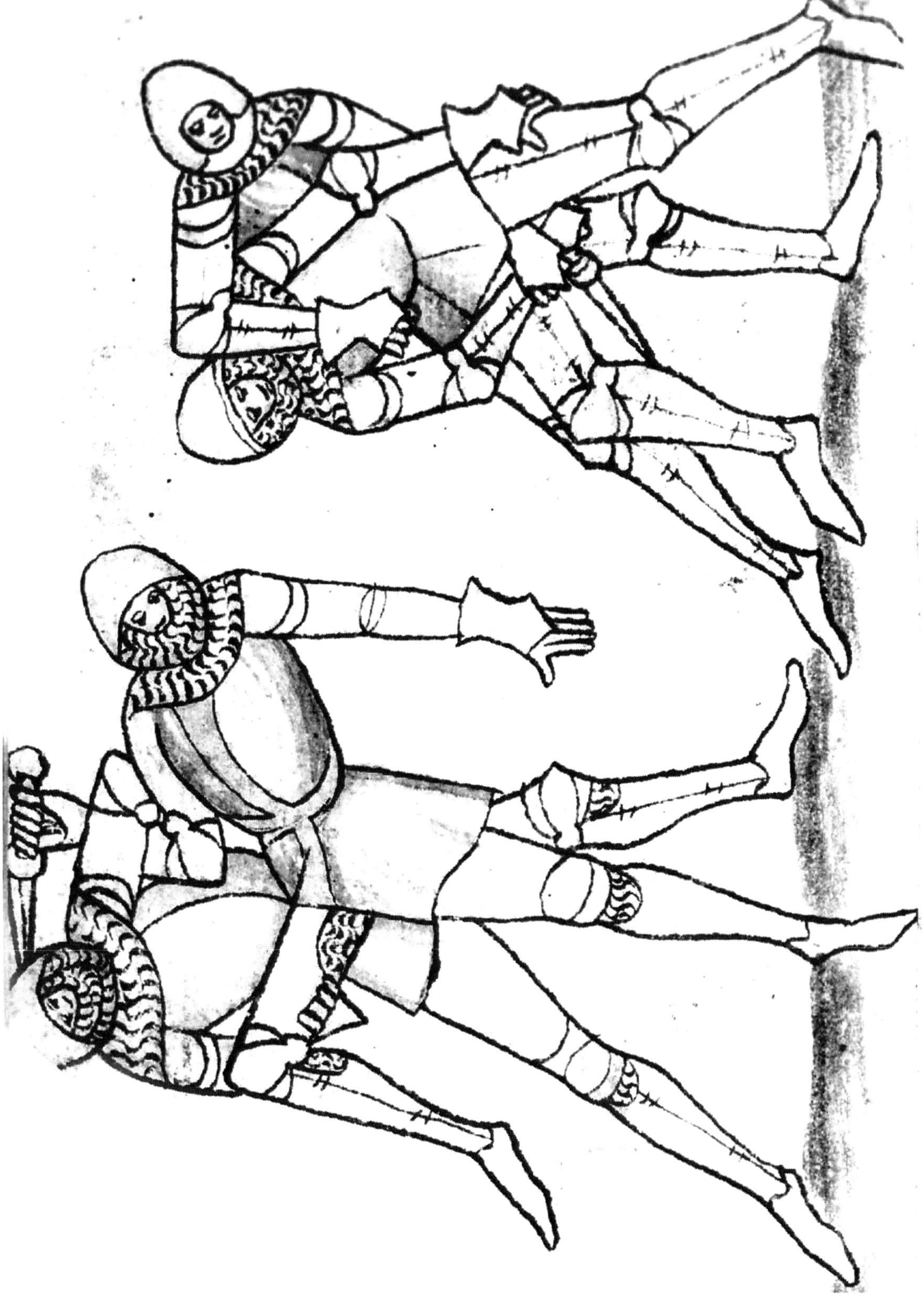

PLATE 176

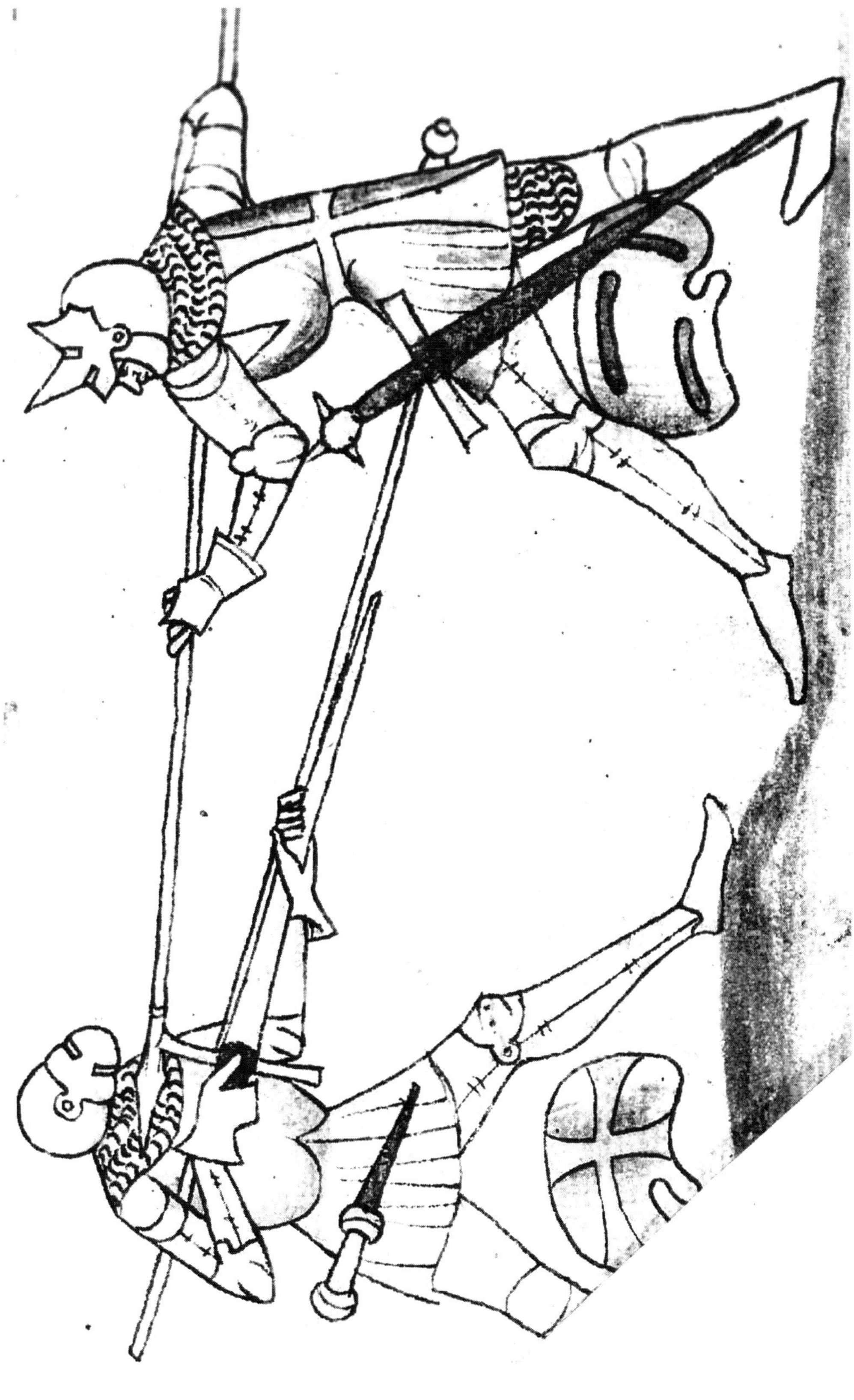

PLATE 177

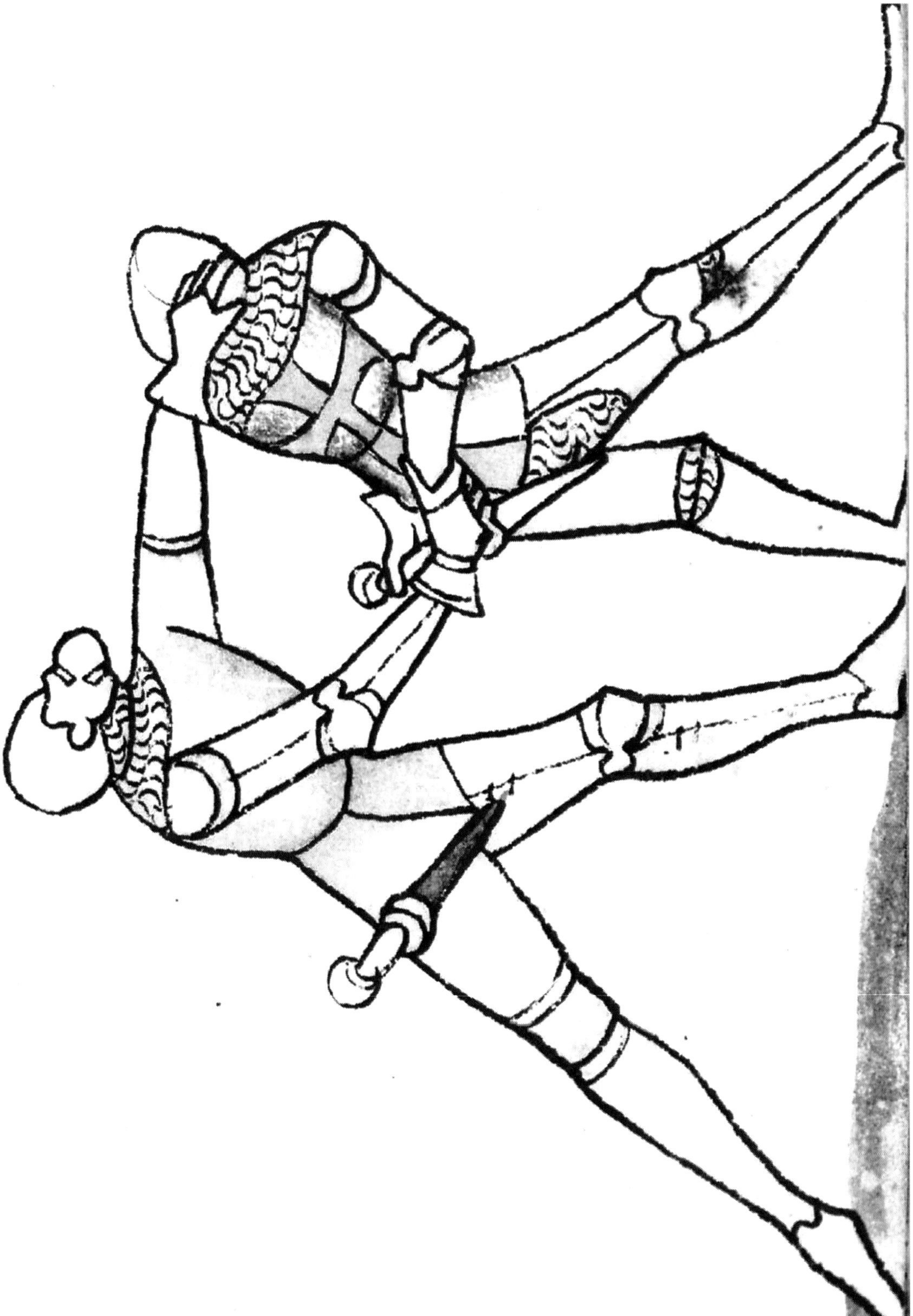

PLATE 178

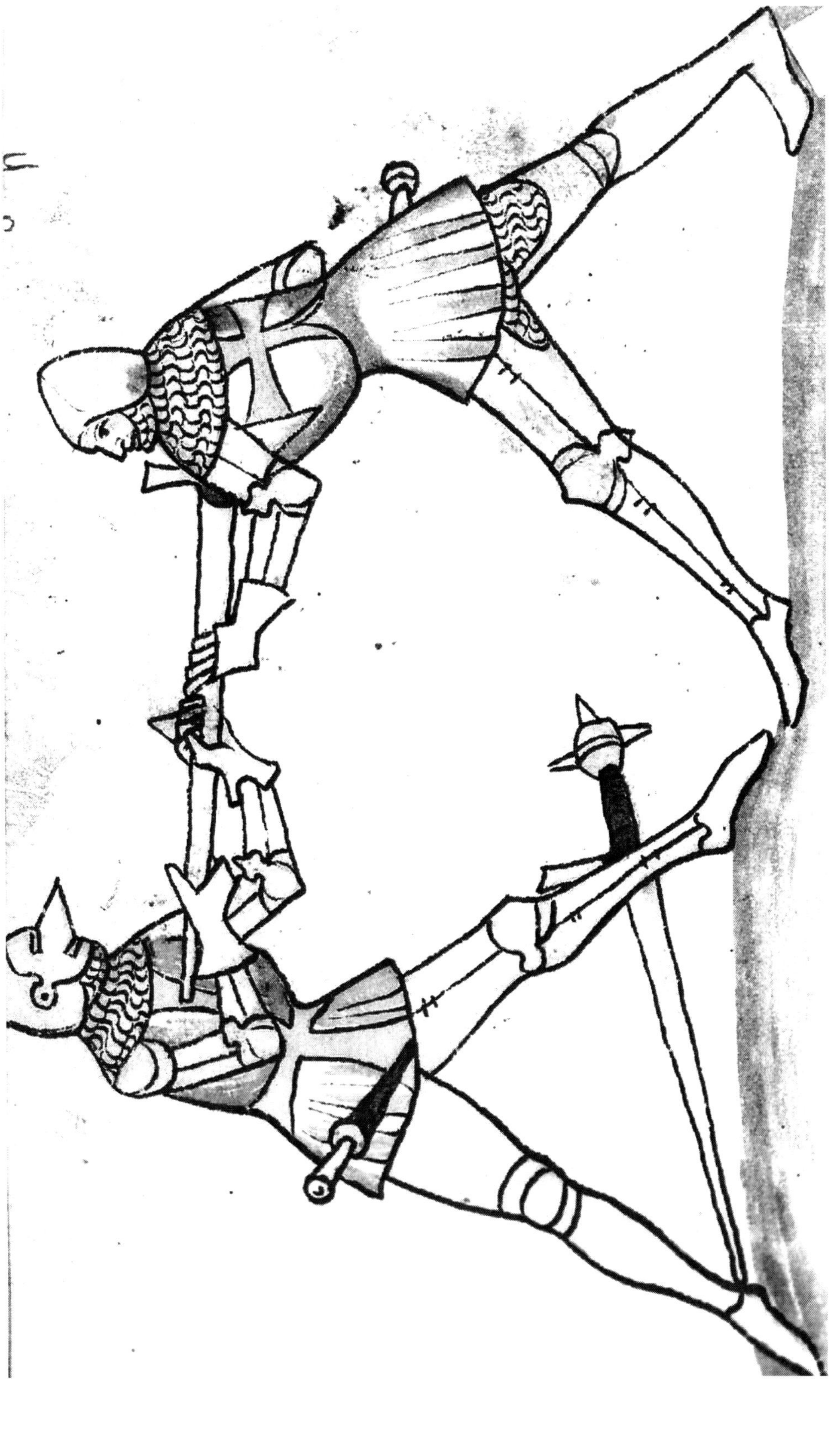

PLATE 179

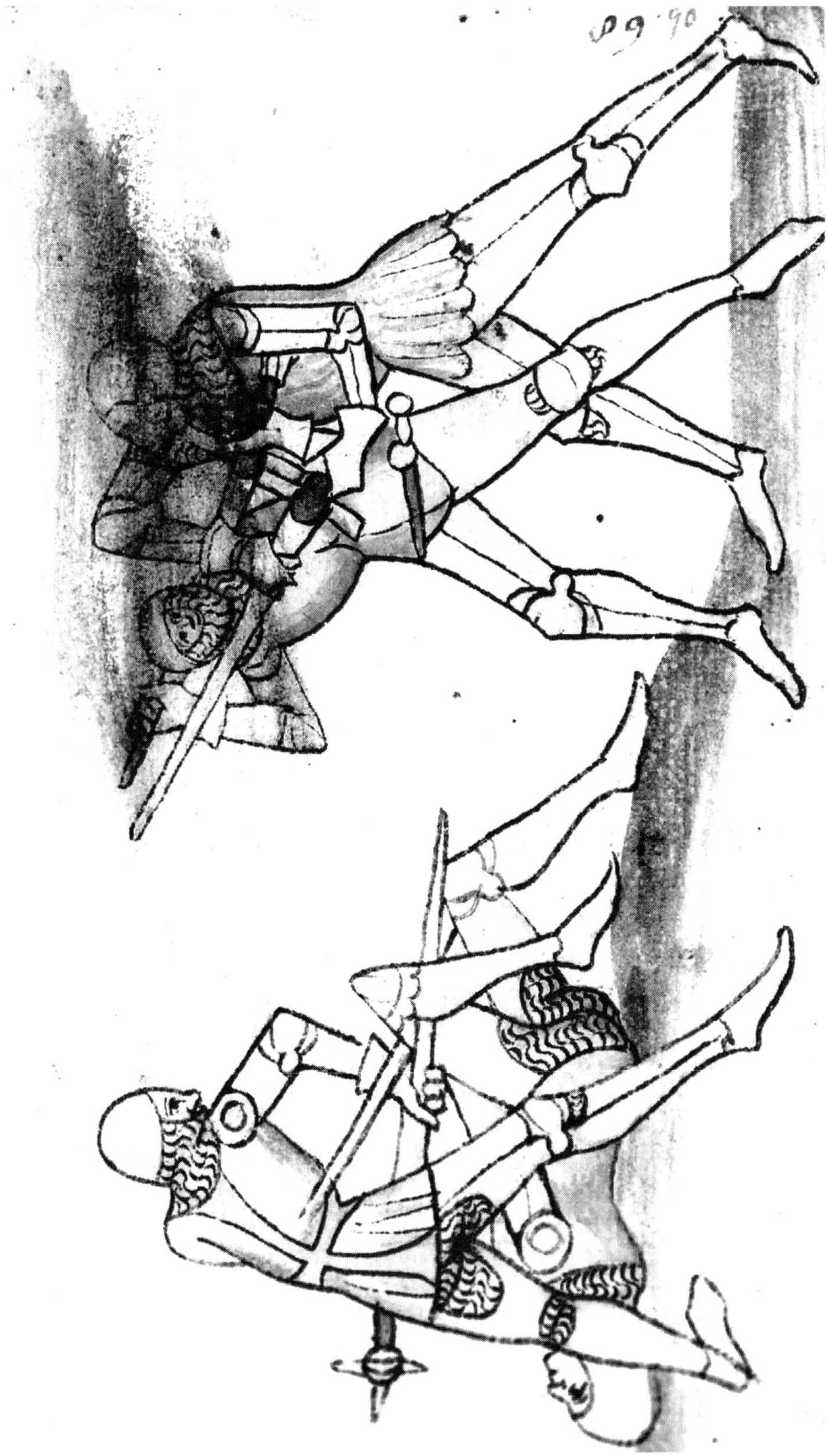

PLATE 180

PLATE 181

PLATE 182

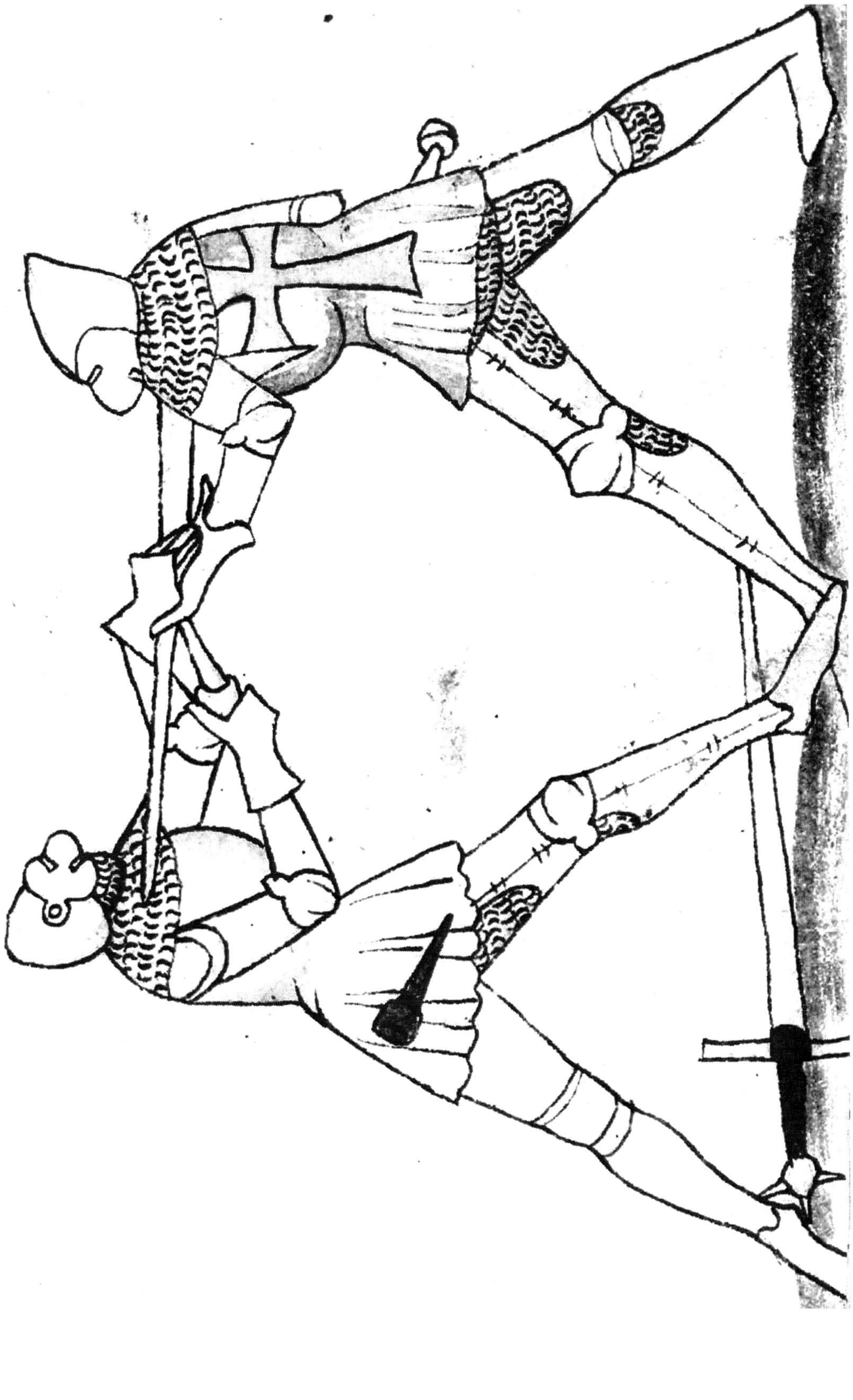

PLATE 185

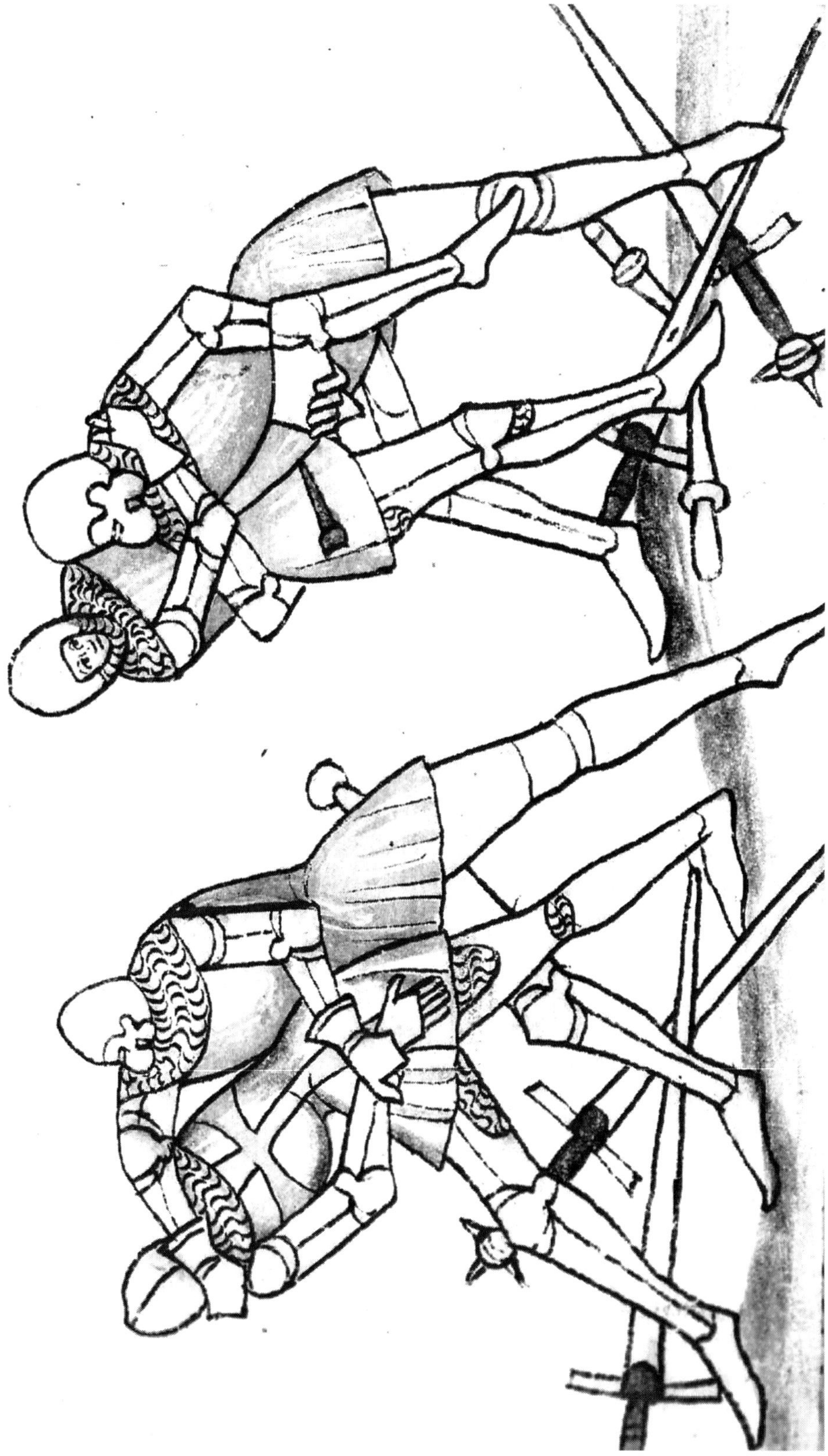

PLATE 186

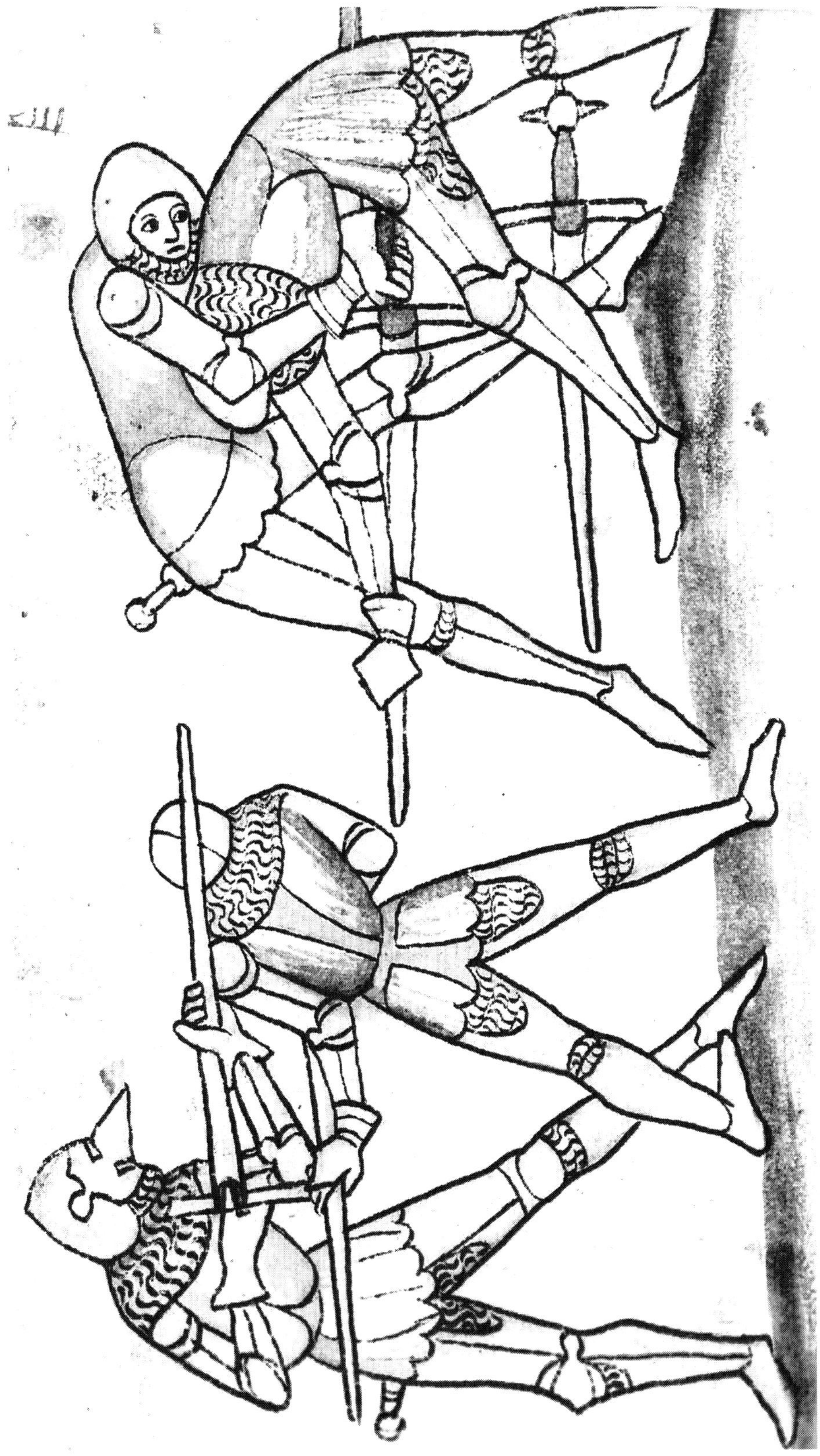

PLATE 187

PLATE 188

PLATE 189

PLATE 190

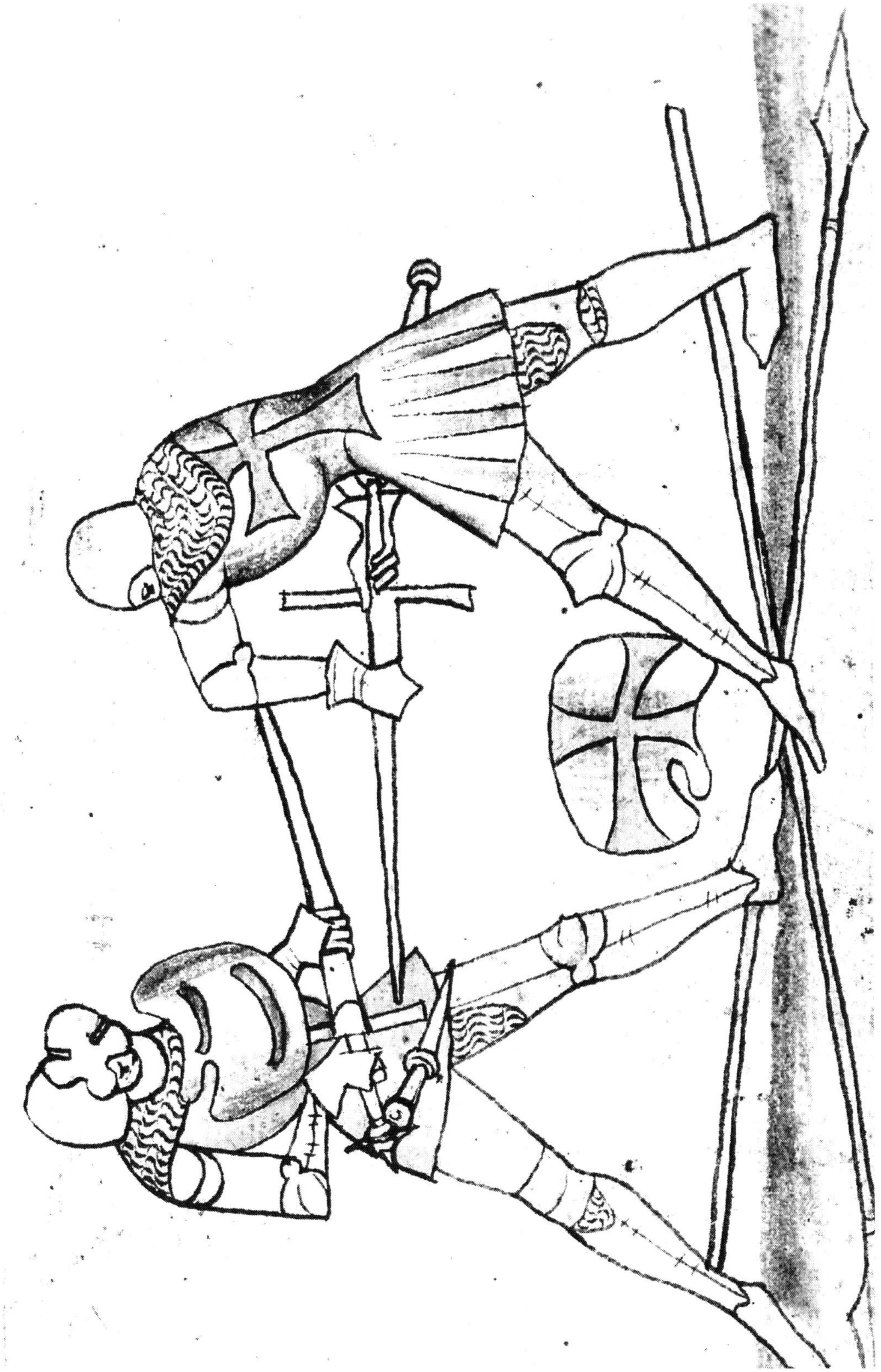

PLATE 191

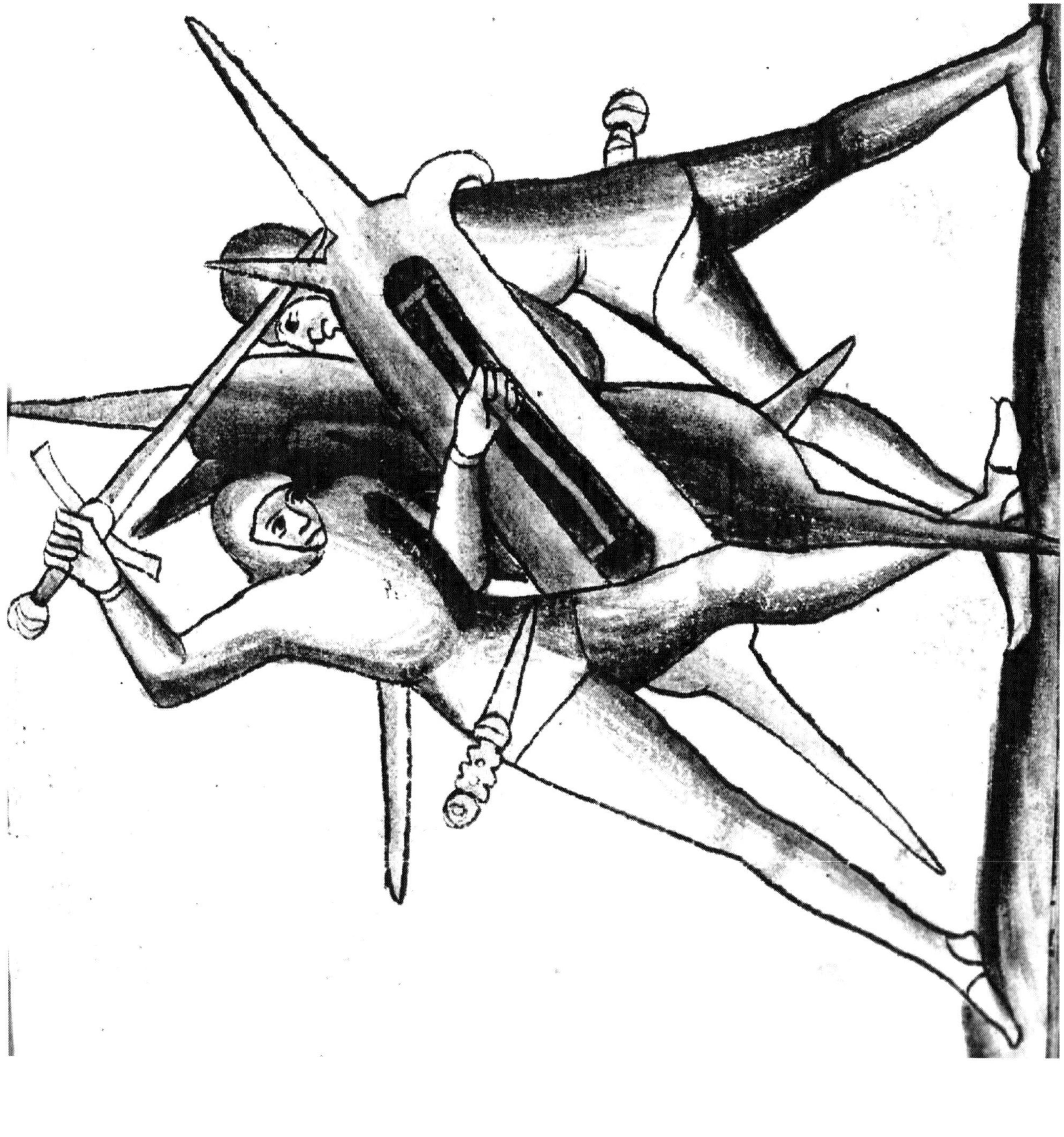

PLATE 192

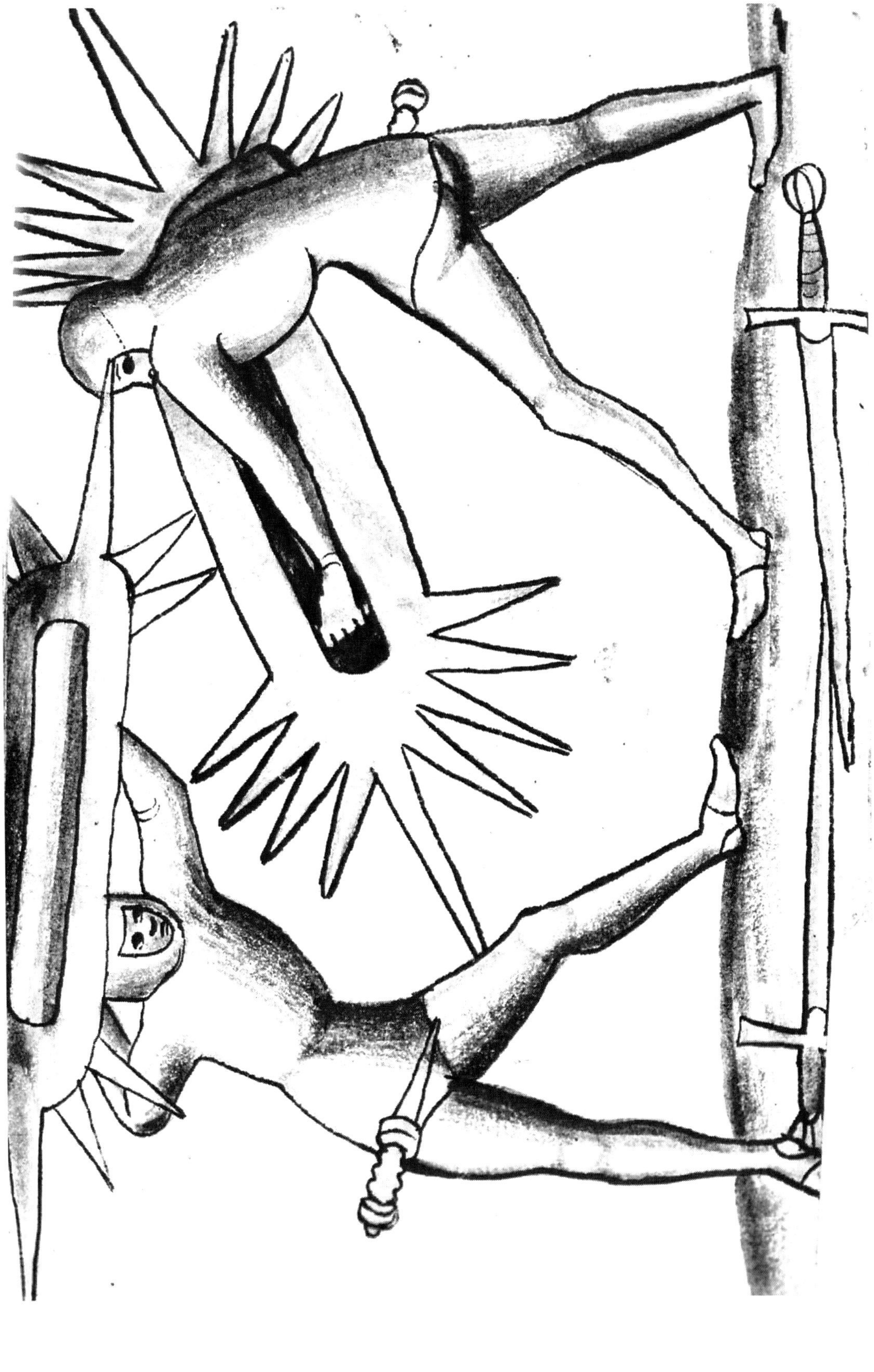

PLATE 193

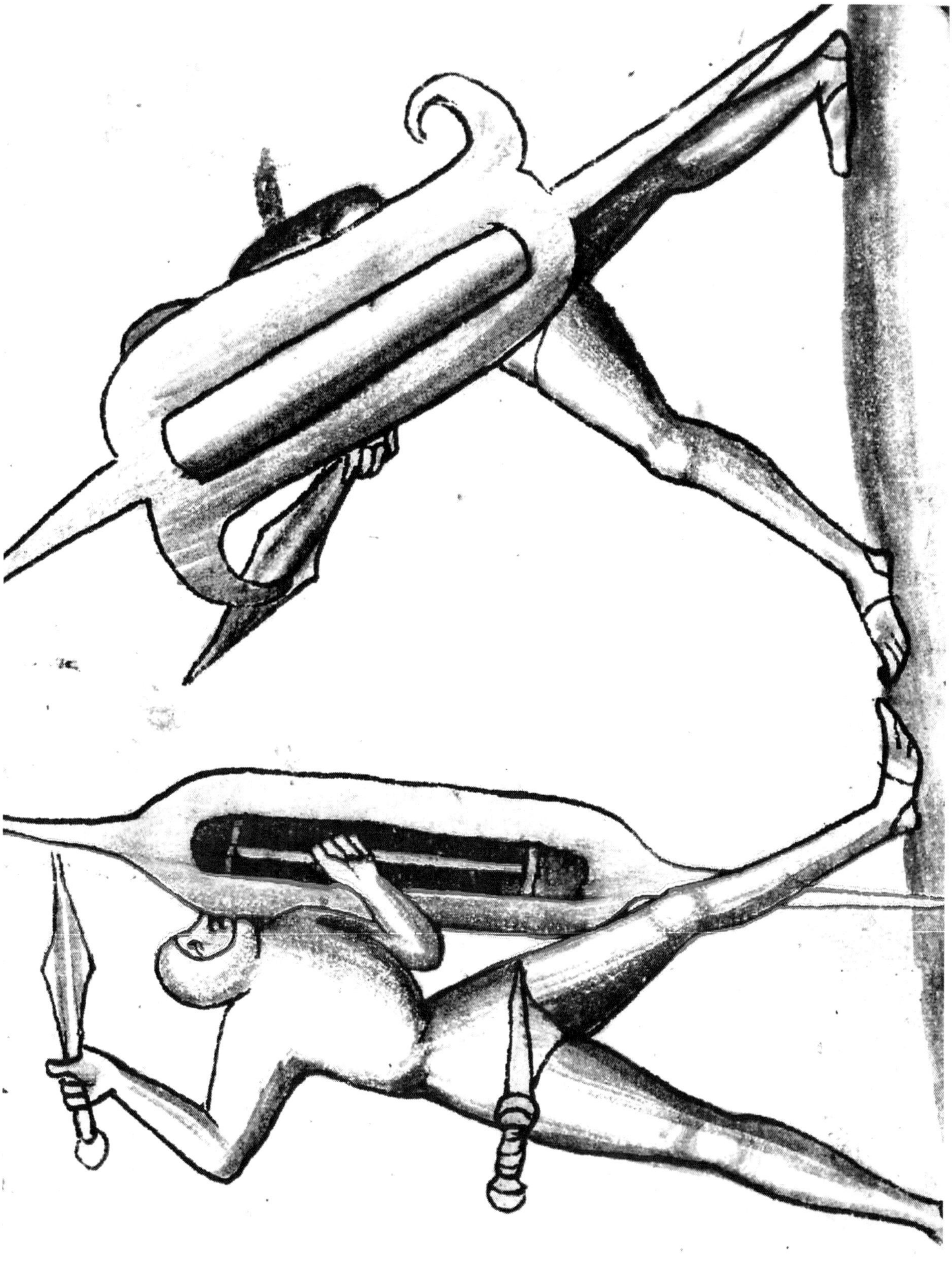

PLATE 194

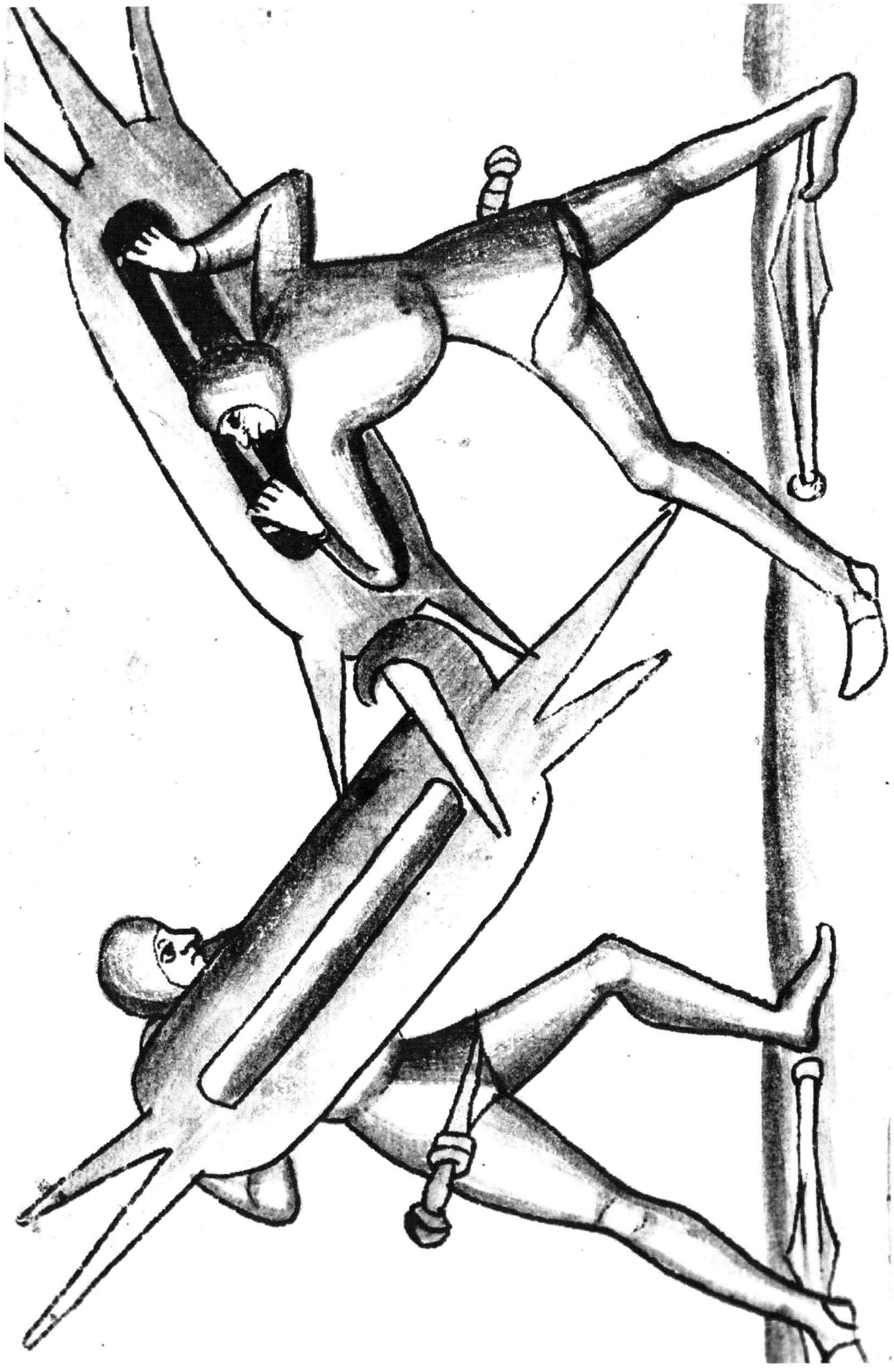

PLATE 195

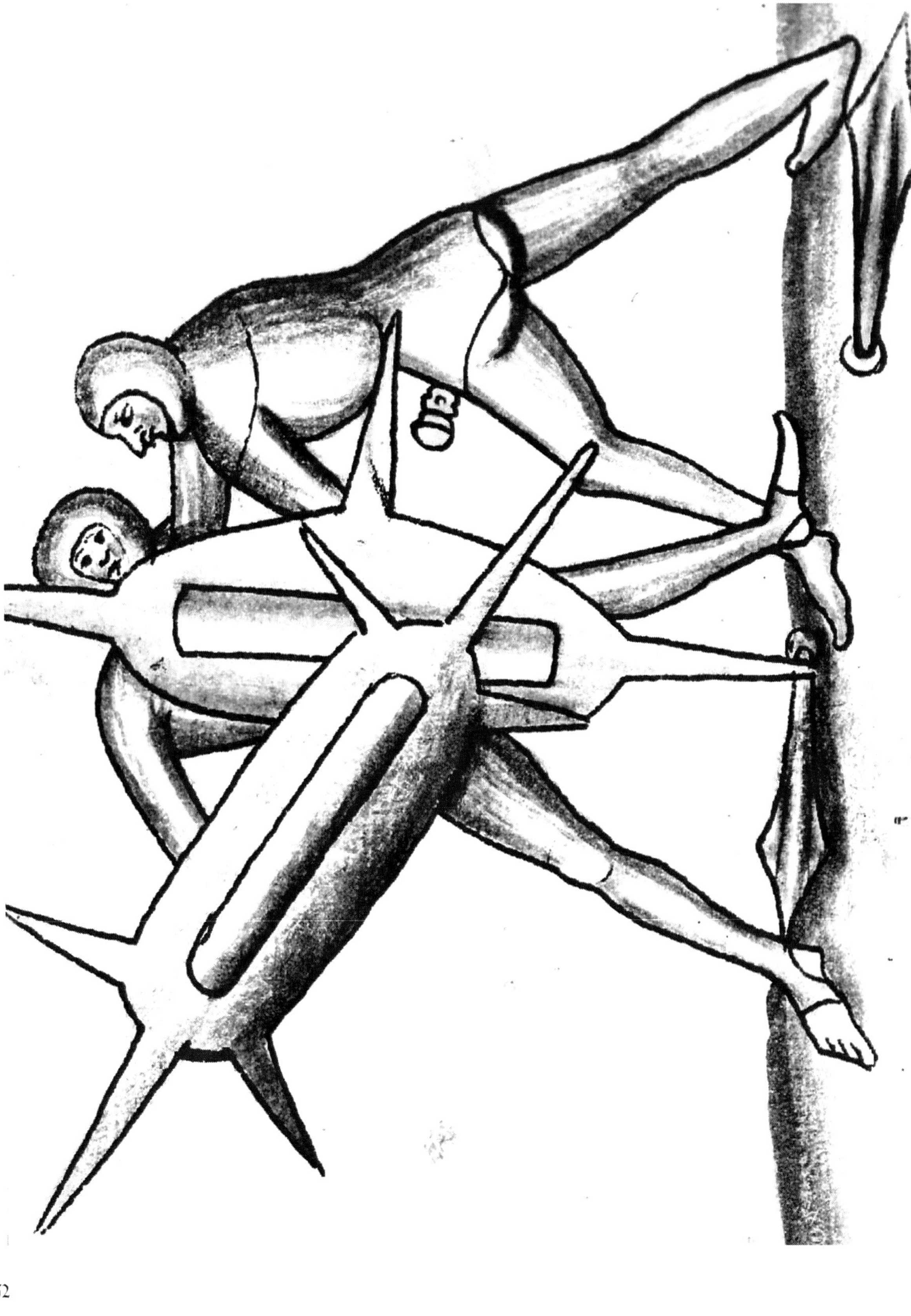

PLATE 196

PLATE 197

[Neo-Gothic 16th-century script]
der Ringen standt
4 bar stannt*

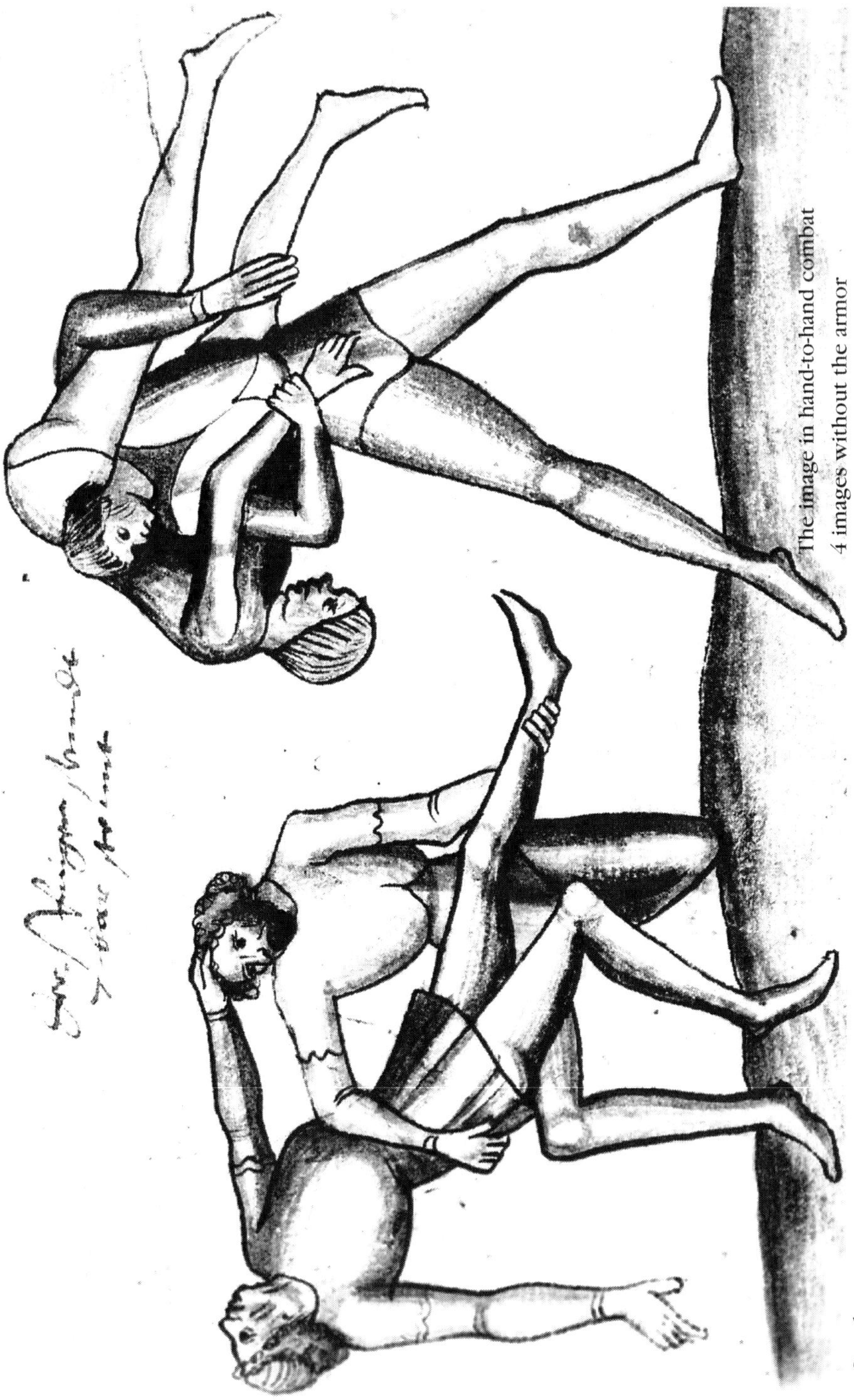

The image in hand-to-hand combat
4 images without the armor

Der Ringen-Stand
4 Stände ohne Rüstung

*Refers to the number of of images—4 plates of hand-to-hand combat

PLATE 198

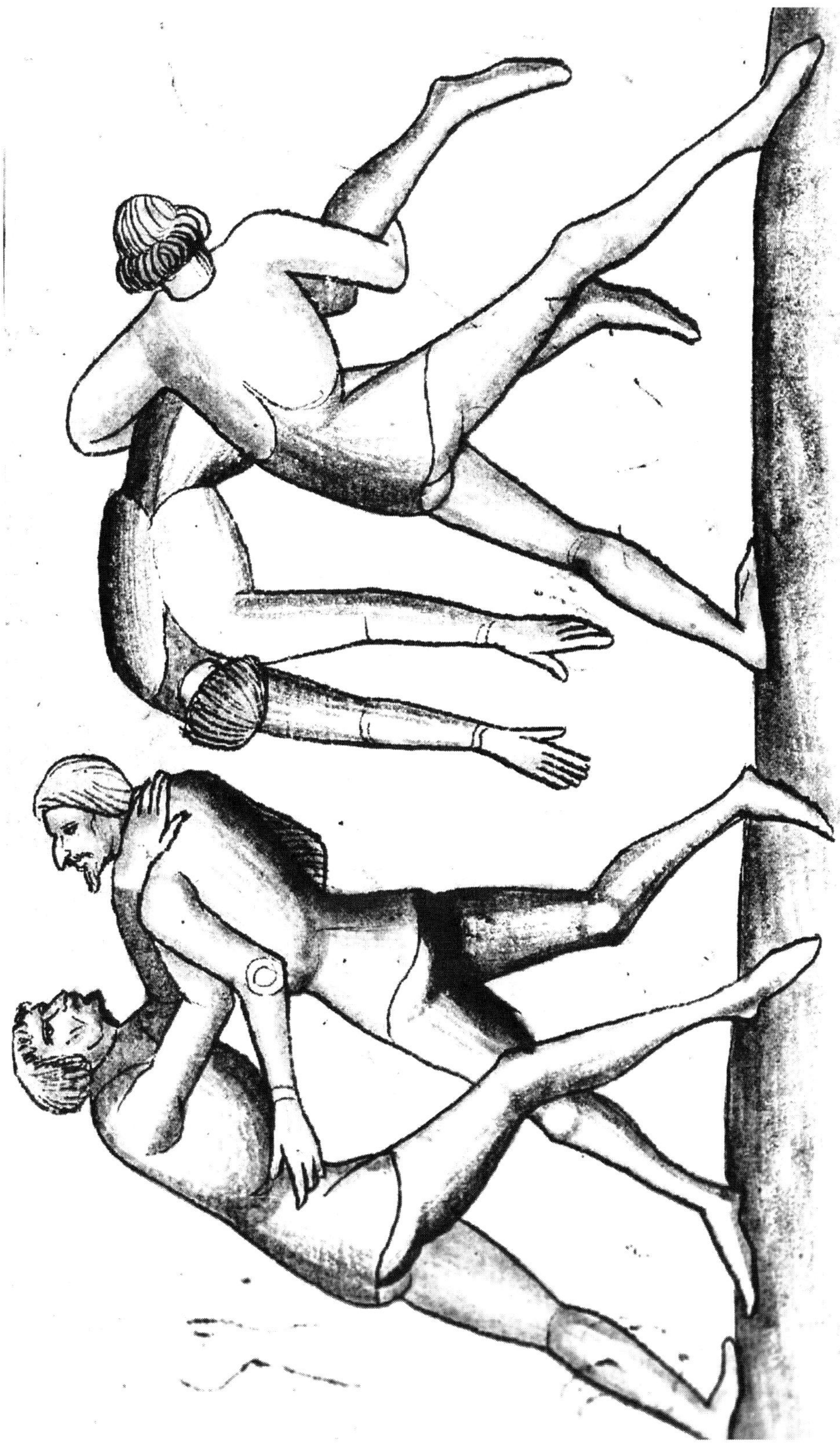

PLATE 199

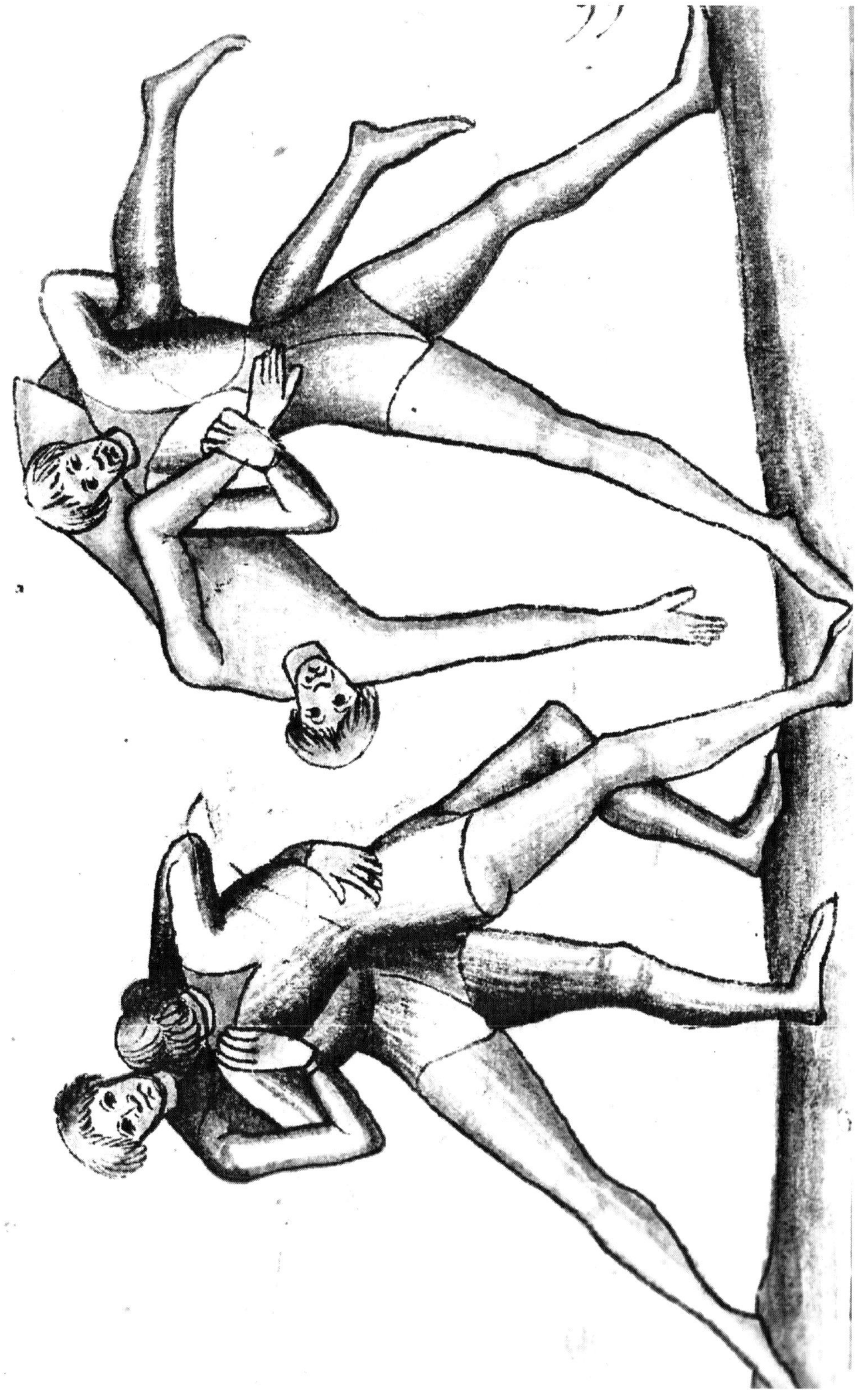

PLATE 200

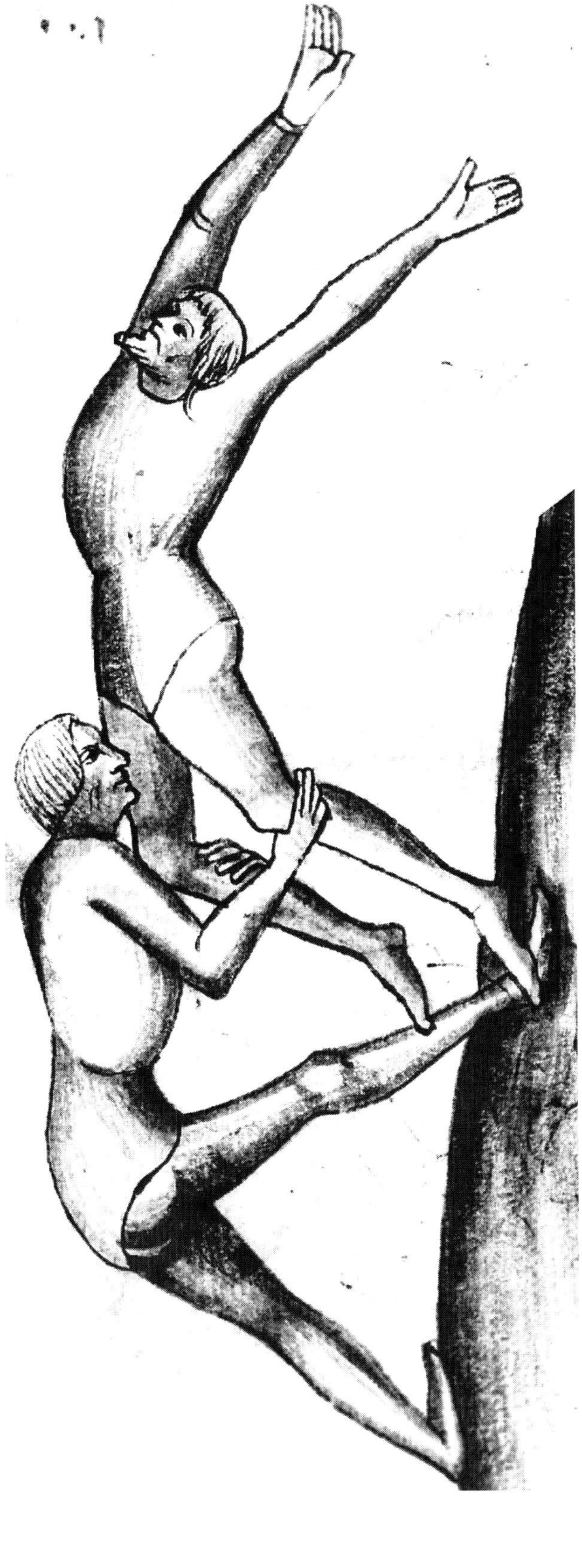

PLATE 201

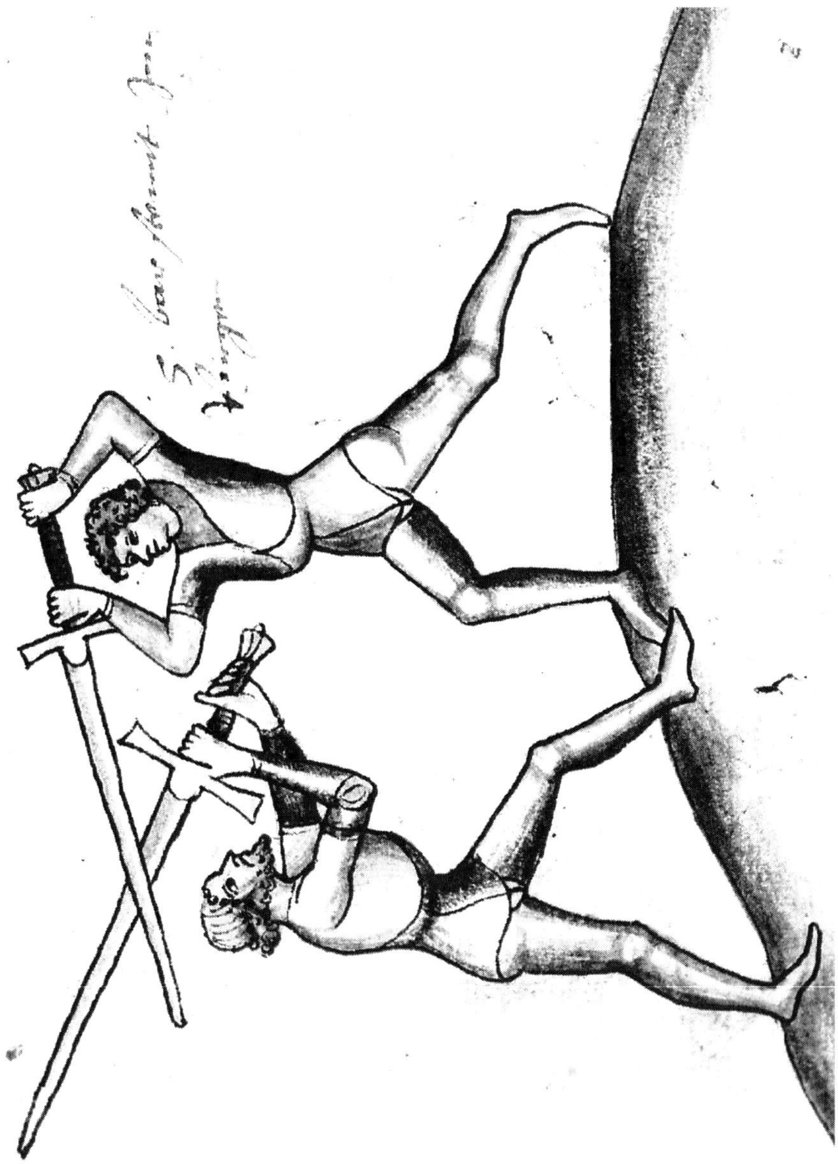

[Neo-Gothic 16th-century script]

5. bar stannt im

Ringen*

* 5 Stände ohne Rüstung im Ringen

5 images of hand-to-hand combat without the armor

*Refers to the number of images—in fact 4 images of hand-to-hand combat, as in Plate 202

PLATE 202

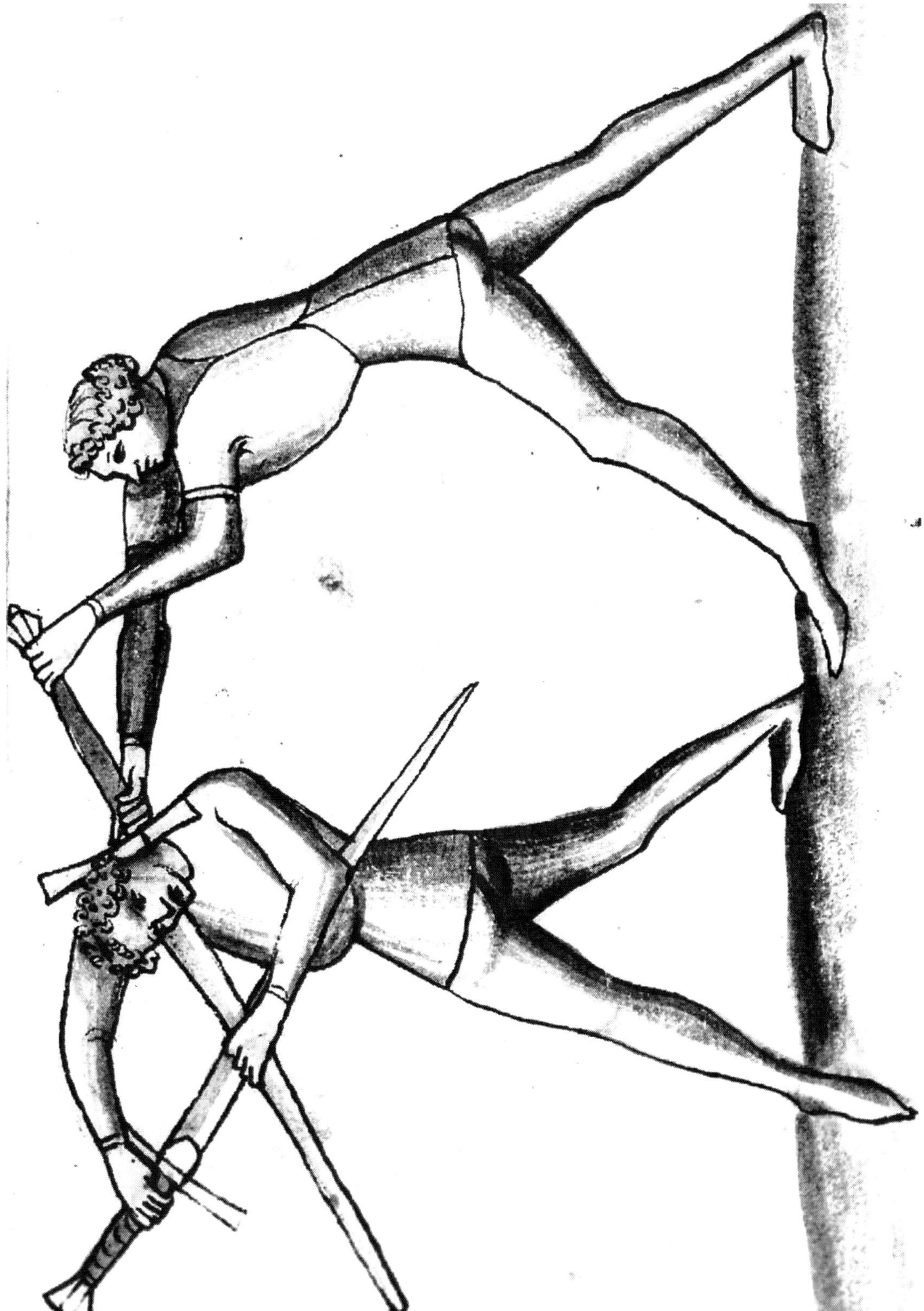

PLATE 203

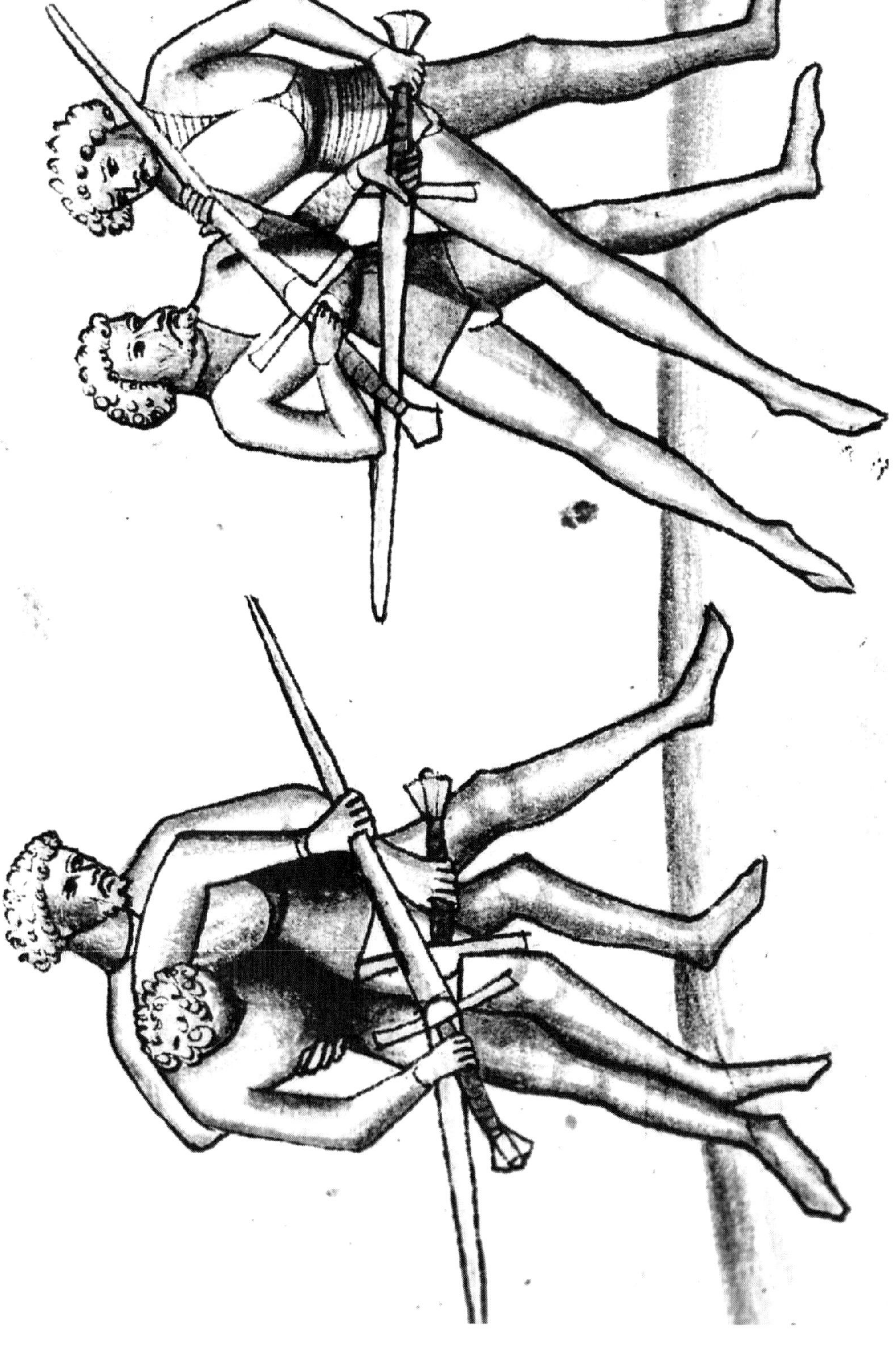

PLATE 204

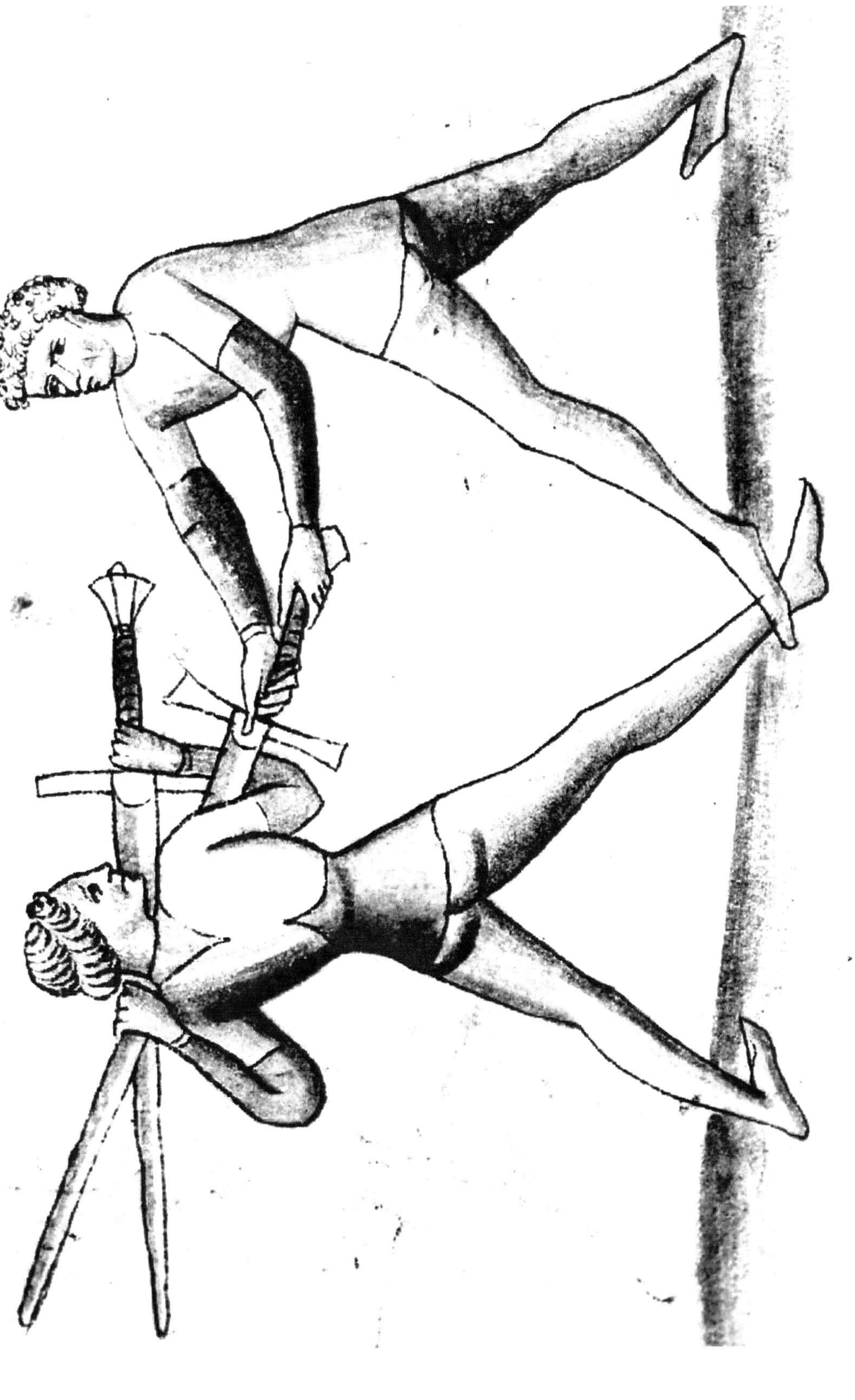

PLATE 205

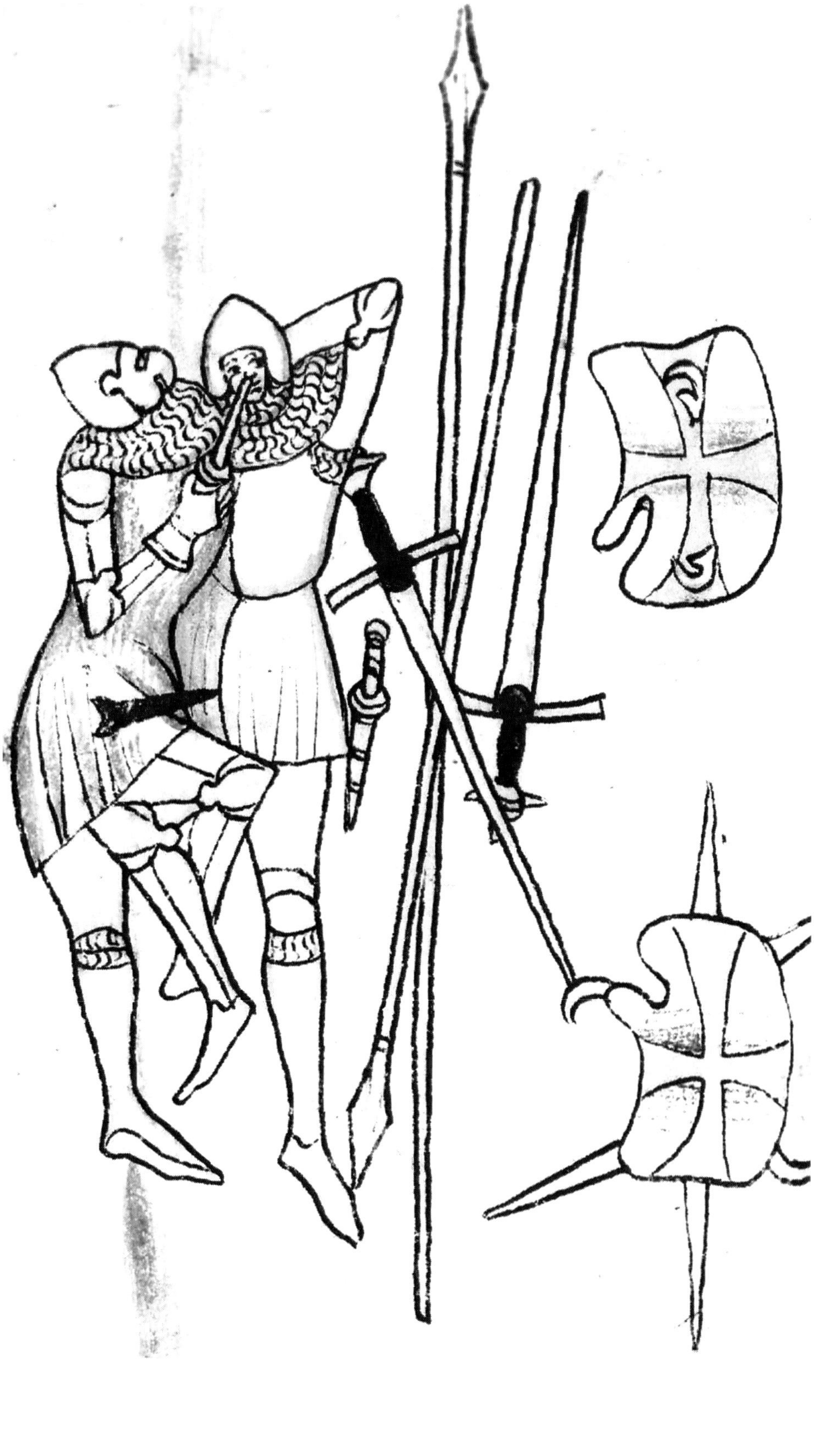

PLATE 206

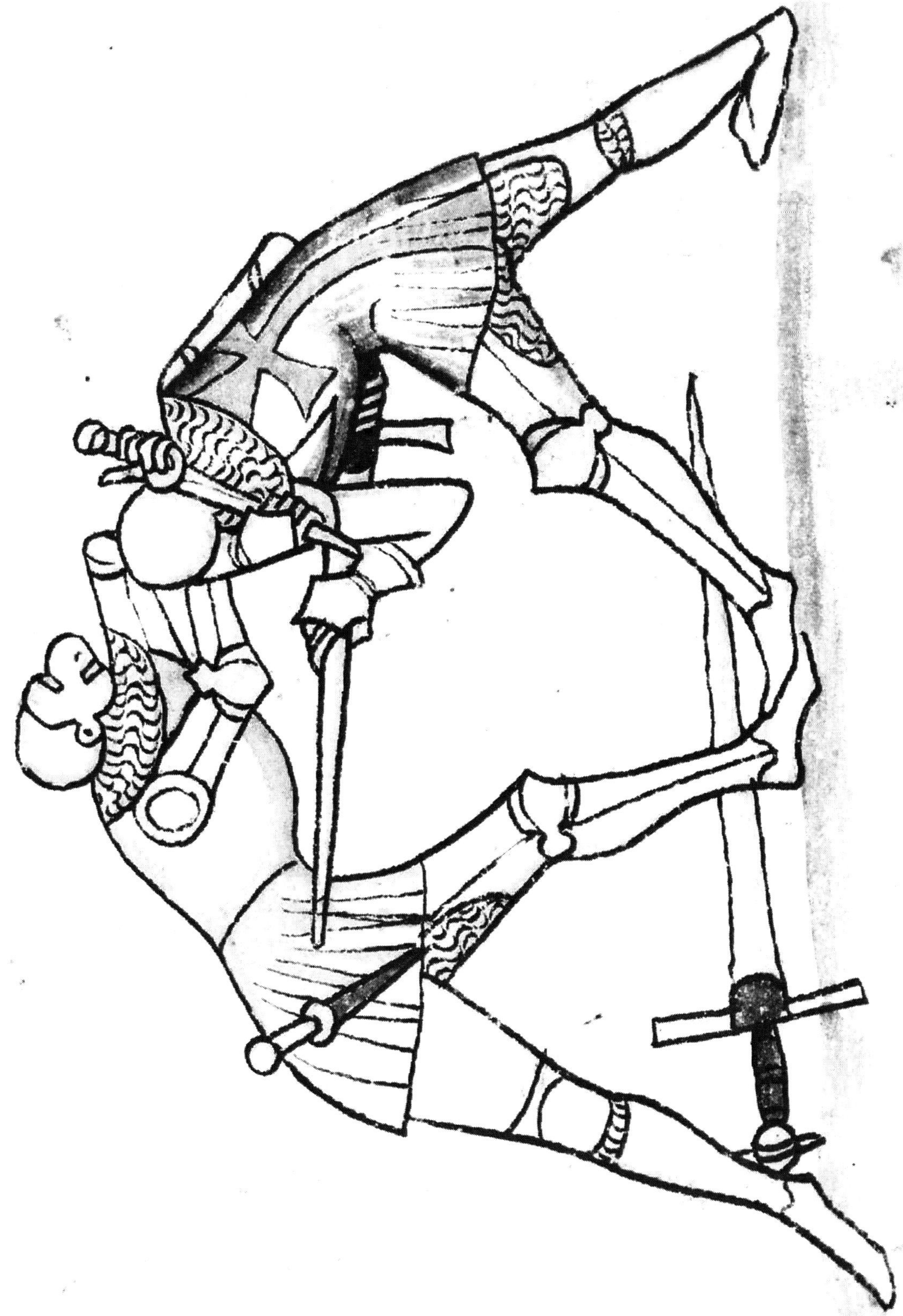

PLATE 207

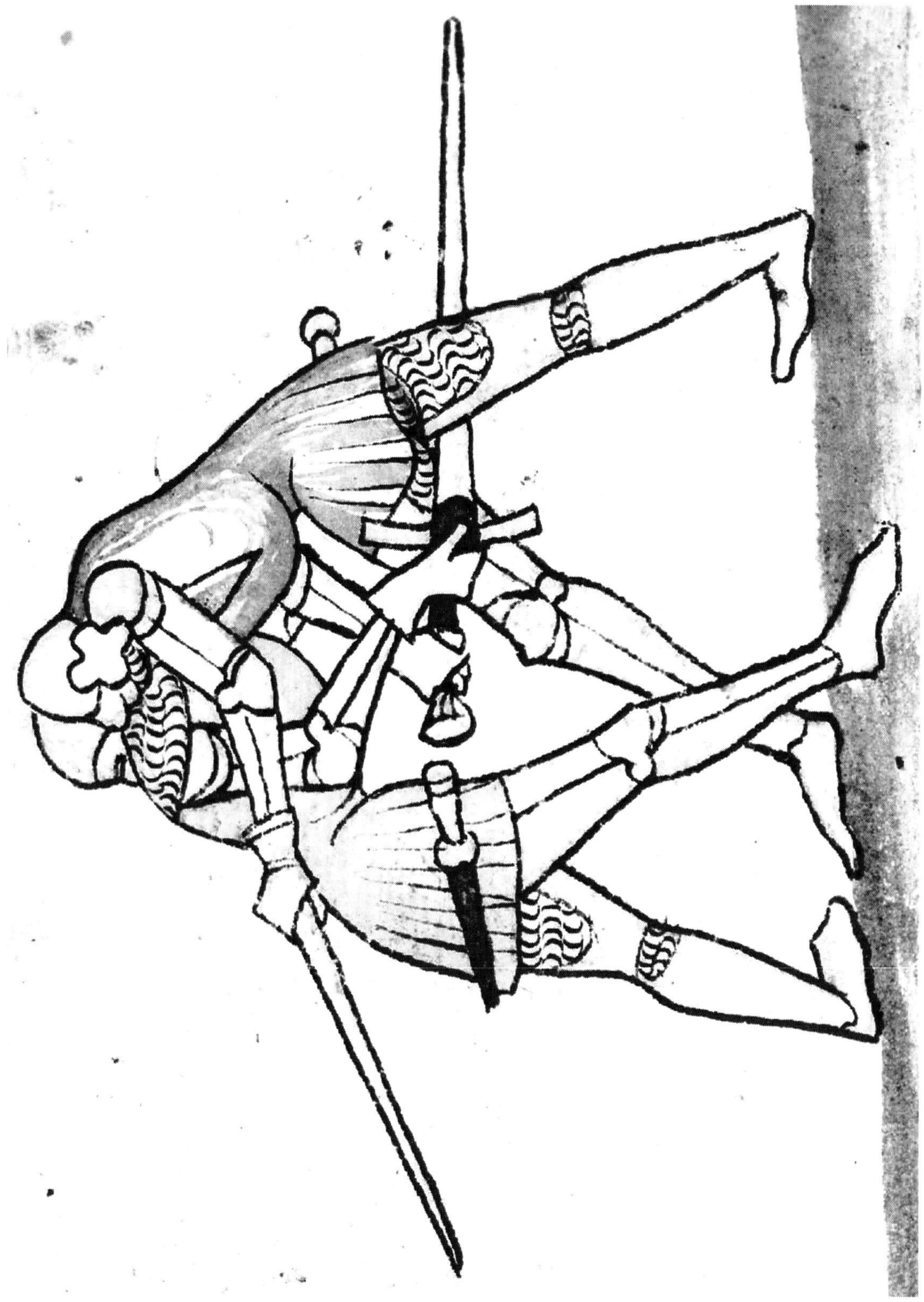

PLATE 208

PLATE 209

PLATE 210

PLATE 211

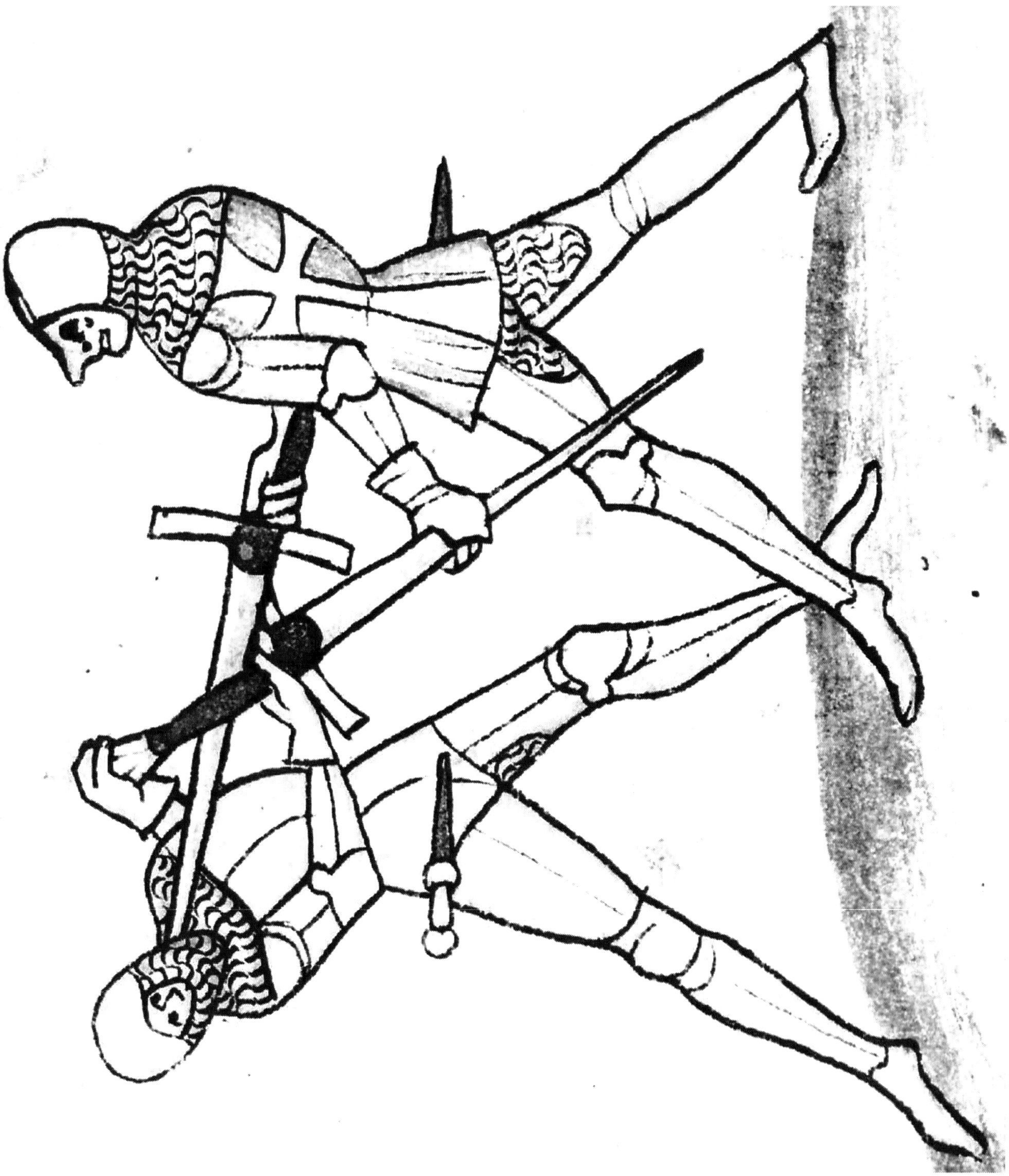

PLATE 212

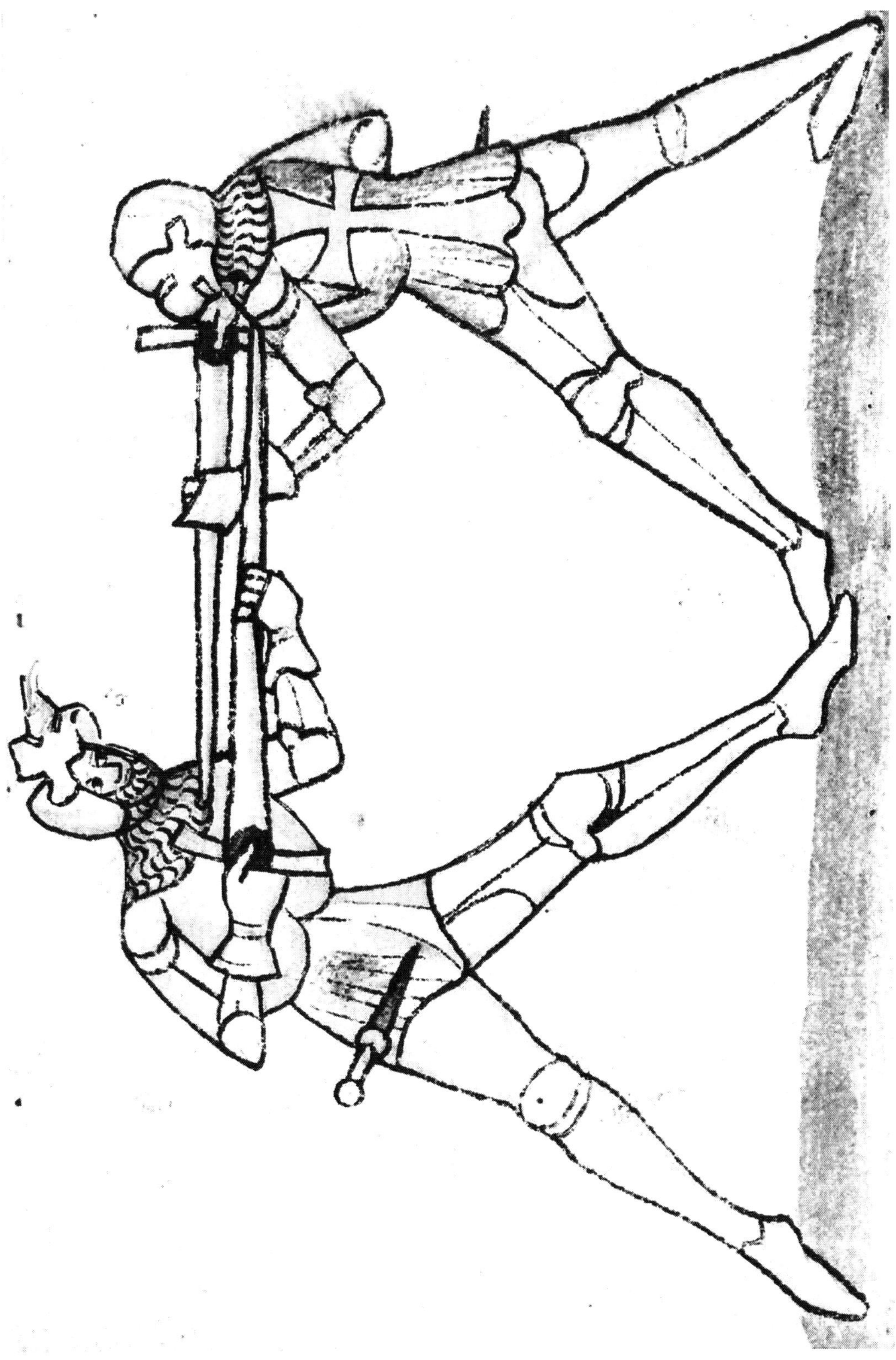

PLATE 213

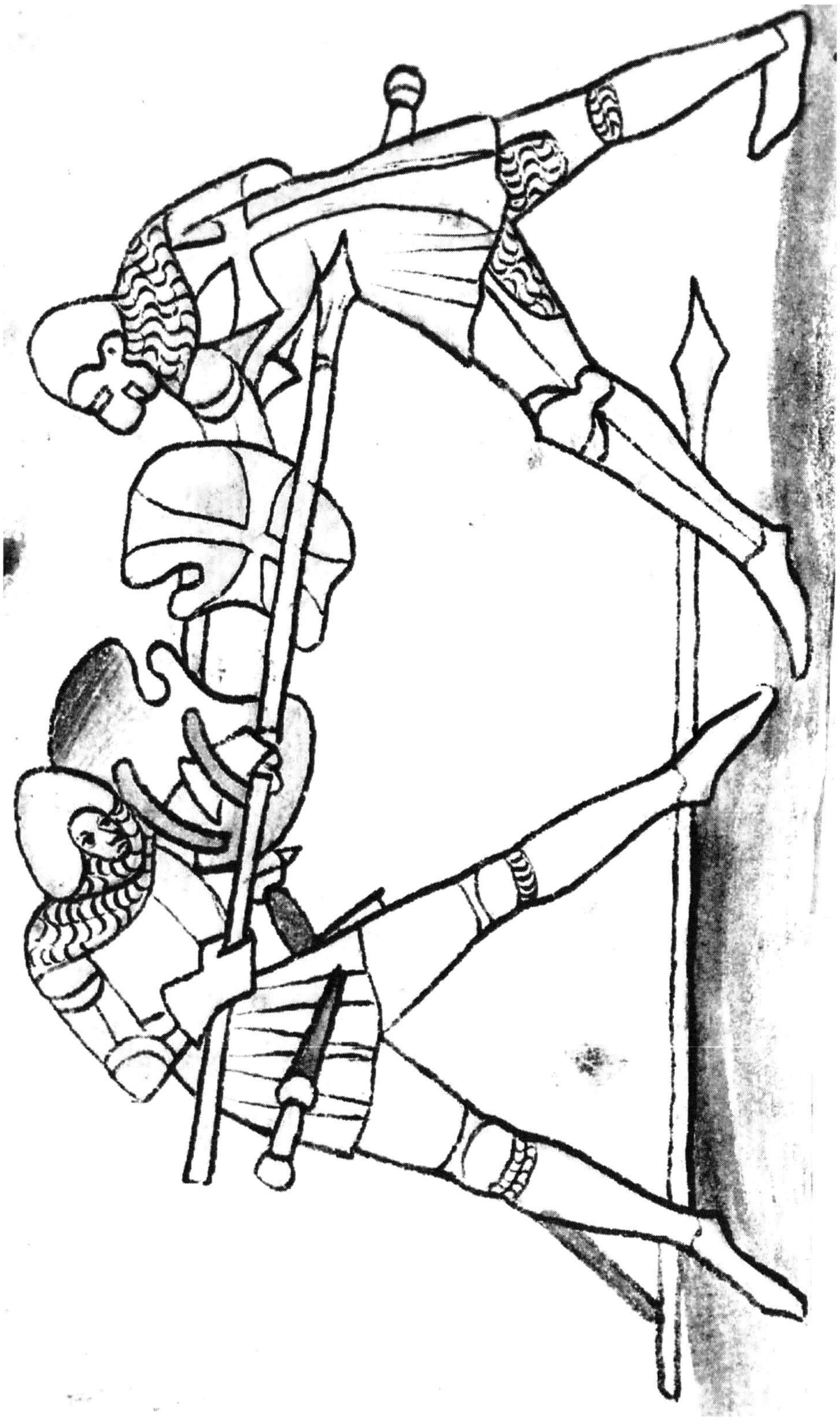

PLATE 214

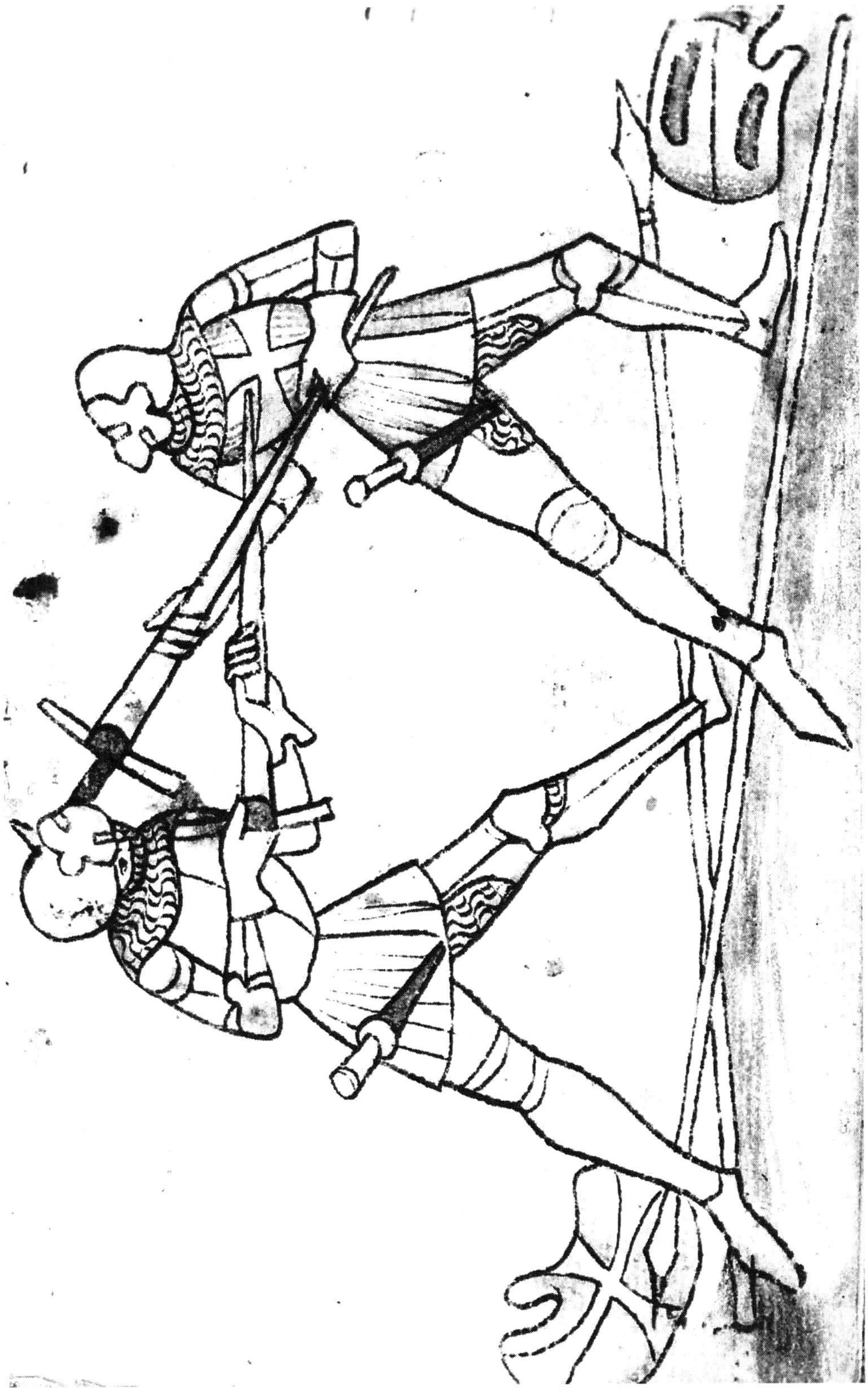

PLATE 215

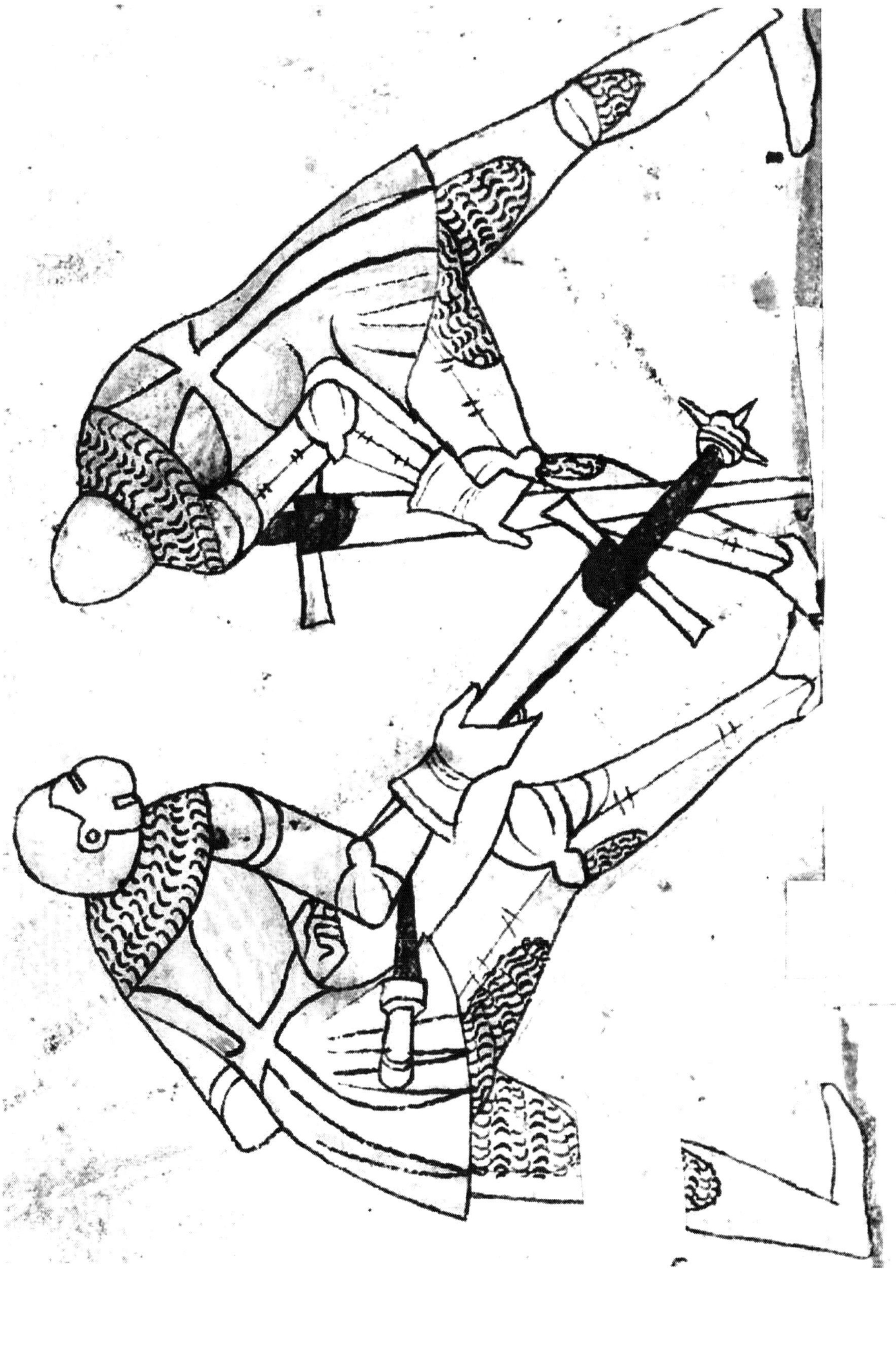

PLATE 216

PLATE 217

Im lanngen schwert der stannt
Standt inn als - - - - - 36 -
Der Ringen inn als bar stant - 95 -
Im dolchen inn als bar stant - 14 -
Im dussackhen stant bar stant - - - 8 -
Im Khamof zu fuss aber alrlaj
stannt - - - - - - - 51
Mer 7 bar stant im Ringen - - - - 7
Mer 5 bar stant im lanngen
schwert - - - - - - 5

Im langen Schwert—36 Stände
Das Ringen ohne Rüstung—95 Stände
Im Dolch ohne Rüstung—14 Stände
Im D sack ohne Rüstung—8 Stände
Im Kampf zu Fuß aber allerlei—51 Stände
7 Stände mehr im Ringen
5 Stände mehr im langen Schwert ohne Rüstung

Longsword—36 images
Hand-to-hand combat without armor—95 images
Dagger without armor—14 images
Falchion without armor—8 images
Combat on foot, various images—51 images
7 images more of hand-to-hand combat
5 images more of longsword without armor

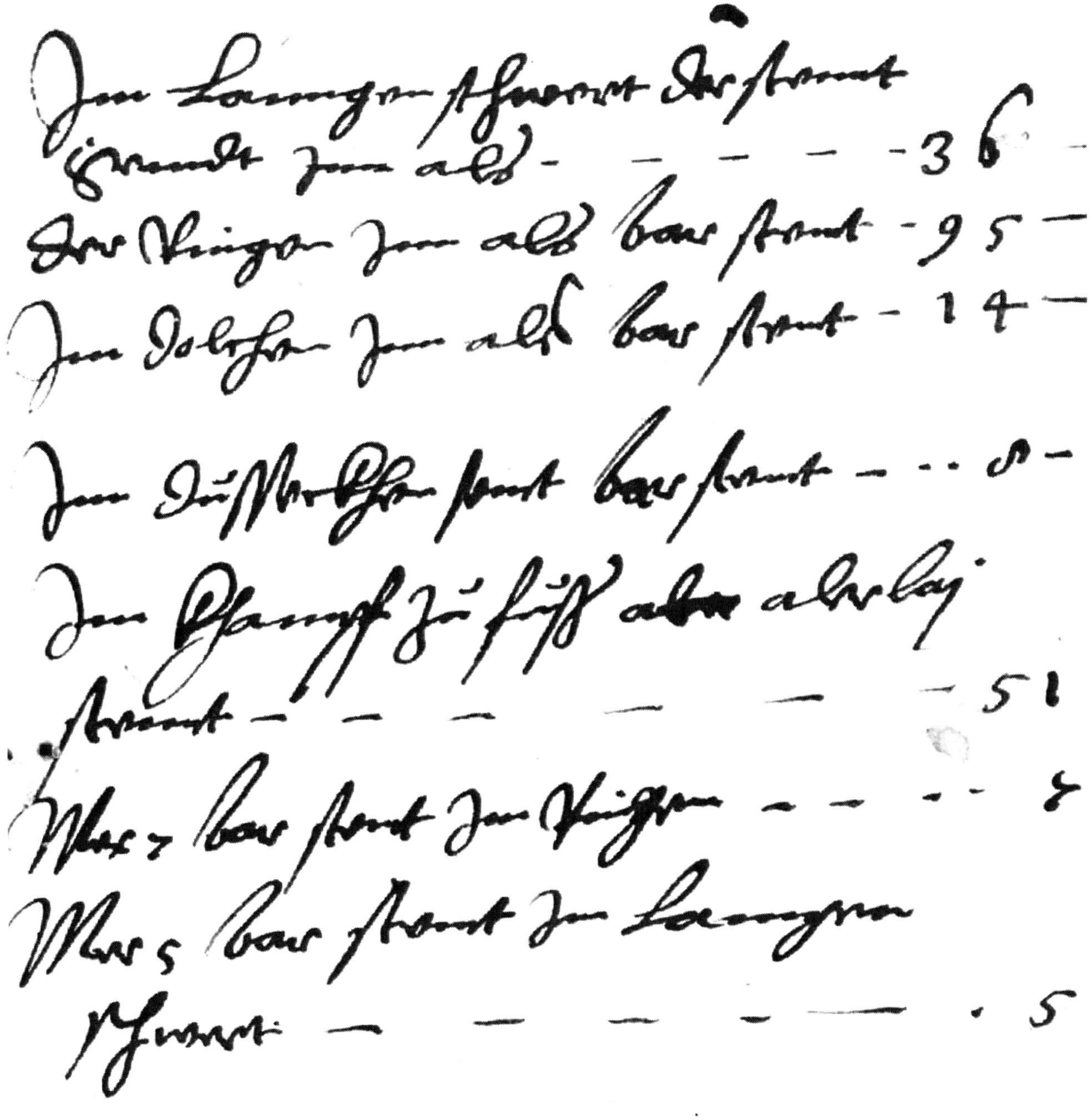

Jm langen schwert der stand
gewendt zum alb - - - - - 36 -
Der ringen zum alb bar stand - 95 -
Jm dolchen zum alb bar stand - 14 -
Jm düsäcken stand bar stand - - . . 8 -
Jm kampf zu fuss aber allerlay
stand - - - - - - 51
Mer 7 bar stand im ringen - - - - 4
Mer 5 bar stand im langen
schwert - - - - - - . 5

Appendix A

PLATE NUMBERS

Original Designation	Current Designation	Original Designation	Current Designation
Number 1 recto	Plate 1	Number 16 recto	Plate 31
Number 1 verso	Plate 2	Number 16 verso	Plate 32
Number 2 recto	Plate 3	Number 17 recto	Plate 33
Number 2 verso	Plate 4 (blank)	Number 17 verso	Plate 34
Number 3 recto	Plate 5	Number 18 recto	Plate 36
Number 3 verso	Plate 6	Number 18 verso	Plate 37
Number 4 recto	Plate 7	Number 19 recto	Plate 38
Number 4 verso	Plate 8	Number 19 verso	Plate 39
Number 5 recto	Plate 9	Number 20 recto	Plate 40
Number 5 verso	Plate 10	Number 21 recto	Plate 41
Number 6 recto	Plate 11	Number 21 verso	Plate 42
Number 6 verso	Plate 12	Number 22 recto	Plate 43
Number 7 recto	Plate 13	Number 22 verso	Plate 44
Number 7 verso	Plate 14	Number 23 recto	Plate 45
Number 8 recto	Plate 15	Number 23 verso	Plate 46
Number 8 verso	Plate 16	Number 24 recto	Plate 47
Number 9 recto	Plate 17	Number 24 verso	Plate 48
Number 9 verso	Plate 18	Number 25 recto	Plate 49
Number 10 recto	Plate 19	Number 25 verso	Plate 50
Number 10 verso	Plate 20	Number 26 recto	Plate 51
Number 11 recto	Plate 21	Number 26 verso	Plate 52
Number 11 verso	Plate 22	Number 27 recto	Plate 53
Number 12 recto	Plate 23	Number 27 verso	Plate 54
Number 12 verso	Plate 24	Number 28 recto	Plate 55
Number 13 recto	Plate 25	Number 28 verso	Plate 56
Number 13 verso	Plate 26	Number 29 recto	Plate 57
Number 14 recto	Plate 27	Number 29 verso	Plate 58
Number 14 verso	Plate 28	Number 30 recto	Plate 59
Number 15 recto	Plate 29	Number 30 verso	Plate 60
Number 15 verso	Plate 30	Number 31 recto	Plate 61

Original Designation	Current Designation	Original Designation	Current Designation
Number 31 verso	Plate 62	Number 52 recto	Plate 103
Number 32 recto	Plate 63	Number 52 verso	Plate 104
Number 32 verso	Plate 64	Number 53 recto	Plate 105
Number 33 recto	Plate 65	Number 53 verso	Plate 106
Number 33 verso	Plate 66	Number 54 recto	Plate 107
Number 34 recto	Plate 67	Number 54 verso	Plate 108
Number 34 verso	Plate 68 (blank)	Number 55 recto	Plate 109
Number 35 recto	Plate 69	Number 55 verso	Plate 110
Number 35 verso	Plate 70	Number 56 recto	Plate 111
Number 36 recto	Plate 71	Number 56 verso	Plate 112
Number 36 verso	Plate 72	Number 57 recto	Plate 113
Number 37 recto	Plate 73	Number 57 verso	Plate 114
Number 37 verso	Plate 74	Number 58 recto	Plate 115
Number 38 recto	Plate 75	Number 58 verso	Plate 116
Number 38 verso	Plate 76	Number 59 recto	Plate 117
Number 39 recto	Plate 77	Number 59 verso	Plate 118
Number 39 verso	Plate 78	Number 60 recto	Plate 119
Number 40 recto	Plate 79	Number 60 verso	Plate 120
Number 40 verso	Plate 80	Number 61 recto	Plate 121
Number 41 recto	Plate 81	Number 61 verso	Plate 122
Number 41 verso	Plate 82	Number 62 recto	Plate 123
Number 42 recto	Plate 83	Number 62 verso	Plate 124
Number 42 verso	Plate 84	Number 63 recto	Plate 125
Number 43 recto	Plate 85	Number 63 verso	Plate 126
Number 43 verso	Plate 86	Number 64 recto	Plate 127
Number 44 recto	Plate 87	Number 64 verso	Plate 128
Number 44 verso	Plate 88	Number 65 recto	Plate 129
Number 45 recto	Plate 89	Number 65 verso	Plate 130
Number 45 verso	Plate 90	Number 66 recto	Plate 131
Number 46 recto	Plate 91	Number 66 verso	Plate 132
Number 46 verso	Plate 92	Number 67 recto	Plate 133
Number 47 recto	Plate 93	Number 67 verso	Plate 134
Number 47 verso	Plate 94	Number 68 recto	Plate 135
Number 48 recto	Plate 95	Number 68 verso	Plate 136
Number 48 verso	Plate 96	Number 69 recto	Plate 137
Number 49 recto	Plate 97	Number 69 verso	Plate 138
Number 49 verso	Plate 98	Number 70 recto	Plate 139
Number 50 recto	Plate 99	Number 70 verso	Plate 140
Number 50 verso	Plate 100	Number 71 recto	Plate 141
Number 51 recto	Plate 101	Number 71 verso	Plate 142
Number 51 verso	Plate 102	Number 72 recto	Plate 143

Original Designation	Current Designation	Original Designation	Current Designation
Number 72 verso	Plate 144	Number 91 recto	Plate 181
Number 73 recto	Plate 145	Number 91 verso	Plate 182
Number 73 verso	Plate 146	Number 92 recto	Plate 183 (blank)
Number 74 recto	Plate 147	Number 92 verso	Plate 184 (blank)
Number 74 verso	Plate 148	Number 93 recto	Plate 185
Number 75 recto	Plate 149 (blank)	Number 93 verso	Plate 186
Number 75 verso	Plate 150 (blank)	Number 94 recto	Plate 187
Number 76 recto	Plate 151	Number 94 verso	Plate 188
Number 76 verso	Plate 152	Number 95 recto	Plate 189
Number 77 recto	Plate 153	Number 95 verso	Plate 190
Number 77 verso	Plate 154	Number 96 recto	Plate 191
Number 78 recto	Plate 155	Number 96 verso	Plate 192
Number 78 verso	Plate 156	Number 97 recto	Plate 193
Number 79 recto	Plate 157	Number 97 verso	Plate 194
Number 79 verso	Plate 158	Number 98 recto	Plate 195
Number 80 recto	Plate 159	Number 98 verso	Plate 196
Number 80 verso	Plate 160	Number 99 recto	Plate 197
Number 81 recto	Plate 161	Number 99 verso	Plate 198
Number 81 verso	Plate 162	Number 100 recto	Plate 199
Number 82 recto	Plate 163	Number 100 verso	Plate 200
Number 82 verso	Plate 164	Number 101 recto	Plate 201
Number 83 recto	Plate 165	Number 101 verso	Plate 202
Number 83 verso	Plate 166	Number 102 recto	Plate 203
Number 84 recto	Plate 167	Number 102 verso	Plate 204
Number 84 verso	Plate 168	Number 103 recto	Plate 205
Number 85 recto	Plate 169	Number 103 verso	Plate 206
Number 85 verso	Plate 170	Number 104 recto	Plate 207
Number 86 recto	Plate 171	Number 104 verso	Plate 208
Number 86 verso	Plate 172	Number 105 recto	Plate 209
Number 87 recto	Plate 173	Number 105 verso	Plate 210
Number 87 verso	Plate 174	Number 106 recto	Plate 211
Number 88 recto	Plate 175	Number 106 verso	Plate 212
Number 88 verso	Plate 176	Number 107 recto	Plate 213
Number 89 recto	Plate 177	Number 107 verso	Plate 214
Number 89 verso	Plate 178	Number 108 recto	Plate 215
Number 90 recto	Plate 179	Number 108 verso	Plate 216
Number 90 verso	Plate 180	Number 109 recto	Plate 217

Notes for Introduction

1. Some observations of the *Codex Wallerstein* incorporated into the present edition were already published by the author in his paper "Several Remarks on the *Bloßfechten* Section of *Codex Wallerstein*" (last update 12 March 2001). This paper is available from the author's homepage: http://sites.netscape.net/gadjaszczur/ and from the *Journal of Western Martial Art:* http://ejmas.com/jmwa/jmwaart_zabinski_401.html.
2. According to the numeration of pages, there are 108 charts; however, several pages at the beginning are not numbered, which is why it seems to be better to give an exact page count.
3. According to Hils it is possible to attempt to identify the owner of the manuscript from the tax registers of Augsburg, which mention a person named Michael Baumann (sometimes referred to as a *Söldner*, a mercenary) in the second half of the 15th and the first half of the 16th centuries. It was quite common then to give the father's name to male children, so one may suppose that these mentions concern a family in which the codex was inherited. See Hans-Peter Hils, *Meister Johann Liechtenauers Kunst des langen Schwertes,* Europäische Hochschulschriften 3, (Frankfurt am Main: Peter Lang, 1985), 28.
4. Regretfully, the author had a microfilm copy and not the actual manuscript at his disposal while writing this contribution. As a thorough inspection of the codex would surely reveal much more than a microfilm reproduction, the remarks on the manuscript and its origin are by no means as decisive as they would have been had the original been available. For more data about the codex, consult the works quoted below.

   Previous literature dealing with the codex divides the manuscript into three parts: two *Fechtbücher* and one *Ring-* or *Kampfbuch* (i.e., concerning wrestling and dagger fighting), which corresponds to the division applied here. Part A could be further divided into a *Fechtbuch* (longsword) and *Ringbuch* (wrestling and dagger). See Martin Wierschin, *Meister Johann Liechtenauers Kunst des Fechtens (Münchener Texte und Untersuchungen zur Deutschen Literatur des Mittelalters).* Kommission für Deutsche Literatur des Mittelalters der Bayerischen Akademie der Wissenschaften 13. C.H. Beck'sche Verlagsbuchhandlung, (Munich 1965), 21. Hils, 26-27, divides the manuscript in two basic parts (I, charts 1-74; II, charts 76-108), which could be further divided: part I into two subparts (according to the division into *Fechtbuch* with longsword and *Kampfbuch* with wrestling and dagger), and part II into two subparts as well, according to the same division. Friedrich Dörnhöffer, "Quellen zur Geschichte der kaiserlichen Haussammlungen und der Kunstbestrebungen des allerdurchlauchtigsten Erzhauses: Albrecht Dürers Fechtbuch," *Jahrbuch der kunsthistorischen Sammlungen des allerhöchstes Kaiserhauses* 27.6 (1909), IX-XIII, XXXIII divides the manuscript into three parts: the first one is a *Fechtbuch*, the second one a *Ringbuch*, and the third a mixture of various scenarios and ways of fighting. This author points rightly to the fact that the two first parts were put together in the 15th century, while the present form of the codex, with the addition of the third part, is from the 16th century. Dörnhoffer and Hils attempt to date the manuscript, placing it generally in 15th century. Dörnhoffer claims that the third mixed part is the oldest, originating in the mid-15th century, while the two first parts are dated at around 1470. Hils, while accepting the 1470 date for the two first parts, maintains that the third part is older, originating from the mid- or even early 15th century. His division seems to be more justified.

5. See Mary G. Houston, *Medieval Costume in England and France: the 13th, 14th, and 15th Centuries* (New York: Dover Publications, 1996), 158–185.
6. A note on number 1 recto: *Uber ii Khumben Im/1556 Jar am/26 Januari/paulus hector/mair zugehorig*. Mair was a notary of Augsburg and was executed in 1579 for theft, Hils, "Hans Talhoffer: Fechtbuch," in Rudolf Frankenberger, and Paul Berthold Rupp, eds., *Wertvolle Handschriften und Einbände aus der ehemaligen Oettingen-Wallersteinschen Bibliothek* (Wiesbaden: Reichert Verlag, 1987), 96; idem., *Meister Johann*, 198. See also Dörnhoffer, XXXIII; *Meister Johann*, 28. It is worth noticing that Augsburg was an important center of martial arts teaching in the 16th century and the Augsburg University Library has several fencing manuals in its collection (see Hils, 21–40, 189–201). It is also remarkable that the *Codex Wallerstein* served as a source for the *Fechtbuch* of Albrecht Dürer (1512). See Dörnhöffer, IX–XIII, XXXIII; Hils, 27. Moreover, it would be of extreme interest to research the relationship between *Codex Wallerstein* and Mair's works. On Mair and his manuals see Sydney Anglo, *The Martial Arts of Renaissance Europe* (New Haven and London: Yale University Press, 2000).
7. Hils, 26–28, 135, 201–201.
8. For example, see Hans Talhoffer, *Fechtbuch aus dem Jahre 1467*. Gustav Hergsell, ed. (Prague: J.G. Calv'sche K.K. Hof-und-Universitäts Buchhandlung, Ottomar Beyer, 1887). A modern English edition used here is *Medieval Combat: A Fifteenth Century Illustrated Manual of Swordfighting and Close-Quarter Combat*, Mark Rector, trans. and ed. (London: Greenhill Books, 2000). Judicial duels are also dealt with in other manuals of Talhoffer: *Fechtbuch aus dem Jahre 1443*, Gustav Hergsell, ed. (Prague: Selbstverlag, 1889), and *Fechtbuch aus dem Jahre 1459*, Gustav Hergsell, ed. (Prague: Selbstverlag, 1889). A splendid example of such manuals is *Das solothurner Fechtbuch* (1423), Charles Studer, ed. (Solothurn: Vogt-Schild AG).
9. As in Talhoffer (1467), plate 69, 104–169; Talhoffer (1443), plates 15, 17, 19, 21, 23, 27, 28, 29, 31, 35, 37, 39–47, and 55; Talhoffer (1459), plates 1, 15, and 16; *Das solothurner Fechtbuch*, plates 59–71. See also M. Rector's comments, Talhoffer (1467), 10–11, as well as the remarks of Ch. Studer, *Das solothurner Fechtbuch*, 8–13.
10. Talhoffer (1467), plates 1–67 and 74–78.
11. See F. Dörnhöffer, LXXVI–LXXVII.
12. Robert E. Oakeshott, *The Archaeology of Weapons* (Woodbridge, U.K.: Boydell Press, 1964), 306–309, 313, and plates 16, 19, and 20. pp. 184–185.
13. Ibid., 232.
14. Ibid., 314–315.
15. See also M. Rector's remarks in Talhoffer (1467), 15–16; John Clements, *Medieval Swordsmanship: Illustrated Methods and Techniques* (Boulder, Colo.: Paladin Press, 1998), 38–39, 181–185.
16. Oakeshott, *Archaeology*, 314.
17. Ibid., 232.
18. Ibid., 337.
19. Ibid., 306–309, 313, and plates 16, 19, and 20, pp.184–185.
20. Ibid., 314.
21. Talhoffer (1443), plate 51.
22. Hans Talhoffer, *Alte Armatur und Ringkunst* (1459), Royal Library Copenhagen, ms. Thott 290 2, number 107 verso, number 108 recto. Available from the Web page of The Academy of Medieval Martial Arts (www.aemma.org). Interesting examples of judicial swords are also presented in *Das solothurner Fechtbuch*.
23. Oakeshott, 232–233, 306–309, 314, 323.
24. Talhoffer (1467), comments by M. Rector, 16.

25. Ibid., 17.
26. Talhoffer (1467): Judicial combat shields with two spikes at the ends only (no hooks) are used either with swords or maces, or are used alone (there are even examples of a two-spike shield versus a throated hooking shield, plates 104–169. Talhoffer (1443) depicts, apart from the presentation of a judicial shield equipped with five central parallel spikes at each end and one hook on each side, the combat with hooking shields with two central spikes at the ends, accompanied either by maces, or used on their own, in plates 7–47. Talhoffer, *Alte Armatur*, shows a great variety of shields accompanied by various weapons: throated hooking shields with two spikes at the ends, accompanied with swords (number 97 verso, number 99 recto; number 102 verso); shields with five radial (not vertical) spikes at each end (central spikes are equipped with rectangular hooks) used with maces or on their own (number 99 verso, number 101 recto; number 103 recto; number 110 verso, number 113 recto); oval shields with no spikes (sometimes equipped with a hook on each side) used on their own, or accompanied with maces or swords (number 111 verso, number 117 recto). Talhoffer himself shows shields with five or three horizontal spikes at each end as serving for mace duel (number 104 recto, number 104 verso), and as meant for sword combat he presents throated hooking shields (two central spikes and four or two hooks) or such ones with two central spikes equipped with horizontal hooks (number 105 recto, number 106 recto). He also presents two kinds of maces (long and short, number 106 verso), as well as special dress used for shield duels (number 107 recto). *Das solothurner Fechtbuch* shows two-spike shields with two small hooks only at the ends (attached diagonally), accompanied by maces or used on their own, plates 59–71. All this seems to support the thesis of many local variations and customs concerning judicial combat with shields.
27. For more about the armor of this period, see David Edge and John Miles Paddock, *Arms and Armor of the Medieval Knight: An Illustrated History of Weaponry in the Middle Ages* (New York: Crescent Books, 1991), 69–73, 80–83.
28. For example, as it was pointed out by M. Rector, Talhoffer's manual was not devised as a "teach-yourself" handbook, but rather to fulfill a sort of declaration of his competence and was intended for men already possessing a certain amount of skill and knowledge, Talhoffer (1467), 9–10.
29. Remarks to the *Codex Wallerstein* on the Web page of the Historical Armed Combat Association: http://www.thehaca.com/pdf/CodexW.htm.
30. Wierschin, transcription of the comments of Sigmund Ringeck on Liechtenauer's teaching, 87, 97.
31. According to Wierschin, 27, there is no evidence of the influence of Liechtenauer's teaching; however this assertion could be questioned based on the above remarks. A similar remark about the lack of influence of this manual (classified as a so-called *gladiatoria* group) has been made by Hils, *Meister Johann*, 135, 201–202. On one hand, this author seems to be right in claiming that Liechtenauer's tradition was not the only one in the German *Kunst des Fechtens* and that the *Codex Wallerstein* is definitely not just one more manual containing comments on Liechtenauer's teaching. On the other hand, the traces of Liechtenauer's tradition can be seen as well. Generally speaking, to establish a comprehensive relationship between particular manuals, fencing masters, and their teaching, thorough research is necessary that would also comprise a functional analysis of presented methods and techniques.
32. For Ringeck's comments on Liechtenauer; see Wierschin, 93, 115.
33. Ibid., 110.
34. Remarks on the *Codex Wallerstein* on the Web page: http://www.thehaca.com/pdf/CodexW.htm.
35. This stance also appears in the section on wrestling in the *Codex Wallerstein*, number 15 recto.
36. For Ringeck's comments on Liechtenauer, see M. Wierschin, 91, 109.

37. Clements, 211, correctly stresses the purposelessness of edge-to-edge parrying as easily damaging the edge and probably leading to the blade's breaking.
38. Talhoffer (1467), comments of M. Rector, 12.
39. A systematic division of wrestling items was already proposed by Wassmannsdorff, XV-XIX: 1. Lifting the opponent's foot with both hands; 2. Defense against it; 3. Defense against 1.; 4-17. *Zwerchstellungen* (horizontal stances) with counters; 18-46. *Armringen* (fighting inside the arms); 47-53. *Armringen. Untergriff mit beiden Armen* (fighting in the arms, embracing with both arms); 54-58. *Gegen des Gegners erfassen der Joppe* (against the opponent's grabbing the doublet); 59-64. *Gegen das Rücklings-umfasstsein* (against being embraced from behind); 67-68. *Gegen das Vorlings-umfasstsein* (against being embraced from the front); 69. as 54-58; 70-72. *Gegen das Gehaltensein mit einer Hand hinten* (against being grasped with one hand from behind); 73-78. *Kriegen mit einem Stirn-gegner, der Faustschläge geben will* (fighting an opponent aiming to deliver a punch); 79. *Kriegen ohne Faustschlag* (fighting—without a punch); 80-85. *Faustschlag* (a punch); 86-88. *Raufen* (a brawl); 89-94. *Gefangen-halten* (holding the captured). However, for the purpose of this edition, another way of division was introduced.
40. Fiore dei Liberi da Premariacco, *Flos duellatorum in armis, sine armis, equester, pedester*, edited by Franceso Novati (Bergamo: Instituto Italiano d'Arti Grafiche, 1902).
41. Remarks on the *Codex Wallerstein* at http://www.aemma.org/onlineResources/library_H.htm.
42. The editor claims that the action depicted is a deflection (*Absetzen*) of the attack of the swordsman on the left; however, the cut into the attacker's neck is clearly visible.
43. According to the editor, the swordsman on the left is attempting to push aside the blade of his adversary with the crossguard, and the latter tries to hit the lower area exposed on the swordsman on the left. Regretably, due to the lack of space, a thorough argument with the editor's interpretations is not possible. However, it should be mentioned that this way of dealing with the opponent's *Oberhau* does not make much sense.
44. It simply describes the action as *ain überfallen*, which means "a sudden attack."
45. According to the editor, the swordsman on the left probably wants to show his opponent how to hold the sword properly.
46. Also of interest is the fact that longswords presented in this section of the *Codex Wallerstein* show similarities to those in dei Liberi's manual. A similarity to Italian-style longswords has been mentioned at http://www.thehaca.com/pdf/CodexW.htm.
47. Talhoffer (1443), 29-34. Some remarks about the relation of Ott's teaching to *Codex Wallerstein* were already made by Wassmannsdorff, VII-VIII, 4. However, he assumes that it was Ott who derives from *Codex Wallerstein*. Ott's manual is definitely earlier than *Codex Wallerstein.*
48. Wassmannsdorf in his work gives also several parallels to other manuscripts; however, in this edition only those referring to contemporary or earlier manuals will be dealt with.
49. Another analogy in Wassmannsdorff, an anonymous manual from the 15th century (Dresdner Hofbibliothek C 241), 166, item 5.
50. bid., 175, item 11.
51. Ibid., 166, item 4; 168, item 11.
52. Ibid., 167, item 9.
53. Ibid., 168, item 10.
54. Ibid., 175, item 8.
55. Ibid., 168, item 10.
56. Dörnhöffer, LXXVI-LXXIX; transcription also in Wassmannsdorff, 3-136

Bibliography for Introduction

Anglo, Sydney. *The Martial Arts of Renaissance Europe*. New Haven, Conn., and London: Yale University Press, 2000.

Anonymous (15th c.). *Dresdner Hofbibliothek C 241*. In Karl Wassmannsdorff. *Ringkunst des deutschen Mittelalters* (Leipzig: Verlag von M.G. Priber, 1870): 163–176.

Clements, John. *Medieval Swordsmanship: Illustrated Methods and Techniques*. Boulder, Colo.: Paladin Press, 1998.

Codex Wallerstein. Universitätsbibliothek Augsburg, Cod. I. 6. 4°.2 Available on the Web page of the Historical Armed Combat Association http://www.thehaca.com/pdf/CodexW.htm.

Das solothurner Fechtbuch (1423). Edited by Charles Studer. Solothurn: Vogt-Schild A.G.

Dei Liberi da Premariacco, Fiore. *Flos duellatorum in armis, sine armis, equester, pedester*. Edited by Franceso Novati. Bergamo: Instituto Italiano d'Arti Grafiche, 1902.

Dörnhöffer, Friedrich. "Quellen zur Geschichte der kaiserlichen Haussammlungen und der Kunstbestrebungen des allerdurchlauchtigsten Erzhauses: Albrecht Dürers Fechtbuch." *Jahrbuch der kunsthistorischen Sammlungen des allerhöchstes Kaiserhauses 27.6* (1909): I–LXXXI.

Edge, David, and John Miles Paddock. *Arms and Armor of the Medieval Knight: An Illustrated History of Weaponry in the Middle Ages*. New York: Crescent Books, 1991.

Hils, Hans-Peter. "Hans Talhoffer: Fechtbuch." In *Wertvolle Handschriften und Einbände aus der ehemaligen Oettingen-Wallersteinschen Bibliothek*. Edited by Rudolf Frankenberger and Paul Berthold Rupp. Wiesbaden: Reichert Verlag, 1987, 96–98.

Hils, Hans-Peter. *Meister Johann Liechtenauers Kunst des langen Schwertes*. Europäische Hochschulschriften 3. Geschichte und ihre Hilfswissenschaften 257. Frankfurt am Main: Peter Lang, 1985.

Houston, Mary G. *Medieval Costume in England and France: the 13th, 14th, and 15th Centuries*. New York: Dover Publications, 1996.

Oakeshott, Robert E. *The Archaeology of Weapons*. Woodbridge, U.K.: Boydell Press, 1964.

Talhoffer, Hans. *Alte Armatur und Ringkunst* (1459), Royal Library Copenhagen, ms. Thott 290 2. Available from the Web page of the Academy of Medieval Martial Arts (www.aemma.org).

Talhoffer, Hans. *Fechtbuch aus dem Jahre 1467*. Edited by Gustav Hergsell. Prague: J.G. Calve'sche K.K. Hof-und-Universitäts Buchhandlung, Ottomar Beyer, 1887.

Talhoffer, Hans. *Fechtbuch aus dem Jahre 1443*. Edited by Gustav Hergsell. Prague: Selbstverlag, 1889.

Talhoffer, Hans. *Fechtbuch aus dem Jahre 1459*. Edited by Gustav Hergsell. Prague: Selbstverlag, 1889.

Talhoffer, Hans. *Medieval Combat: A Fifteenth Century Illustrated Manual of Swordfighting and Close-Quarter Combat*. Translated and Edited by Mark Rector. London: Greenhill Books, 2000.

Wierschin, Martin. *Meister Johann Liechtenauers Kunst des Fechtens*. Münchener Texte und Untersuchungen zur Deutschen Literatur des

Mittelalters. Kommission für Deutsche Literatur des Mittelalters der Bayerischen Akademie der Wissenschaften 13. (Munich: C.H. Beck'sche Verlagsbuchhandlung, 1965.)

Zabinski, Grzegorz. "Several Remarks on the *Bloßfechten* Section of *Codex Wallerstein*" (last update 12 March 2001) available from the author's homepage: http://sites.netscape.net/gadjaszczur/. Available from the *Journal of Western Martial Art:* http://ejmas.com/jmwa/jmwaart_zabinski_401.html.